T0368101

ORACIÓN Y VERSÍCULOS PROFÉTICOS EN LA BIBLIA:

DESDE EL GÉNESIS HASTA EL APOCALIPSIS

Dr Odion Ojo

WESTBOW
PRESS®
A DIVISION OF THOMAS NELSON
& ZONDERVAN

Puede hacer pedidos de libros de WestBow Press en librerías o poniéndose en contacto con:

WestBow Press
A Division of Thomas Nelson & Zondervan
1663 Liberty Drive
Bloomington, IN 47403
www.westbowpress.com
844-714-3454

Debido a la naturaleza dinámica de Internet, cualquier dirección web o enlace contenido en este libro puede haber cambiado desde su publicación y puede que ya no sea válido. Las opiniones expresadas en esta obra son exclusivamente del autor y no reflejan necesariamente las opiniones del editor quien, por este medio, renuncia a cualquier responsabilidad sobre ellas.

Las personas que aparecen en las imágenes de archivo proporcionadas por Getty Images son modelos. Este tipo de imágenes se utilizan únicamente con fines ilustrativos. Ciertas imágenes de archivo © Getty Images.

Las escrituras bíblicas citadas marcadas como KJV han sido tomadas de La Santa Biblia, versión de King James (version autorizada). Publicada por primera vez en 1611. Citada a partir de la Biblia KJV Clásica de Referencia, Copyright © 1983 por la Corporación Zondervan.

ISBN: 979-8-3850-3962-3 (tapa blanda)
ISBN: 979-8-3850-3961-6 (libro electrónico)

Número de Control de la Biblioteca del Congreso de EE. UU.: 2024926358

Información sobre impresión disponible en la última página.

Fecha de revisión de WestBow Press: 02/04/2025

DEVOCIÓN

Todas las citas de las Escrituras de este proyecto están tomadas de La Santa Biblia, King James Version.

Este libro está escrito en beneficio de los cristianos o de cualquier persona que quiera saber cómo orar y encontrar oraciones y mensajes proféticos en la Biblia fácilmente.

Este libro está dedicado a mi esposa, mi alma gemela, el Dr. Bose I. Ojo MD, DC; Mis cuatro maravillosos hijos y cuatro nietos más los otros en camino. Quiero dar las gracias a mis hermanos en Cristo, al pastor Solomon Akharamen, al pastor Samuel Adeyemi, al hermano Ben Akhuemokhan, al evangelista Emeka Muorah y a mi hijo el evangelista Nwanchukwu Anazodo. Chuck, gracias por ser un gran hijo. Gracias por tu aliento y oraciones. Al pastor Steve Banning de Braeswood Asamblea de DIOS, Houston, Texas, mi iglesia natal.

AGRADECIMIENTOS DE AGRADECIMIENTOS

Quiero reconocer al ESPÍRITU SANTO por lo que HIZO al incitarme a comenzar este proyecto. He leído la SANTA Biblia unas cinco o seis veces, desde el Génesis hasta el Apocalipsis a lo largo de los años. Cada versículo que leí, tal vez hace un año más o menos, me da un significado más profundo en otro momento. Cada vez que lees la Biblia siempre obtienes un significado más profundo y diferente, de acuerdo con cómo y lo que el ESPÍRITU SANTO quiere decirte. Digo que la Biblia sangra y está viva. Con la tecnología y la aplicación de la Biblia que no me gustaba usar al principio porque no me sentía cómodo o no estaba acostumbrado a leer sin un marcador o bolígrafo en la mano, tuve problemas. Luego descubrí que podía usar diferentes colores para marcar la Biblia en la aplicación. Gracias al ESPÍRITU SANTO porque me estaba exasperando. Seguí leyéndolo como siempre. Entonces el ESPÍRITU SANTO me ordenó que empezara de nuevo en la aplicación porque ya estaba marcando promesas, profecías, oraciones y versículos de mandamientos en la Biblia. No sabía a dónde me estaba llevando en ese momento. Así que tuve que volver de Génesis para asegurarme de marcar cuál era una oración o un verso de profecía con diferentes colores. No olvidaré cómo me despertó en medio de la noche una vez. Había dejado de escribir / marcar durante algún tiempo, a pesar de que todavía leía mi Biblia de papel normal. Ese fue el día en que finalmente supe que este es un proyecto que DIOS quería que hiciera.

A medida que recorres este Libro, rezo para que el ESPÍRITU SANTO te conecte con el trono de Gracia en el nombre de JESÚS.

ÍNDICE DE CONTENIDOS

LIBROS QUE NO SON DE ORACIÓN

Para empezar, hay 214 (170 en OT y 44 en NT) versos de oración en la Biblia desde el Génesis hasta el Libro de Apocalipsis, un total de 30 libros. Al mismo tiempo, hay 36 libros que no tienen versículos de oración. Los libros que no tienen oraciones son:

Levítico
Ruth
Ester
Proverbio
El Eclesiastés
Canción de Salomón
Oseas
Joel
Abdías
Miqueas
Nahum
Sofonías
Hageo
Zacarías
Malaquías
Romanos
1 Corintios
2 Corintios
Epístola a los gálatas
Efesios
Filipenses
Colosense
1 Tesalonicenses
2 Tesalonicenses
1 Timoteo
2 Timoteo
Tito

ORACIONES EN GÉNESIS: 6

1. Abraham como heredero;
Génesis 15:2-3
[2] Y respondió Abram: Señor Jehová ¿qué me has de dar, siendo así que ando sin hijo, y el mayordomo de mi casa es ese Damasceno Eliezer? [3] Dijo más Abram: Mira que no me has dado prole, y he aquí que es mi heredero uno nacido en mi casa.

2. Abraham para que Ismael sea su heredero:
Génesis 17:16-18
[16] Y bendecirla he, y también te daré de ella hijo; sí, la bendeciré, y vendrá á ser madre de naciones; reyes de pueblos serán de ella. [17] Entonces Abraham cayó sobre su rostro, y rióse, y dijo en su corazón: ¿A hombre de cien años ha de nacer hijo? ¿y Sara, ya de noventa años, ha de parir? [18] Y dijo Abraham á Dios: Ojalá Ismael viva delante de ti.

3. Abraham para que se salve a Sodoma si 10 personas fueran justas:
Génesis 18:23 -32RVA
[23] Y acercóse Abraham y dijo: ¿Destruirás también al justo con el impío? [24] Quizá hay cincuenta justos dentro de la ciudad: ¿destruirás también y no perdonarás al lugar por cincuenta justos que estén dentro de él? [25] Lejos de ti el hacer tal, que hagas morir al justo con el impío y que sea el justo tratado como el impío; nunca tal hagas. El juez de toda la tierra, ¿no ha de hacer lo que es justo? [26] Entonces respondió Jehová: Si hallare en Sodoma cincuenta justos dentro de la ciudad, perdonaré á todo este lugar por amor de ellos. [27] Y Abraham replicó y dijo: He aquí ahora que he comenzado á hablar á mi Señor, aunque soy polvo y ceniza: [28] Quizá faltarán de cincuenta justos cinco: ¿destruirás por aquellos cinco toda la ciudad? Y dijo: No la destruiré, si hallare allí cuarenta y cinco. [29] Y volvió á hablarle, y dijo: Quizá se hallarán allí cuarenta. Y respondió: No lo haré por amor de los cuarenta. [30] Y dijo: No se enoje ahora mi Señor, si hablare: quizá se hallarán allí treinta. Y respondió: No lo haré si hallare allí treinta. [31] Y dijo: He aquí ahora que he emprendido el hablar á mi

Señor: quizá se hallarán allí veinte. No la destruiré, respondió, por amor de los veinte. [32] Y volvió á decir: No se enoje ahora mi Señor, si hablare solamente una vez: quizá se hallarán allí diez. No la destruiré, respondió, por amor de los diez.

4. Eliezer, mayordomo de Abraham, para una novia de Isaac:
Génesis 24:12-14
[12] Y dijo: Jehová, Dios de mi señor Abraham, dame, te ruego, el tener hoy buen encuentro, y haz misericordia con mi señor Abraham. [13] He aquí yo estoy junto á la fuente de agua, y las hijas de los varones de esta ciudad salen por agua: [14] Sea, pues, que la moza á quien yo dijere: Baja tu cántaro, te ruego, para que yo beba; y ella respondiere: Bebe, y también daré de beber á tus camellos: que sea ésta la que tú has destinado para tu siervo Isaac; y en esto conoceré que habrás hecho misericordia con mi señor.

5. Jacob por una bendición: Génesis 28:20-21
[20] E hizo Jacob voto, diciendo: Si fuere Dios conmigo, y me guardare en este viaje que voy, y me diere pan para comer y vestido para vestir, [21] Y si tornare en paz á casa de mi padre, Jehová será mi Dios, Génesis 28:22 RVA
[22] Y esta piedra que he puesto por título, será casa de Dios: y de todo lo que me dieres, el diezmo lo he de apartar para ti.

6. Jacob por la liberación de Esaú:
Génesis 32:9-12
[9] Y dijo Jacob: Dios de mi padre Abraham, y Dios de mi padre Isaac, Jehová, que me dijiste: Vuélvete á tu tierra y á tu parentela, y yo te haré bien. [10] Menor soy que todas las misericordias, y que toda la verdad que has usado para con tu siervo; que con mi bordón pasé este Jordán, y ahora estoy sobre dos cuadrillas. [11] Líbrame ahora de la mano de mi hermano, de la mano de Esaú, porque le temo; no venga quizá, y me hiera la madre con los hijos. [12] Y tú has dicho: Yo te haré bien, y pondré tu simiente como la arena del mar, que no se puede contar por la multitud.

ORACIONES EN ÉXODO: 6

1. Moisés para que Aaron, su hermano mayor, vaya con él: Éxodo 4:12-13
[12] Ahora pues, ve, que yo seré en tu boca, y te enseñaré lo que hayas de hablar. [13] Y él dijo: Ay Señor! envía por mano del que has de enviar.

2. Moisés se queja a JEHOVÁ por no entregar a los israelitas: Éxodo 5:22 -23
[22] Entonces Moisés se volvió á Jehová, y dijo: Señor, ¿por qué afliges á este pueblo? ¿para qué me enviaste? [23] Porque desde que yo vine á Faraón para hablarle en tu nombre, ha afligido á este pueblo; y tú tampoco has librado á tu pueblo.

3. Moisés por el perdón de los israelitas:Éxodo 32:31-32
[31] Entonces volvió Moisés á Jehová, y dijo: Ruégote, pues este pueblo ha cometido un gran pecado, porque se hicieron dioses de oro, [32] Que perdones ahora su pecado, y si no, ráeme ahora de tu libro que has escrito.

4. Moisés por la presencia de JEHOVÁ para ir con los israelitas a la tierra de Canaán: Éxodo 33:12-13
[12] Y dijo Moisés á Jehová: Mira, tú me dices á mí: Saca este pueblo: y tú no me has declarado á quién has de enviar conmigo: sin embargo, tú dices: Yo te he conocido por tu nombre, y has hallado también gracia en mis ojos. [13] Ahora, pues, si he hallado gracia en tus ojos, ruégote que me muestres ahora tu camino, para que te conozca, porque halle gracia en tus ojos: y mira que tu pueblo es aquesta gente.

5. Moisés dice que si DIOS no va, no irá: Éxodo 33:15-16
[15] Y él respondió: Si tu rostro no ha de ir conmigo, no nos saques de aquí. [16] ¿Y en qué se conocerá aquí que he hallado gracia en tus ojos, yo y tu pueblo, sino en andar tú con nosotros, y que yo y tu pueblo seamos apartados de todos los pueblos que están sobre la faz de la tierra?

6. Moisés por querer ver a JEHOVÁ: Éxodo 33:18
[18] El entonces dijo: Ruégote que me muestres tu gloria.

ORACIONES EN NÚMEROS: 9

1. Aarón por la bendición de JEHOVÁ sobre el pueblo
Números 6:24-26
[24] Jehová te bendiga, y te guarde: [25] Haga resplandecer Jehová su rostro sobre ti, y haya de ti misericordia: [26] Jehová alce á ti su rostro, y ponga en ti paz.

2. Moisés para que JEHOVÁ bendiga en el viaje
Números 10:35-36
[35] Y fué, que en moviendo el arca, Moisés decía: Levántate, Jehová, y sean disipados tus enemigos, y huyan de tu presencia los que te aborrecen. [36] Y cuando ella asentaba, decía: Vuelve, Jehová, á los millares de millares de Israel.

3. Moisés se queja a JEHOVÁ de que la carga de sus problemas era demasiado para él
Números 11:10-15
[10] Y oyó Moisés al pueblo, que lloraba por sus familias, cada uno á la puerta de su tienda: y el furor de Jehová se encendió en gran manera; también pareció mal á Moisés. [11] Y dijo Moisés á Jehová: ¿Por qué has hecho mal á tu siervo? ¿y por qué no he hallado gracia en tus ojos, que has puesto la carga de todo este pueblo sobre mi?[12] ¿Concebí yo á todo este pueblo? ¿engendrélo yo, para que me digas: Llévalo en tu seno, como lleva la que cría al que mama, á la tierra de la cual juraste á sus padres? [13] ¿De donde tengo yo carne para dar á todo este pueblo? porque lloran á mí, diciendo: Danos carne que comamos. [14] No puedo yo solo soportar á todo este pueblo, que me es pesado en demasía. [15] Y si así lo haces tú conmigo, yo te ruego que me des muerte, si he hallado gracia en tus ojos; y que yo no vea mi mal.

4. Moisés para que JEHOVÁ le muestre qué hacer para dar carne a los israelitas
Números 11:21-22

[21] Entonces dijo Moisés: Seiscientos mil de á pie es el pueblo en medio del cual yo estoy; y tú dices: Les daré carne, y comerán el tiempo de un mes. [22] ¿Se han de degollar para ellos ovejas y bueyes que les basten? ¿ó se juntarán para ellos todos los peces de la mar para que tengan abasto?

5. Moisés por la curación de su hermana mayor, Miriam
Números 12:13
[13] Entonces Moisés clamó á Jehová, diciendo: Ruégote, oh Dios, que la sanes ahora.

6. Moisés para que JEHOVÁ sea indulgente con los israelitas y soporte su propio honor
Números 14:13-19
[13] Y Moisés respondió á Jehová: Oiránlo luego los Egipcios, porque de en medio de ellos sacaste á este pueblo con tu fortaleza: [14] Y lo dirán á los habitadores de esta tierra; los cuales han oído que tú, oh Jehová, estabas en medio de este pueblo, que ojo á ojo aparecías tú, oh Jehová, y que tu nube estaba sobre ellos, y que de día ibas delante de ellos en columna de nube, y de noche en columna de fuego: [15] Y que has hecho morir á este pueblo como á un hombre: y las gentes que hubieren oído tu fama hablarán, diciendo: [16] Porque no pudo Jehová meter este pueblo en la tierra de la cual les había jurado, los mató en el desierto. [17] Ahora, pues, yo te ruego que sea magnificada la fortaleza del Señor, como lo hablaste, diciendo: [18] Jehová, tardo de ira y grande en misericordia, que perdona la iniquidad y la rebelión, y absolviendo no absolverá al culpado; que visita la maldad de los padres sobre los hijos hasta los terceros y hasta los cuartos. [19] Perdona ahora la iniquidad de este pueblo según la grandeza de tu misericordia, y como has perdonado á este pueblo desde Egipto hasta aquí.

7. Moisés por el juicio del pecado de los hijos de Eliab
Números 16:15
[15] Entonces Moisés se enojó en gran manera, y dijo á Jehová: No mires á su presente: ni aun un asno he tomado de ellos, ni á ninguno de ellos he hecho mal.

8. Israelitas por el perdón del pecado.

Números 21:7

[7] Entonces el pueblo vino á Moisés, y dijeron: Pecado hemos por haber hablado contra Jehová, y contra ti: ruega á Jehová que quite de nosotros estas serpientes. Y Moisés oró por el pueblo.

9. Moisés para un nuevo líder de los israelitas

Números 27:16-17

[16] Ponga Jehová, Dios de los espíritus de toda carne, varón sobre la congregación, [17] Que salga delante de ellos, y que entre delante de ellos, que los saque y los introduzca; porque la congregación de Jehová no sea como ovejas sin pastor.

ORACIONES EN DEUTERONOMIO: 2

---

1. Moisés pide ir a Canaán

Deuteronomio 3:24-25

[24] Señor Jehová, tú has comenzado á mostrar á tu siervo tu grandeza, y tu mano fuerte: porque ¿qué dios hay en el cielo ni en la tierra que haga según tus obras, y según tus valentías? [25] Pase yo, ruégote, y vea aquella tierra buena, que está á la parte allá del Jordán, aquel buen monte, y el Líbano.

2. Moisés para que Israel sea salvado:

Deuteronomio 9:26-29

[26] Y oré á Jehová, diciendo: Oh Señor Jehová, no destruyas tu pueblo y tu heredad que has redimido con tu grandeza, al cual sacaste de Egipto con mano fuerte. [27] Acuérdate de tus siervos Abraham, Isaac, y Jacob; no mires á la dureza de este pueblo, ni á su impiedad, ni á su pecado: [28] Porque no digan los de la tierra de donde nos sacaste: Por cuanto no pudo Jehová introducirlos en la tierra que les había dicho, ó porque los aborrecía, los sacó para matarlos en el desierto. [29] Y ellos son tu pueblo y tu heredad, que sacaste con tu gran fortaleza y con tu brazo extendido.

ORACIONES EN JOSUÉ: 2

1. Josué se queja a JEHOVÁ por no dar la victoria:
Josué 7:7-9 RVA
[7] Y Josué dijo: Ah, Señor Jehová! ¿Por qué hiciste pasar á este pueblo el Jordán, para entregarnos en las manos de los Amorrheos, que nos destruyan? Ojalá nos hubiéramos quedado de la otra parte del Jordán! [8] Ay Señor! ¿qué diré, ya que Israel ha vuelto las espaldas delante de sus enemigos? [9] Porque los Cananeos y todos los moradores de la tierra oirán, y nos cercarán, y raerán nuestro nombre de sobre la tierra: entonces ¿qué harás tú á tu grande nombre?

2. Josué rezando y ordenando que el sol y la luna se detengan:
Josué 10:12
[12] Entonces Josué habló á Jehová el día que Jehová entregó al Amorrheo delante de los hijos de Israel, y dijo en presencia de los Israelitas: Sol, detente en Gabaón; Y tú, Luna, en el valle de Ajalón.

ORACIONES EN LOS JUECES: 10

1. Israel como guía:
Jueces 1:1
[1] Y ACONTECIO después de la muerte de Josué, que los hijos de Israel consultaron á Jehová, diciendo: ¿Quién subirá por nosotros el primero á pelear contra los Cananeos?

2. Gideon para la revelación y la orientación:
Jueces 6:13
[13] Y Gedeón le respondió: Ah, Señor mío, si Jehová es con nosotros, ¿por qué nos ha sobrevenido todo esto? ¿Y dónde están todas sus maravillas, que nuestros padres nos han contado, diciendo: ¿No nos sacó Jehová de Egipto?

Y ahora Jehová nos ha desamparado, y nos ha entregado en manos de los Madianitas.

Jueces 6:15

[15] Entonces le respondió: Ah, Señor mío, ¿con qué tengo de salvar á Israel? He aquí que mi familia es pobre en Manasés, y yo el menor en la casa de mi padre.

3. Gedeón para que JEHOVá le muestre una señal:

Jueces 6:17-18

[17] Y él respondió: Yo te ruego, que si he hallado gracia delante de ti, me des señal de que tú has hablado conmigo. [18] Ruégote que no te vayas de aquí, hasta que á ti vuelva, y saque mi presente, y lo ponga delante de ti. Y él respondió: Yo esperaré hasta que vuelvas.

4. Israel por la liberación y el perdón de los pecados:

Jueces 10:10,15

[10] Y los hijos de Israel clamaron á Jehová, diciendo: Nosotros hemos pecado contra ti; porque hemos dejado á nuestro Dios, y servido á los Baales............ Jueces 10:15

[15] Y los hijos de Israel respondieron á Jehová: Hemos pecado; haz tú con nosotros como bien te pareciere: solamente que ahora nos libres en este día.

5. Jefteria para la victoria:

Jueces 11:30-31

[30] Y Jephté hizo voto á Jehová, diciendo: Si entregares á los Ammonitas en mis manos, [31] Cualquiera que me saliere á recibir de las puertas de mi casa, cuando volviere de los Ammonitas en paz, será de Jehová, y le ofreceré en holocausto.

6. Manoah para que un ángel aparezca y le dé instrucciones:

Jueces 13:8,11-12,15,17

[8] Entonces oró Manoa á Jehová, y dijo: Ah, Señor mío, yo te ruego que aquel varón de Dios que enviaste, torne ahora á venir á nosotros, y nos enseñe lo que hayamos de hacer con el niño que ha de nacer. Jueces 13:11-12

[11] Y levantóse Manoa, y siguió á su mujer; y así que llegó al varón, díjole: ¿Eres tú aquel varón que hablaste á la mujer? Y él dijo: Yo soy. [12] Entonces Manoa dijo: Cúmplase pues tu palabra. ¿Qué orden se tendrá con el niño, y qué ha de hacer? Jueces 13:15
[15] Entonces Manoa dijo al ángel de Jehová: Ruégote permitas que te detengamos, y aderezaremos un cabrito que poner delante de ti. Jueces 13:17
[17] Entonces dijo Manoa al ángel de Jehová: ¿Cómo es tu nombre, para que cuando se cumpliere tu palabra te honremos?

7. Sansón por una última victoria:
Jueces 16:28
[28] Entonces clamó Samsón á Jehová, y dijo: Señor Jehová, acuérdate ahora de mí, y esfuérzame, te ruego, solamente esta vez, oh Dios, para que de una vez tome venganza de los Filisteos, por mis dos ojos.

8. Israel como guía:
Jueces 20:23
[23] Porque los hijos de Israel subieron, y lloraron delante de Jehová hasta la tarde, y consultaron con Jehová, diciendo: ¿Tornaré á pelear con los hijos de Benjamín mi hermano? Y Jehová les respondió: Subid contra él.

9. Israel como guía:
Jueces 20:28
[28] Y Phinees, hijo de Eleazar, hijo de Aarón, se presentaba delante de ella en aquellos días,) y dijeron: ¿Tornaré á salir en batalla contra los hijos de Benjamín mi hermano, ó estaréme quedo? Y Jehová dijo: Subid, que mañana yo lo entregaré en tu mano.

10. Israel para el Revelación:
Jueces 21:3
[3] Oh Jehová Dios de Israel, ¿por qué ha sucedido esto en Israel, que falte hoy de Israel una tribu?

ORACIONES EN 1 SAMUEL: 6

1. Hannah para un hijo:

1 Samuel 1:11

[11] E hizo voto, diciendo: Jehová de los ejércitos, si te dignares mirar la aflicción de tu sierva, y te acordares de mí, y no te olvidares de tu sierva, mas dieres á tu sierva un hijo varón, yo lo dedicaré á Jehová todos los días de su vida, y no subirá navaja sobre su cabeza.

2. Hannah para agradecer a JEHOVÁ y apreciarLO por la oración contestada del hijo:

1 Samuel 2:1-10

[1] Y ANNA oró y dijo: Mi corazón se regocija en Jehová, Mi cuerno es ensalzado en Jehová; Mi boca se ensanchó sobre mis enemigos, Por cuanto me alegré en tu salud. [2] No hay santo como Jehová: Porque no hay ninguno fuera de ti; Y no hay refugio como el Dios nuestro. [3] No multipliquéis hablando grandezas, altanerías; Cesen las palabras arrogantes de vuestra boca; Porque el Dios de todo saber es Jehová, Y á él toca el pesar las acciones. [4] Los arcos de los fuertes fueron quebrados, Y los flacos se ciñeron de fortaleza. [5] Los hartos se alquilaron por pan: Y cesaron los hambrientos: Hasta parir siete la estéril, Y la que tenía muchos hijos enfermó. [6] Jehová mata, y él da vida: El hace descender al sepulcro, y hace subir. [7] Jehová empobrece, y él enriquece: Abate, y ensalza. [8] El levanta del polvo al pobre, Y al menesteroso ensalza del estiércol, Para asentarlo con los príncipes; Y hace que tengan por heredad asiento de honra: Porque de Jehová son las columnas de la tierra, Y él asentó sobre ellas el mundo. [9] El guarda los pies de sus santos, Mas los impíos perecen en tinieblas; Porque nadie será fuerte por su fuerza. [10] Delante de Jehová serán quebrantados sus adversarios, Y sobre ellos tronará desde los cielos: Jehová juzgará los términos de la tierra, Y dará fortaleza á su Rey, Y ensalzará el cuerno de su Mesías.

3. Saúl para la dirección:

1 Samuel 14:37

[37] Y Saúl consultó á Dios: ¿Descenderé tras los Filisteos? ¿los entregarás en mano de Israel? Mas Jehová no le dió respuesta aquel día.

4. David para la dirección:

1 Samuel 23:2

[2] Y David consultó á Jehová, diciendo: ¿Iré á herir á estos Filisteos? Y Jehová respondió á David: Ve, hiere á los Filisteos, y libra á Keila.

5. David por divulgación:

1 Samuel 23:10-12

[10] Y dijo David: Jehová Dios de Israel, tu siervo tiene entendido que Saúl trata de venir contra Keila, á destruir la ciudad por causa mía. [11] ¿Me entregarán los vecinos de Keila en sus manos? ¿descenderá Saúl, como tu siervo tiene oído? Jehová Dios de Israel, ruégote que lo declares á tu siervo. Y Jehová dijo: Sí, descenderá.

[12] Dijo luego David: ¿Me entregarán los vecinos de Keila á mí y á mis hombres en manos de Saúl? Y Jehová respondió: Te entregarán.

6. David para otra divulgación:

1 Samuel 30:8

[8] Y David consultó á Jehová, diciendo: ¿Seguiré esta tropa? ¿podréla alcanzar? Y él le dijo: Síguela que de cierto la alcanzarás, y sin falta librarás la presa.

ORACIONES EN 2 SAMUEL: 4

---

1. David por divulgación:

2 Samuel 2:1

[1] DESPUÉS de esto aconteció que David consultó á Jehová, diciendo: ¿Subiré á alguna de las ciudades de Judá? Y Jehová le respondió: Sube. Y David tornó á decir: ¿A dónde subiré? Y él le dijo: A Hebrón.

2. David por divulgación:

2 Samuel 5:19

[19] Entonces consultó David á Jehová, diciendo: ¿Iré contra los Filisteos? ¿los entregarás en mis manos? Y Jehová respondió á David: Ve, porque ciertamente entregaré los Filisteos en tus manos.

3. David por la realización de su pacto con JEHOVÁ (Aleado daníaco):
2 Samuel 7:18-29

[18] Y entró el rey David, y púsose delante de Jehová, y dijo: Señor Jehová, ¿Quién soy yo, y qué es mi casa, para que tú me traigas hasta aquí? [19] Y aun te ha parecido poco esto, Señor Jehová, pues que también has hablado de la casa de tu siervo en lo por venir. ¿Es ése el modo de obrar del hombre, Señor Jehová? [20] ¿Y qué más puede añadir David hablando contigo? Tú pues conoces tu siervo, Señor Jehová. [21] Todas estas grandezas has obrado por tu palabra y conforme á tu corazón, haciéndolas saber á tu siervo. [22] Por tanto tú te has engrandecido, Jehová Dios: por cuanto no hay como tú, ni hay Dios fuera de ti, conforme á todo lo que hemos oído con nuestros oídos. [23] ¿Y quién como tu pueblo, como Israel, en la tierra? una gente por amor de la cual Dios fuese á redimírsela por pueblo, y le pusiese nombre, é hiciese por vosotros, oh Israel, grandes y espantosas obras en tu tierra, por amor de tu pueblo, oh Dios, que tú redimiste de Egipto, de las gentes y de sus dioses? [24] Porque tú te has confirmado á tu pueblo Israel por pueblo tuyo para siempre: y tú, oh Jehová, fuiste á ellos por Dios. [25] Ahora pues, Jehová Dios, la palabra que has hablado sobre tu siervo y sobre su casa, despiértala para siempre, y haz conforme á lo que has dicho. [26] Que sea engrandecido tu nombre para siempre, y dígase: Jehová de los ejércitos es Dios sobre Israel; y que la casa de tu siervo David sea firme delante de ti. [27] Porque tú, Jehová de los ejércitos, Dios de Israel, revelaste al oído de tu siervo, diciendo: Yo te edificaré casa. Por esto tu siervo ha hallado en su corazón para hacer delante de ti esta súplica. [28] Ahora pues, Jehová Dios, tú eres Dios, y tus palabras serán firmes, ya que has dicho á tu siervo este bien. [29] Tenlo pues ahora á bien, y bendice la casa de tu siervo, para que perpetuamente permanezca delante de ti: pues que tú, Jehová Dios, lo has dicho, y con tu bendición será bendita la casa de tu siervo para siempre.

4. David por el perdón del pecado:
2 Samuel 24:10

[10] Y después que David hubo contado el pueblo, punzóle su corazón; y dijo David á Jehová: Yo he pecado gravemente por haber hecho esto; mas ahora, oh Jehová, ruégote que quites el pecado de tu siervo, porque yo he obrado muy neciamente.

ORACIONES EN 1 REYES: 5

1. Salomón por el conocimiento y la sabiduría:
1 Reyes 3:6-9
[6] Y Salomón dijo: Tú hiciste gran misericordia á tu siervo David mi padre, según que él anduvo delante de ti en verdad, en justicia, y con rectitud de corazón para contigo: y tú le has guardado esta tu grande misericordia, que le diste hijo que se sentase en su trono, como sucede en este día. [7] Ahora pues, Jehová Dios mío, tú has puesto á mí tu siervo por rey en lugar de David mi padre: y yo soy mozo pequeño, que no sé cómo entrar ni salir. [8] Y tu siervo está en medio de tu pueblo al cual tú escogiste; un pueblo grande, que no se puede contar ni numerar por su multitud. [9] Da pues á tu siervo corazón dócil para juzgar á tu pueblo, para discernir entre lo bueno y lo malo: porque ¿quién podrá gobernar este tu pueblo tan grande?

2. Salomón dedicación a la Casa de JEHOVÁ:
1 Reyes 8:23-53
[23] Dijo: Jehová Dios de Israel, no hay Dios como tú, ni arriba en los cielos ni abajo en la tierra, que guardas el pacto y la misericordia á tus siervos, los que andan delante de ti de todo su corazón; [24] Que has guardado á tu siervo David mi padre lo que le dijiste: dijístelo con tu boca, y con tu mano lo has cumplido, como aparece este día. [25] Ahora pues, Jehová Dios de Israel, cumple á tu siervo David mi padre lo que le prometiste, diciendo: No faltará varón de ti delante de mí, que se siente en el trono de Israel, con tal que tus hijos guarden su camino, que anden delante de mí como tú has delante de mí andado. [26] Ahora pues, oh Dios de Israel, verifíquese tu palabra que dijiste á tu siervo David mi padre. [27] Empero ¿es verdad que Dios haya de morar sobre la tierra? He aquí que los cielos, los cielos de los cielos, no te pueden contener: ¿cuánto menos esta casa que yo he edificado? [28] Con todo, tú atenderás á la oración de tu siervo, y á su plegaria, oh Jehová Dios mío, oyendo propicio el clamor y oración que tu siervo hace hoy delante de ti: [29] Que estén tus ojos abiertos de noche y de día sobre esta casa, sobre este lugar del cual has dicho: Mi nombre estará allí; y que oigas la oración que tu siervo hará en este lugar.

[30] Oye pues la oración de tu siervo, y de tu pueblo Israel; cuando oraren en este lugar, también tú lo oirás en el lugar de tu habitación, desde los cielos: que oigas y perdones. [31] Cuando alguno hubiere pecado contra su prójimo, y le tomaren juramento haciéndole jurar, y viniere el juramento delante de tu altar en esta casa; [32] Tú oirás desde el cielo, y obrarás, y juzgarás á tus siervos, condenando al impío, tornando su proceder sobre su cabeza, y justificando al justo para darle conforme á su justicia. [33] Cuando tu pueblo Israel hubiere caído delante de sus enemigos, por haber pecado contra ti, y á ti se volvieren, y confesaren tu nombre, y oraren, y te rogaren y suplicaren en esta casa; [34] Oyelos tú en los cielos, y perdona el pecado de tu pueblo Israel, y vuélvelos á la tierra que diste á sus padres. [35] Cuando el cielo se cerrare, y no lloviere, por haber ellos pecado contra ti, y te rogaren en este lugar, y confesaren tu nombre, y se volvieren del pecado, cuando los hubieres afligido; [36] Tú oirás en los cielos, y perdonarás el pecado de tus siervos y de tu pueblo Israel, enseñándoles el buen camino en que anden; y darás lluvias sobre tu tierra, la cual diste á tu pueblo por heredad. [37] Cuando en la tierra hubiere hambre, ó pestilencia, ó tizoncillo, ó niebla, ó langosta, ó pulgón: si sus enemigos los tuvieren cercados en la tierra de su domicilio; cualquiera plaga ó enfermedad que sea; [38] Toda oración y toda súplica que hiciere cualquier hombre, ó todo tu pueblo Israel, cuando cualquiera sintiere la plaga de su corazón, y extendiere sus manos á esta casa; [39] Tú oirás en los cielos, en la habitación de tu morada, y perdonarás, y obrarás, y darás á cada uno conforme á sus caminos, cuyo corazón tú conoces; (porque sólo tú conoces el corazón de todos los hijos de los hombres;) [40] Para que te teman todos los días que vivieren sobre la haz de la tierra que tú diste á nuestros padres. [41] Asimismo el extranjero, que no es de tu pueblo Israel, que hubiere venido de lejanas tierras á causa de tu nombre, [42] (Porque oirán de tu grande nombre, y de tu mano fuerte, y de tu brazo extendido,) y viniere á orar á esta casa; [43] Tú oirás en los cielos, en la habitación de tu morada, y harás conforme á todo aquello por lo cual el extranjero hubiere á ti clamado: para que todos los pueblos de la tierra conozcan tu nombre, y te teman, como tu pueblo Israel, y entiendan que tu nombre es invocado sobre esta casa que yo edifiqué. [44] Si tu pueblo saliere en batalla contra sus enemigos por el camino que tú los enviares, y oraren á Jehová hacia la ciudad que tú elegiste, y hacia la casa que yo edifiqué á tu nombre, [45] Tú oirás en los

cielos su oración y su súplica, y les harás derecho. [46] Si hubieren pecado contra ti, (porque no hay hombre que no peque) y tú estuvieres airado contra ellos, y los entregares delante del enemigo, para que los cautiven y lleven á tierra enemiga, sea lejos ó cerca, [47] Y ellos volvieren en sí en la tierra donde fueren cautivos; si se convirtieren, y oraren á ti en la tierra de los que los cautivaron, y dijeren: Pecamos, hemos hecho lo malo, hemos cometido impiedad; [48] Y si se convirtieren á ti de todo su corazón y de toda su alma, en la tierra de sus enemigos que los hubieren llevado cautivos, y oraren á ti hacia su tierra, que tú diste á sus padres, hacia la ciudad que tú elegiste y la casa que yo he edificado á tu nombre; [49] Tú oirás en los cielos, en la habitación de tu morada, su oración y su súplica, y les harás derecho; [50] Y perdonarás á tu pueblo que había pecado contra ti, y todas sus infracciones con que se habrán contra ti rebelado; y harás que hayan de ellos misericordia los que los hubieren llevado cautivos: [51] Porque ellos son tu pueblo y tu heredad, que tú sacaste de Egipto, de en medio del horno de hierro. [52] Que tus ojos estén abiertos á la oración de tu siervo, y á la plegaria de tu pueblo Israel, para oirlos en todo aquello por lo que te invocaren: [53] Pues que tú los apartaste para ti por tu heredad de todos los pueblos de la tierra, como lo dijiste por mano de Moisés tu siervo, cuando sacaste á nuestros padres de Egipto, oh Señor Jehová.

3. Elijah por la resurrección del niño muerto:
1 Reyes 17:20-21
[20] Y clamando á Jehová, dijo: Jehová Dios mío, ¿aun á la viuda en cuya casa yo estoy hospedado has afligido, matándole su hijo? [21] Y midióse sobre el niño tres veces, y clamó á Jehová, y dijo: Jehová Dios mío, ruégote que vuelva el alma de este niño á sus entrañas.

4. Elijah para que el cielo llueva fuego:
1 Reyes 18:36-37
[36] Y como llegó la hora de ofrecerse el holocausto, llegóse el profeta Elías, y dijo: Jehová Dios de Abraham, de Isaac, y de Israel, sea hoy manifiesto que tú eres Dios en Israel, y que yo soy tu siervo, y que por mandato tuyo he hecho todas estas cosas. [37] Respóndeme, Jehová, respóndeme; para que conozca este pueblo que tú, oh Jehová, eres el Dios, y que tú volviste atrás el corazón de ellos.

5. Elías para que JEHOVÁ lo mate o se lo lleve:
1 Reyes 19:4
[4] Y él se fué por el desierto un día de camino, y vino y sentóse debajo de un enebro; y deseando morirse, dijo: Baste ya, oh Jehová, quita mi alma; que no soy yo mejor que mis padres.

ORACIONES EN 2 REYES: 3.

---

1. Eliseo para que JEHOVÁ abra los ojos de su sirviente:
2 Reyes 6:17
[17] Y oró Eliseo, y dijo: Ruégote, oh Jehová, que abras sus ojos para que vea. Entonces Jehová abrió los ojos del mozo, y miró: y he aquí que el monte estaba lleno de gente de á caballo, y de carros de fuego alrededor de Eliseo.

2. Ezequías por la liberación:
2 Reyes 19:15-19
[15] Y oró Ezechîas delante de Jehová, diciendo: Jehová Dios de Israel, que habitas entre los querubines, tú solo eres Dios de todos los reinos de la tierra; tú hiciste el cielo y la tierra. [16] Inclina, oh Jehová, tu oído, y oye; abre, oh Jehová, tus ojos, y mira: y oye las palabras de Sennachêrib, que ha enviado á blasfemar al Dios viviente. [17] Es verdad, oh Jehová, que los reyes de Asiria han destruído las gentes y sus tierras; [18] Y que pusieron en el fuego á sus dioses, por cuanto ellos no eran dioses, sino obra de manos de hombres, madera ó piedra, y así los destruyeron. [19] Ahora pues, oh Jehová Dios nuestro, sálvanos, te suplico, de su mano, para que sepan todos los reinos de la tierra que tú solo, Jehová, eres Dios.

3. Ezequías para que JEHOVÁ prolongara su vida:
2 Reyes 20:3
[3] Ruégote, oh Jehová, ruégote hagas memoria de que he andado delante de ti en verdad é íntegro corazón, y que he hecho las cosas que te agradan. Y lloró Ezechîas con gran lloro.

ORACIONES EN 1 CRÓNICAS: 2

1. Jabez para que su costa se amplíe:
1 Crónicas 4:10
[10] E invocó Jabes al Dios de Israel, diciendo: Oh si me dieras bendición, y ensancharas mi término, y si tu mano fuera conmigo, y me libraras de mal, que no me dañe! E hizo Dios que le viniese lo que pidió.

2. David para Israel y Salomón:
1. 1.Crónicas 29:10-19
[10] Asimismo holgóse mucho el rey David, y bendijo á Jehová delante de toda la congregación; y dijo David: Bendito seas tú, oh Jehová, Dios de Israel nuestro padre, de uno á otro siglo. [11] Tuya es, oh Jehová, la magnificencia, y el poder, y la gloria, la victoria, y el honor; porque todas las cosas que están en los cielos y en la tierra son tuyas. Tuyo, oh Jehová, es el reino, y la altura sobre todos los que están por cabeza. [12] Las riquezas y la gloria están delante de ti, y tú señoreas á todos: y en tu mano está la potencia y la fortaleza, y en tu mano la grandeza y fuerza de todas las cosas. [13] Ahora pues, Dios nuestro, nosotros te confesamos, y loamos tu glorioso nombre. [14] Porque ¿quién soy yo, y quién es mi pueblo, para que pudiésemos ofrecer de nuestra voluntad cosas semejantes? porque todo es tuyo, y lo recibido de tu mano te damos. [15] Porque nosotros, extranjeros y advenedizos somos delante de ti, como todos nuestros padres; y nuestros días cual sombra sobre la tierra, y no dan espera. [16] Oh Jehová Dios nuestro, toda esta abundancia que hemos aprestado para edificar casa á tu santo nombre, de tu mano es, y todo es tuyo. [17] Yo sé, Dios mío, que tú escudriñas los corazones, y que la rectitud te agrada: por eso yo con rectitud de mi corazón voluntariamente te he ofrecido todo esto, y ahora he visto con alegría que tu pueblo, que aquí se ha hallado ahora, ha dado para ti espontáneamente. [18] Jehová, Dios de Abraham, de Isaac, y de Israel, nuestros padres, conserva perpetuamente esta voluntad del corazón de tu pueblo, y encamina su corazón á ti. [19] Asimismo da á mi hijo Salomón corazón perfecto, para que guarde tus mandamientos, y tus testimonios y tus estatutos, y para que haga todas las cosas, y te edifique la casa para la cual yo he hecho el apresto.

ORACIONES EN 2 CRÓNICAS: 2

1. Asa para la victoria:

2 Crónicas 14:11

[11] Y clamó Asa á Jehová su Dios, y dijo: Jehová, no tienes tú más con el grande que con el que ninguna fuerza tiene, para dar ayuda. Ayúdanos, oh Jehová Dios nuestro, porque en ti nos apoyamos, y en tu nombre venimos contra este ejército. Oh Jehová, tú eres nuestro Dios: no prevalezca contra ti el hombre.

2. Jehshaphat por el triunfo:

2 Crónicas 20:6-12

[6] Y dijo: Jehová Dios de nuestros padres, ¿no eres tú Dios en los cielos, y te enseñoreas en todos los reinos de las Gentes? ¿no está en tu mano tal fuerza y potencia, que no hay quien te resista? [7] Dios nuestro, ¿no echaste tú los moradores de aquesta tierra delante de tu pueblo Israel, y la diste á la simiente de Abraham tu amigo para siempre? [8] Y ellos han habitado en ella, y te han edificado en ella santuario á tu nombre, diciendo: [9] Si mal viniere sobre nosotros, ó espada de castigo, ó pestilencia, ó hambre, presentarnos hemos delante de esta casa, y delante de ti, (porque tu nombre está en esta casa,) y de nuestras tribulaciones clamaremos á ti, y tú nos oirás y salvarás. [10] Ahora pues, he aquí los hijos de Ammón y de Moab, y los del monte de Seir, á la tierra de los cuales ni quisiste que pasase Israel cuando venían de la tierra de Egipto, sino que se apartasen de ellos, y no los destruyesen; [11] He aquí ellos nos dan el pago, viniendo á echarnos de tu heredad, que tú nos diste á poseer. [12] Oh Dios nuestro! ¿no los juzgarás tú? porque en nosotros no hay fuerza contra tan grande multitud que viene contra nosotros: no sabemos lo que hemos de hacer, mas á ti volvemos nuestros ojos.

ORACIONES EN ESDRAS: 2

1. Ezra, oración para el Día de Acción de Gracias:
Esdras 7:27-28
[27] Bendito Jehová, Dios de nuestros padres, que puso tal cosa en el corazón del rey, para honrar la casa de Jehová que está en Jerusalem. [28] E inclinó hacia mí su misericordia delante del rey y de sus consultores, y de todos los príncipes poderosos del rey. Y yo, confortado según la mano de mi Dios sobre mí, junté los principales de Israel para que subiesen conmigo.

2. Ezra por asistencia y clemencia:
Esdras 9:5-15
[5] Y al sacrificio de la tarde levantéme de mi aflicción; y habiendo rasgado mi vestido y mi manto, postréme de rodillas, y extendí mis palmas á Jehová mi Dios, [6] Y dije: Dios mío, confuso y avergonzado estoy para levantar, oh Dios mío, mi rostro á ti: porque nuestras iniquidades se han multiplicado sobre nuestra cabeza, y nuestros delitos han crecido hasta el cielo. [7] Desde los días de nuestros padres hasta este día estamos en grande culpa; y por nuestras iniquidades nosotros, nuestros reyes, y nuestros sacerdotes, hemos sido entregados en manos de los reyes de las tierras, á cuchillo, á cautiverio, y á robo, y á confusión de rostro, como hoy día. [8] Y ahora como por un breve momento fué la misericordia de Jehová nuestro Dios, para hacer que nos quedase un resto libre, y para darnos estaca en el lugar de su santuario, á fin de alumbrar nuestros ojos nuestro Dios, y darnos una poca de vida en nuestra servidumbre. [9] Porque siervos éramos: mas en nuestra servidumbre no nos desamparó nuestro Dios, antes inclinó sobre nosotros misericordia delante de los reyes de Persia, para que se nos diese vida para alzar la casa de nuestro Dios, y para hacer restaurar sus asolamientos, y para darnos vallado en Judá y en Jerusalem. [10] Mas ahora, ¿qué diremos, oh Dios nuestro, después de esto? porque nosotros hemos dejado tus mandamientos, [11] Los cuales prescribiste por mano de tus siervos los profetas, diciendo: La tierra á la cual entráis para poseerla, tierra inmunda es á causa de la inmundicia de los pueblos de aquellas regiones, por las abominaciones de que la han henchido de uno á otro extremo con

su inmundicia. [12] Ahora pues, no daréis vuestras hijas á los hijos de ellos, ni sus hijas tomaréis para vuestros hijos, ni procuraréis su paz ni su bien para siempre; para que seáis corroborados, y comáis el bien de la tierra, y la dejéis por heredad á vuestros hijos para siempre. [13] Mas después de todo lo que nos ha sobrevenido á causa de nuestras malas obras, y á causa de nuestro grande delito, ya que tú, Dios nuestro, estorbaste que fuésemos oprimidos bajo de nuestras iniquidades, y nos diste este tal efugio; [14] ¿Hemos de volver á infringir tus mandamientos, y á emparentar con los pueblos de estas abominaciones? ¿No te ensañarías contra nosotros hasta consumirnos, sin que quedara resto ni escapatoria?[15] Jehová, Dios de Israel, tú eres justo: pues que hemos quedado algunossalvos, como este día, henos aquí delante de ti en nuestros delitos; porque no es posible subsistir en tu presencia á causa de esto.

ORACIONES EN NEHEMÍAS: 9

1. Nehemías por la confesión del pecado y la ayuda:
Nehemías 1:5-11
[5] Y dije: Ruégote, oh Jehová, Dios de los cielos, fuerte, grande, y terrible, que guarda el pacto y la misericordia á los que le aman y guardan sus mandamientos; [6] Esté ahora atento tu oído, y tus ojos abiertos, para oír la oración de tu siervo, que yo hago ahora delante de ti día y noche, por los hijos de Israel tus siervos; y confieso los pecados de los hijos de Israel que hemos contra ti cometido; sí, yo y la casa de mi padre hemos pecado. [7] En extremo nos hemos corrompido contra ti, y no hemos guardado los mandamientos, y estatutos y juicios, que mandaste á Moisés tu siervo. [8] Acuérdate ahora de la palabra que ordenaste á Moisés tu siervo, diciendo: Vosotros prevaricaréis, y yo os esparciré por los pueblos: [9] Mas os volveréis á mí, y guardaréis mis mandamientos, y los pondréis por obra. Si fuere vuestro lanzamiento hasta el cabo de los cielos, de allí os juntaré; y traerlos he al lugar que escogí para hacer habitar allí mi nombre. [10] Ellos pues son tus siervos y tu pueblo, los cuales redimiste con tu gran fortaleza, y con tu mano fuerte. [11] Ruégote, oh Jehová, esté ahora atento tu oído á

la oración de tu siervo, y la oración de tus siervos, quienes desean temer tu nombre: y ahora concede hoy próspero suceso á tu siervo, y dale gracia delante de aquel varón. Porque yo servía de copero al rey.

2. Nehemías para juzgar:
Nehemías 4:1-5
[1] Y FUÉ que como oyó Sanballat que nosotros edificábamos el muro, encolerizóse y enojóse en gran manera, é hizo escarnio de los Judíos. [2] Y habló delante de sus hermanos y del ejército de Samaria, y dijo: ¿Qué hacen estos débiles Judíos? ¿hanles de permitir? ¿han de sacrificar? ¿han de acabar en un día? ¿han de resucitar de los montones del polvo las piedras que fueron quemadas? [3] Y estaba junto á él Tobías Ammonita, el cual dijo: Aun lo que ellos edifican, si subiere una zorra derribará su muro de piedra. [4] Oye, oh Dios nuestro, que somos en menosprecio, y vuelve el baldón de ellos sobre su cabeza, y dalos en presa en la tierra de su cautiverio: [5] Y no cubras su iniquidad, ni su pecado sea raído delante de tu rostro; porque se airaron contra los que edificaban.

3. Nehemías pidiendo ayuda:
Nehemías 6:9
[9] Porque todos ellos nos ponían miedo, diciendo: Debilitaránse las manos de ellos en la obra, y no será hecha. Esfuerza pues mis manos, oh Dios.

4. Nehemías pidiendo ayuda:
Nehemías 6:14
[14] Acuérdate, Dios mío, de Tobías y de Sanballat, conforme á estas sus obras, y también de Noadías profetisa, y de los otros profetas que hacían por ponerme miedo.

5. Israel. Confesión de sus pecados:
Nehemías 9:5-38
[5] Y dijeron los Levitas, Jesuá y Cadmiel, Bani, Hosabnías, Serebías, Odaías, Sebanías y Pethaía: Levantaos, bendecid á Jehová vuestro Dios desde el siglo hasta el siglo: y bendigan el nombre tuyo, glorioso y alto sobre toda bendición y alabanza. [6] Tú, oh Jehová, eres solo; tú hiciste los cielos, y los cielos de los cielos, y toda su milicia, la tierra y todo lo que

está en ella, los mares y todo lo que hay en ellos; y tú vivificas todas estas cosas, y los ejércitos de los cielos te adoran. [7] Tú, eres oh Jehová, el Dios que escogiste á Abram, y lo sacaste de Ur de los Caldeos, y pusístele el nombre Abraham; [8] Y hallaste fiel su corazón delante de ti, é hiciste con él alianza para darle la tierra del Cananeo, del Hetheo, y del Amorreheo, y del Pherezeo, y del Jebuseo, y del Gergeseo, para darla á su simiente: y cumpliste tu palabra, porque eres justo. [9] Y miraste la aflicción de nuestos padres en Egipto, y oíste el clamor de ellos en el mar Bermejo; [10] Y diste señales y maravillas en Faraón, y en todos sus siervos, y en todo el pueblo de su tierra; porque sabías que habían hecho soberbiamente contra ellos; é hicíste nombre grande, como este día. [11] Y dividiste la mar delante de ellos y pasaron por medio de ella en seco; y á sus perseguidores echaste en los profundos, como una piedra en grandes aguas. [12] Y con columna de nube los guiaste de día, y con columna de fuego de noche, para alumbrarles el camino por donde habían de ir. [13] Y sobre el monte de Sinaí descendiste, y hablaste con ellos desde el cielo, y dísteles juicios rectos, leyes verdaderas, y estatutos y mandamientos buenos: [14] Y notificásteles el sábado tuyo santo, y les prescribiste, por mano de Moisés tu siervo, mandamientos y estatutos y ley. [15] Y dísteles pan del cielo en su hambre, y en su sed les sacaste aguas de la piedra; y dijísteles que entrasen á poseer la tierra, por la cual alzaste tu mano que se la habías de dar. [16] Mas ellos y nuestros padres hicieron soberbiamente, y endurecieron su cerviz, y no escucharon tus mandamientos, [17] Y no quisieron oir, ni se acordaron de tus maravillas que habías hecho con ellos; antes endurecieron su cerviz, y en su rebelión pensaron poner caudillo para volverse á su servidumbre. Tú empero, eres Dios de perdones, clemente y piadoso, tardo para la ira, y de mucha misericordia, que no los dejaste. [18] Además, cuando hicieron para sí becerro de fundición, y dijeron: Este es tu Dios que te hizo subir de Egipto; y cometieron grandes abominaciones; [19] Tú, con todo, por tus muchas misericordias no los abandonaste en el desierto: la columna de nube no se apartó de ellos de día, para guiarlos por el camino, ni la columna de fuego de noche, para alumbrarles el camino por el cual habían de ir. [20] Y diste tu espíritu bueno para enseñarlos, y no retiraste tu maná de su boca, y agua les diste en su sed. [21] Y sustentástelos cuarenta años en el desierto; de ninguna cosa tuvieron necesidad: sus vestidos no se envejecieron, ni se hincharon sus pies. [22] Y dísteles reinos y pueblos, y los distribuiste por cantones: y poseyeron la tierra de Sehón, y la tierra del rey Hesbón, y la tierra de Og rey de Basán. [23] Y multiplicaste sus hijos como las estrellas del cielo, y metístelos en la tierra, de la cual habías dicho á sus padres que habían de entrar á poseerla. [24] Y los hijos vinieron y poseyeron la tierra, y humillaste delante de ellos á los moradores del país, á los Cananeos, los cuales entregaste en su mano, y á sus reyes, y á los pueblos de la tierra, para que hiciesen de ellos á su voluntad. [25] Y tomaron ciudades fortalecidas, y tierra pingüe, y heredaron casas llenas de todo bien, cisternas hechas, viñas y olivares, y muchos árboles de comer; y comieron, y hartáronse, y engrosáronse, y deleitáronse en tu grande bondad. [26] Empero te irritaron, y rebeláronse contra ti, y echaron tu ley tras sus espaldas, y mataron tus profetas que protestaban contra ellos para convertirlos á ti; é hicieron grandes abominaciones. [27] Y entregástelos en mano de sus enemigos, los cuales los afligieron: y en el tiempo de su tribulación clamaron á ti, y tú desde los cielos los oíste; y según tus muchas miseraciones les dabas salvadores, que los salvasen de mano de sus enemigos. [28] Mas en teniendo reposo, se volvían á hacer lo malo delante de ti; por lo cual los dejaste en mano de sus enemigos, que se enseñorearon de ellos: pero convertidos clamaban otra vez á ti, y tú desde los cielos los oías, y según tus miseraciones muchas veces los libraste. [29] Y protestásteles que se volviesen á tu ley; mas ellos hicieron soberbiamente, y no oyeron tus mandamientos, sino que pecaron contra tus juicios, los cuales si el hombre hiciere, en ellos vivirá; y dieron hombro renitente, y endurecieron su cerviz, y no escucharon. [30] Y alargaste sobre ellos muchos años, y protestásteles con tu espíritu por mano de tus profetas, mas no escucharon; por lo cual los entregaste en mano de los pueblos de la tierra. [31] Empero por tus muchas misericordias no los consumiste, ni los dejaste; porque eres Dios clemente y misericordioso. [32] Ahora pues, Dios nuestro, Dios grande, fuerte, terrible, que guardas el pacto y la misericordia, no sea tenido en poco delante de ti todo el trabajo que nos ha alcanzando á nuestros reyes, á nuestros príncipes, á nuestros sacerdotes, y á nuestros profetas, y á nuestros padres, y á todo tu pueblo, desde los días de los reyes de Asiria hasta este día. [33] Tú empero eres justo en todo lo que ha venido sobre nosotros; porque rectamente has hecho, mas nosotros hemos hecho lo malo: [34] Y nuestros reyes, nuestros príncipes, nuestros sacerdotes, y nuestros padres, no pusieron por obra tu ley, ni atendieron á tus mandamiento y á tus testimonios, con que les protestabas. [35] Y ellos en su reino y en tu mucho bien que les diste, y en la tierra espaciosa y pingüe que entregaste delante de ellos, no te sirvieron, ni se convirtieron de sus malas obras. [36] He aquí que hoy somos siervos, henos aquí, siervos en la tierra que diste á nuestros padres para que comiesen sus fruto y su bien. [37] Y se multiplica su fruto para los reyes que has puesto sobre nosotros por nuestros pecados, quienes se enseñorean sobre nuestros cuerpos, y sobre nuestras bestias, conforme á su voluntad, y estamos en grande angustia. [38] A causa pues de todo eso nosotros hacemos fiel alianza, y la escribimos, signada de nuestros príncipes, de nuestros Levitas, y de nuestros sacerdotes.

6. Nehemías por la bendición:
Nehemías 13:14
[14] Acuérdate de mí, oh Dios, en orden á esto, y no raigas mis misericordias que hice en la casa de mi Dios, y en sus observancias.

7. Nehemías por la bendición:
Nehemías 13:22
[22] Y dije á los Levitas que se purificasen, y viniesen á guardar las puertas, para santificar el día del sábado. También por esto acuérdate de mí, Dios mío, y perdóname según la muchedumbre de tu misericordia.

8. Nehemías para juzgar:
Nehemías 13:29
[29] Acuérdate de ellos, Dios mío, contra los que contaminan el sacerdocio, y el pacto del sacerdocio y de los Levitas.

9. Nehemías por la bendición:
Nehemías 13:31 RVA
[31] Y para la ofrenda de la leña en los tiempos señalados, y para las primicias. Acuérdate de mí, Dios mío, para bien.

ORACIONES EN JOB: 7

1. Job de acción de gracias y renuncia:
Job 1:20-22
[20] Entonces Job se levantó, y rasgó su manto, y trasquiló su cabeza, y cayendo en tierra adoró; [21] Y dijo: Desnudo salí del vientre de mi madre, y desnudo tornaré allá. Jehová dió, y Jehová quitó: sea el nombre de Jehová bendito.
[22] En todo esto no pecó Job, ni atribuyó á Dios despropósito alguno.

2. Trabajo pidiendo alivio después de expresar descontento:
Job 7:17-21
[17] ¿Qué es el hombre, para que lo engrandezcas, Y que pongas sobre él tu corazón, [18] Y lo visites todas las mañanas, Y todos los momentos lo pruebes? [19] ¿Hasta cuándo no me dejarás, Ni me soltarás hasta que trague mi saliva? [20] Pequé, ¿qué te haré, oh Guarda de los hombres? ¿Por qué me has puesto contrario á ti, Y que á mí mismo sea pesado? [21] ¿Y por qué no quitas mi rebelión, y perdonas mi iniquidad? Porque ahora dormiré en el polvo, Y si me buscares de mañana, ya no seré.

3. Job pidiendo alivio después de la queja:
Job 9:25-10:22
[25] Mis días han sido más ligeros que un correo; Huyeron, y no vieron el bien. [26] Pasaron cual navíos veloces: Como el águila que se arroja á la comida. [27] Si digo: Olvidaré mi queja, Dejaré mi aburrimiento, y esforzaréme: [28] Contúrbanme todos mis trabajos; Sé que no me darás por libre. [29] Yo soy impío, ¿Para qué trabajaré en vano?
[30] Aunque me lave con aguas de nieve, Y limpie mis manos con la misma limpieza, [31] Aun me hundirás en el hoyo, Y mis propios vestidos me abominarán. [32] Porque no es hombre como yo, para que yo le responda, Y vengamos juntamente á juicio. [33] No hay entre nosotros árbitro Que ponga su mano sobre nosotros ambos. [34] Quite de sobre mí su vara, Y su terror no me espante. [35] Entonces hablaré, y no le temeré: Porque así no estoy en mí mismo. Job 10:1-15 RVA

[1] ESTA mi alma aburrida de mi vida: Daré yo suelta á mi queja sobre mí, Hablaré con amargura de mi alma. [2] Diré á Dios: no me condenes; Hazme entender por qué pleiteas conmigo. [3] ¿Parécete bien que oprimas, Que deseches la obra de tus manos, Y que resplandezcas sobre el consejo de los impíos? [4] ¿Tienes tú ojos de carne? ¿Ves tú como ve el hombre? [5] ¿Son tus días como los días del hombre, O tus años como los tiempos humanos, [6] Para que inquieras mi iniquidad, Y busques mi pecado, [7] Sobre saber tú que no soy impío, Y que no hay quien de tu mano libre? [8] Tus manos me formaron y me compusieron Todo en contorno: ¿y así me deshaces? [9] Acuérdate ahora que como á lodo me diste forma: ¿Y en polvo me has de tornar? [10] ¿No me fundiste como leche, Y como un queso me cuajaste? [11] Vestísteme de piel y carne, Y cubrísteme de huesos y nervios. [12] Vida y misericordia me concediste, Y tu visitación guardó mi espíritu. [13] Y estas cosas tienes guardadas en tu corazón; Yo sé que esto está cerca de ti. [14] Si pequé, tú me has observado, Y no me limpias de mi iniquidad. [15] Si fuere malo, ay de mí! Y si fuere justo, no levantaré mi cabeza, Estando harto de deshonra, Y de verme afligido. [16] Y subirá de punto, pues me cazas como á león, Y tornas á hacer en mí maravillas. [17] Renuevas contra mí tus plagas, Y aumentas conmigo tu furor, Remudándose sobre mí ejércitos. [18] ¿Por qué me sacaste de la matriz? Habría yo espirado, y no me vieran ojos. [19] Fuera, como si nunca hubiera sido, Llevado desde el vientre á la sepultura. [20] ¿No son mis días poca cosa? Cesa pues, y déjame, para que me conforte un poco. [21] Antes que vaya para no volver, A la tierra de tinieblas y de sombra de muerte; [22] Tierra de oscuridad, lóbrega Como sombra de muerte, sin orden, Y que aparece como la oscuridad misma.

4. Queja de Job por perdón y por vida:
Job 14:13-22
[13] Oh quién me diera que me escondieses en el sepulcro, Que me encubrieras hasta apaciguarse tu ira, Que me pusieses plazo, y de mí te acordaras! [14] Si el hombre muriere, ¿volverá á vivir? Todos los días de mi edad esperaré, Hasta que venga mi mutación. [15] Aficionado á la obra de tus manos, Llamarás, y yo te responderé. [16] Pues ahora me cuentas los pasos, Y no das tregua á mi pecado. [17] Tienes sellada en saco mi prevaricación, Y coacervas mi iniquidad. [18] Y ciertamente el monte que

cae se deshace, Y las peñas son traspasadas de su lugar; [19] Las piedras son desgastadas con el agua impetuosa, Que se lleva el polvo de la tierra: de tal manera haces tú perecer la esperanza del hombre. [20] Para siempre serás más fuerte que él, y él se va; Demudarás su rostro, y enviaráslo. [21] Sus hijos serán honrados, y él no lo sabrá; O serán humillados, y no entenderá de ellos. [22] Mas su carne sobre él se dolerá, Y entristecerse ha en él su alma.

5. Job para un juicio equitativo:
Job 23:3-5
[3] Quién me diera el saber dónde hallar á Dios! Yo iría hasta su silla. [4] Ordenaría juicio delante de él, Y henchiría mi boca de argumentos. [5] Yo sabría lo que él me respondería, Y entendería lo que me dijese.

6. Trabajo para la confesión:
Job 40:3-5
[3] Y respondió Job á Jehová, y dijo: [4] He aquí que yo soy vil, ¿qué te responderé? Mi mano pongo sobre mi boca. [5] Una vez hablé, y no responderé: Aun dos veces, mas no tornaré á hablar.

7. Oración de Job de remordimiento:
Job 42:1-6
[1] Y RESPONDIO Job á Jehová, y dijo: [2] Yo conozco que todo lo puedes, Y que no hay pensamiento que se esconda de ti. [3] ¿Quién es el que oscurece el consejo sin ciencia? Por tanto yo denunciaba lo que no entendía; Cosas que me eran ocultas, y que no las sabía. [4] Oye te ruego, y hablaré; Te preguntaré, y tú me enseñarás. [5] De oídas te había oído; Mas ahora mis ojos te ven. [6] Por tanto me aborrezco, y me arrepiento En el polvo y en la ceniza.

ORACIONES EN LOS SALMOS

1. David. Para que JEHOVÁ lo salve:
Salmos 3:7
[7] Levántate, Jehová; sálvame, Dios mío: Porque tú heriste á todos mis enemigos en la quijada; Los dientes de los malos quebrantaste.

2. David para que JEHOVÁ lo escuche:
Salmos 4:1
[1] Al Músico principal: sobre Neginoth: Salmo de David. RESPONDEME cuando clamo, oh Dios de mi justicia: Estando en angustia, tú me hiciste ensanchar: Ten misericordia de mí, y oye mi oración.

3. David por juicio/protección/reza por la mañana:
Salmos 5:1-3 ;8;10
[1] Al Músico principal: sobre Nehiloth: Salmo de David. ESCUCHA, oh Jehová, mis palabras; Considera la meditación mía. [2] Está atento á la voz de mi clamor, Rey mío y Dios mío, Porque á ti oraré. [3] Oh Jehová, de mañana oirás mi voz; De mañana me presentaré á ti, y esperaré.
[8] Guíame, Jehová, en tu justicia á causa de mis enemigos; Endereza delante de mí tu camino. Salmos 5:10
[10] Desbarátalos, oh Dios; Caigan de sus consejos: Por la multitud de sus rebeliones échalos, Porque se rebelaron contra ti.

4. David contra la angustia:
Salmos 6:1-4
[1] Al Músico principal: en Neginoth sobre Seminith: Salmo de David. JEHOVA, no me reprendas en tu furor, Ni me castigues con tu ira. [2] Ten misericordia de mí, oh Jehová, porque yo estoy debilitado: Sáname, oh Jehová, porque mis huesos están conmovidos. [3] Mi alma asimismo está muy conturbada: Y tú, Jehová, ¿hasta cuándo? [4] Vuelve, oh Jehová, libra mi alma; Sálvame por tu misericordia.

5. David por la liberación y el juicio:
Salmos 7:1,6,8-9
[1] Sigaión de David, que cantó á Jehová sobre las palabras de Cus, hijo de Benjamín. JEHOVA Dios mío, en ti he confiado: Sálvame de todos los que me persiguen, y líbrame; Salmos 7:6
[6] Levántate; oh Jehová, con tu furor; Alzate á causa de las iras de mis angustiadores, Y despierta en favor mío el juicio que mandaste. Salmos 7:8-9
[8] Jehová juzgará los pueblos: Júzgame, oh Jehová, conforme á mi justicia y conforme á mi integridad. [9] Consúmase ahora la malicia de los inicuos, y establece al justo; Pues el Dios justo prueba los corazones y los riñones.

6. David por la misericordia:
Salmos 9:13 ;19-20
[13] Ten misericordia de mí, Jehová: Mira mi aflicción que padezco de los que me aborrecen, Tú que me levantas de las puertas de la muerte;
[19] Levántate, oh Jehová; no se fortalezca el hombre; Sean juzgadas las gentes delante de ti. [20] Pon, oh Jehová, temor en ellos: Conozcan las gentes que son no más que hombres.

7. David por angustia:
Salmos 12:1
[1] Al Músico principal: sobre Seminith: Salmo de David. SALVA, oh Jehová, porque se acabaron los misericordiosos: Porque se han acabado los fieles de entre los hijos de los hombres.

8. David for consideration:
Salmos 13:3-4
[3] Mira, óyeme, Jehová Dios mío: Alumbra mis ojos, porque no duerma en muerte; [4] Porque no diga mi enemigo, Vencílo: Mis enemigos se alegrarán, si yo resbalare.

9. David. Oración por el rey:
Salmos 20:1-4
[1] Al Músico principal: Salmo de David. OIGATE Jehová en el día de conflicto; Defiéndate el nombre del Dios de Jacob. [2] Envíete ayuda desde

el santuario, Y desde Sión te sostenga. [3] Haga memoria de todos tus presentes, Y reduzca á ceniza tu holocausto. (Selah.) [4] Déte conforme á tu corazón, Y cumpla todo tu consejo.

10. David de angustia y guía:
Salmos 25:2-7 ;16;18;20-21
[2] Dios mío, en ti confío; No sea yo avergonzado, No se alegren de mí mis enemigos. [3] Ciertamente ninguno de cuantos en ti esperan será confundido: Serán avergonzados los que se rebelan sin causa. [4] Muéstrame, oh Jehová, tus caminos; Enséñame tus sendas. [5] Encamíname en tu verdad, y enséñame; Porque tú eres el Dios de mi salud: En ti he esperado todo el día. [6] Acuérdate, oh Jehová, de tus conmiseraciones y de tus misericordias, Que son perpetuas. [7] De los pecados de mi mocedad, y de mis rebeliones, no te acuerdes; Conforme á tu misericordia acuérdate de mí, Por tu bondad, oh Jehová.
[16] Mírame, y ten misericordia de mí; Porque estoy solo y afligido.
[18] Mira mi aflicción y mi trabajo: Y perdona todos mis pecados.
[20] Guarda mi alma, y líbrame: No sea yo avergonzado, porque en ti confié. [21] Integridad y rectitud me guarden; Porque en ti he esperado.

11. David de angustia para revertir la maldición:
Salmos 27:7;9;11-12
[7] Oye, oh Jehová, mi voz con que á ti clamo; Y ten misericordia de mí, respóndeme.
[9] No escondas tu rostro de mí, No apartes con ira á tu siervo: Mi ayuda has sido; No me dejes y no me desampares, Dios de mi salud.
[11] Enséñame, oh Jehová, tu camino, Y guíame por senda de rectitud, A causa de mis enemigos. [12] No me entregues á la voluntad de mis enemigos; Porque se han levantado contra mí testigos falsos, y los que respiran crueldad.

12. David. Para juzgar en tiempos difíciles:
Salmos 28:2-3
[2] Oye la voz de mis ruegos cuando clamo á ti, Cuando alzo mis manos hacia el templo de tu santidad. [3] No me arrebates á una con los malos, Y con los que hacen iniquidad: Los cuales hablan paz con sus prójimos, Y la maldad está en su corazón.

13. David. De fe en apuros:

Salmos 31:4-5;9

[4] Me sacarás de la red que han escondido para mí; Porque tú eres mi fortaleza. [5] En tu mano encomiendo mi espíritu: Tú me has redimido, oh Jehová, Dios de verdad.

[9] Ten misericordia de mí, oh Jehová, que estoy en angustia: Hanse consumido de pesar mis ojos, mi alma, y mis entrañas.

14. David. Para juzgar y ayudar:

Salmos 35:1,22-24

[1] Salmo de David. DISPUTA, oh Jehová, con los que contra mí contienden; Pelea con los que me combaten......

[22] Tú lo has visto, oh Jehová; no calles: Señor, de mí no te alejes. [23] Muévete y despierta para mi juicio, Para mi causa, Dios mío y Señor mío. [24] Júzgame conforme á tu justicia, Jehová Dios mío; Y no se alegren de mí.

15. David para que no hable con ira:

Salmos 39:8,10,12-13

[8] Líbrame de todas mis rebeliones; No me pongas por escarnio del insensato.

[10] Quita de sobre mí tu plaga; De la guerra de tu mano soy consumido.

[12] Oye mi oración, oh Jehová, y escucha mi clamor: No calles á mis lágrimas; Porque peregrino soy para contigo, Y advenedizo, como todos mis padres.

[13] Déjame, y tomaré fuerzas, Antes que vaya y perezca.

16. David esperando a JEHOVÁ para la liberación:

Salmos 40:11 ;13-16

[11] Tú, Jehová, no apartes de mí tus misericordias: Tu misericordia y tu verdad me guarden siempre.[13] Quieras, oh Jehová, librarme; Jehová, apresúrate á socorrerme. [14] Sean avergonzados y confusos á una Los que buscan mi vida para cortarla: Vuelvan atrás y avergüéncense Los que mi mal desean. [15] Sean asolados en pago de su afrenta Los que me dicen: Ea, ea! [16] Gócense y alégrense en ti todos los que te buscan; Y digan siempre los que aman tu salud: Jehová sea ensalzado.

17. David por la misericordia:
Salmos 41:10-11
[10] Mas tú, Jehová, ten misericordia de mí, y hazme levantar, Y daréles el pago. [11] En esto habré conocido que te he agradado, Que mi enemigo no se holgará de mí.

18. David por la liberación:
Salmos 43:1-3
[1] JUZGAME, oh Dios, y aboga mi causa: Líbrame de gente impía, del hombre de engaño é iniquidad. [2] Pues que tú eres el Dios de mi fortaleza, ¿por qué me has desechado? ¿Por qué andaré enlutado por la opresión del enemigo? [3] Envía tu luz y tu verdad: éstas me guiarán, Me conducirán al monte de tu santidad, Y á tus tabernáculos.

19. Hijos de Korah pidiendo ayuda:
Salmos 44:23-26
[23] Despierta; ¿por qué duermes, Señor? Despierta, no te alejes para siempre. [24] ¿Por qué escondes tu rostro, Y te olvidas de nuestra aflicción, y de la opresión nuestra? [25] Porque nuestra alma está agobiada hasta el polvo: Nuestro vientre está pegado con la tierra. [26] Levántate para ayudarnos, Y redímenos por tu misericordia.

20. David por el perdón:
Salmos 51:1-2 ;7-12;14-15
[1] Al Músico principal: Salmo de David, cuando después que entró á Bath-sebah, vino á él Nathán el profeta. TEN piedad de mí, oh Dios, conforme á tu misericordia: Conforme á la multitud de tus piedades borra mis rebeliones. [2] Lávame más y más de mi maldad, Y límpiame de mi pecado. [7] Purifícame con hisopo, y seré limpio: Lávame, y seré emblanquecido más que la nieve. [8] Hazme oir gozo y alegría; Y se recrearán los huesos que has abatido. [9] Esconde tu rostro de mis pecados, Y borra todas mis maldades. [10] Crea en mí, oh Dios, un corazón limpio; Y renueva un espíritu recto dentro de mí. [11] No me eches de delante de ti; Y no quites de mí tu santo espíritu. [12] Vuélveme el gozo de tu salud; Y el espíritu libre me sustente. [14] Líbrame de homicidios, oh Dios, Dios de mi salud: Cantará mi lengua tu justicia. [15] Señor, abre mis labios; Y publicará mi boca tu alabanza.

21. David pidiendo ayuda:

Salmos 54:1-3

[1] Al Músico principal: en Neginoth: Masquil de David, cuando vinieron los Zipheos y dijeron á Saúl: ¿No está David escondido en nuestra tierrra? OH Dios, sálvame por tu nombre, Y con tu poder defiéndeme. [2] Oh Dios, oye mi oración; Escucha las razones de mi boca. [3] Porque extraños se han levantado contra mí, Y fuertes buscan mi alma: No han puesto á Dios delante de sí. (Selah.)

22. David sobre los falsos amigos:

Salmos 55:1-3 ;9

[1] Al Músico principal: en Neginoth: Masquil de David. ESCUCHA, oh Dios, mi oración, Y no te escondas de mi súplica. [2] Estáme atento, y respóndeme: Clamo en mi oración, y levanto el grito, [3] A causa de la voz del enemigo, Por la opresión del impío; Porque echaron sobre mí iniquidad, Y con furor me han amenazado.

[9] Deshace, oh Señor, divide la lengua de ellos; Porque he visto violencia y rencilla en la ciudad.

23. David por confiar en JEHOVÁ para ayudar:

Salmos 56:1-2

[1] Al Músico principal: sobre La paloma silenciosa en paraje muy distante. Michtam de David, cuando los Filisteos le prendieron en Gath. TEN misericordia de mí, oh Dios, porque me devoraría el hombre: Me oprime combatiéndome cada día. [2] Apúranme mis enemigos cada día; Porque muchos son los que pelean contra mí, oh Altísimo.

24. David de confianza en un momento de angustia:

Salmos 57:1-2,5,9,11

[1] Al Músico principal: sobre No destruyas: Michtam de David, cuando huyó de delante de Saúl á la cueva. TEN misericordia de mí, oh Dios, ten misericordia de mí; Porque en ti ha confiado mi alma, Y en la sombra de tus alas me ampararé, Hasta que pasen los quebrantos. [2] Clamaré al Dios Altísimo, Al Dios que me favorece.

[5] Ensálzate sobre los cielos, oh Dios; Sobre toda la tierra tu gloria.

[9] Alabarte he en los pueblos, oh Señor; Cantaré de ti en las naciones.

[11] Ensálzate sobre los cielos, oh Dios; Sobre toda la tierra tu gloria.

25. David para juzgar:

Salmos 58:6-8

[6] Oh Dios, quiebra sus dientes en sus bocas: Quiebra, oh Jehová, las muelas de los leoncillos. [7] Corránse como aguas que se van de suyo: En entesando sus saetas, luego sean hechas pedazos. [8] Pasen ellos como el caracol que se deslíe: Como el abortivo de mujer, no vean el sol.

26. David por el juicio y la liberación de los enemigos:

Salmos 59:1-5,11,13

[1] Al Músico principal: sobre No destruyas: Michtam de David, cuando envió Saúl, y guardaron la casa para matarlo. LIBRAME de mis enemigos, oh Dios mío: Ponme en salvo de los que contra mí se levantan. [2] Líbrame de los que obran iniquidad, Y sálvame de hombres sanguinarios. [3] Porque he aquí están acechando mi vida: Hanse juntado contra mí fuertes, No por falta mía, ni pecado mío, oh Jehová. [4] Sin delito mío corren y se aperciben: Despierta para venir á mi encuentro, y mira. [5] Y tú, Jehová Dios de los ejércitos, Dios de Israel, Despierta para visitar todas las gentes: No hayas misericordia de todos los que se rebelan con iniquidad. (Selah.

[11] No los matarás, porque mi pueblo no se olvide: Hazlos vagar con tu fortaleza, y abátelos. Oh Jehová, escudo nuestro,

[13] Acábalos con furor, acábalos, y no sean: Y sepan que Dios domina en Jacob Hasta los fines de la tierra. (Selah).

27. David de confianza:

Salmos 61:1-2

[1] Al Músico principal: sobre Neginoth: Salmo de David. OYE, oh Dios, mi clamor; A mi oración atiende. [2] Desde el cabo de la tierra clamaré á ti, cuando mi corazón desmayare: A la peña más alta que yo me conduzcas.

28. David contra los enemigos:

Salmos 64:1-2

[1] Al Músico principal: Salmo de David. ESCUCHA, oh Dios, mi voz en mi oración: Guarda mi vida del miedo del enemigo. [2] Escóndeme del secreto consejo de los malignos; De la conspiración de los que obran iniquidad:

29. Todos los hombres por bendiciones:
Salmos 67:1

[1] Al Músico principal: en Neginoth: Salmo: Cántico. DIOS tenga misericordia de nosotros, y nos bendiga; Haga resplandecer su rostro sobre nosotros

30. David contra los enemigos... Moisés hacía las mismas declaraciones cada vez que los israelitas salían a la guerra:
Salmos 68:1-2

[1] Al Músico principal: Salmo de David: Canción. LEVANTESE Dios, sean esparcidos sus enemigos, Y huyan de su presencia los que le aborrecen.
[2] Como es lanzado el humo, los lanzarás: Como se derrite la cera delante del fuego, Así perecerán los impíos delante de Dios.

31. David pidiendo ayuda en apuros:
Salmos 69:1,6,13-18

[1] Al Músico principal: sobre Sosannim: Salmo de David. SALVAME, oh Dios, Porque las aguas han entrado hasta el alma.
[6] No sean avergonzados por mi causa los que te esperan, oh Señor Jehová de los ejércitos; No sean confusos por mí los que te buscan, oh Dios de Israel.
[13] Empero yo enderezaba mi oración á ti, oh Jehová, al tiempo de tu buena voluntad: Oh Dios, por la multitud de tu misericordia, Por la verdad de tu salud, óyeme. [14] Sácame del lodo, y no sea yo sumergido: Sea yo libertado de los que me aborrecen, y del profundo de las aguas. [15] No me anegue el ímpetu de las aguas, Ni me suerba la hondura, Ni el pozo cierre sobre mí su boca. [16] Oyeme, Jehová, porque apacible es tu misericordia; Mírame conforme á la multitud de tus miseraciones. [17] Y no escondas tu rostro de tu siervo; Porque estoy angustiado; apresúrate, óyeme. [18] Acércate á mi alma, redímela: Líbrame á causa de mis enemigos.

32. David para que JEHOVÁ venga a entregar rápidamente:
Salmos 70:1,5

[1] Al Músico principal: Salmo de David, para conmemorar. OH Dios, acude á librarme; Apresúrate, oh Dios, á socorrerme.[5] Yo estoy afligido y menesteroso; Apresúrate á mí, oh Dios: Ayuda mía y mi libertador eres tú; Oh Jehová, no te detengas.

33. David por la liberación:
Salmos 71:2-4,9,12-13,18
[2] Hazme escapar, y líbrame en tu justicia: Inclina tu oído y sálvame. [3] Séme por peña de estancia, adonde recurra yo continuamente: Mandado has que yo sea salvo; Porque tú eres mi roca, y mi fortaleza. [4] Dios mío, líbrame de la mano del impío, De la mano del perverso y violento. [9]
[9] No me deseches en el tiempo de la vejez; Cuando mi fuerza se acabare, no me desampares. 12-13
[12] Oh Dios, no te alejes de mí: Dios mío, acude presto á mi socorro. [13] Sean avergonzados, fallezcan los adversarios de mi alma; Sean cubiertos de vergüenza y de confusión los que mi mal buscan.
[18] Y aun hasta la vejez y las canas; oh Dios, no me desampares, Hasta que denuncie tu brazo á la posteridad, Tus valentías á todos los que han de venir.

34. Asaph para juzgar:
Salmos 79:6,8-9,11-12
[6] Derrama tu ira sobre las gentes que no te conocen, Y sobre los reinos que no invocan tu nombre. [8] No recuerdes contra nosotros las iniquidades antiguas: Anticípennos presto tus misericordias, Porque estamos muy abatidos. [9] Ayúdanos, oh Dios, salud nuestra, por la gloria de tu nombre: Y líbranos, y aplácate sobre nuestros pecados por amor de tu nombre. [11] Entre ante tu acatamiento el gemido de los presos: Conforme á la grandeza de tu brazo preserva á los sentenciados á muerte. [12] Y torna á nuestros vecinos en su seno siete tantos De su infamia, con que te han deshonrado, oh Jehová.

35. Asaph de angustia:
Salmos 80:1-3,7,14-15
[1] Al Músico principal: sobre Sosannim Eduth: Salmo de Asaph. OH Pastor de Israel, escucha: Tú que pastoreas como á ovejas á José, Que estás entre querubines, resplandece. [2] Despierta tu valentía delante de Ephraim, y de Benjamín, y de Manasés, Y ven á salvarnos. [3] Oh Dios, haznos tornar; Y haz resplandecer tu rostro, y seremos salvos.
[7] Oh Dios de los ejércitos, haznos tornar; Y haz resplandecer tu rostro, y seremos salvos.

[14] Oh Dios de los ejércitos, vuelve ahora: Mira desde el cielo, y considera, y visita esta viña, [15] Y la planta que plantó tu diestra, Y el renuevo que para ti corroboraste.

36. Asaph para juzgar a los enemigos:
Salmos 83:1,9,11,13,15-17
[1] Canción: Salmo de Asaph. OH Dios no tengas silencio: No calles, oh Dios, ni te estés quieto. Salmos 83:9 RVA
[9] Hazles como á Madián; Como á Sísara, como á Jabín en el arroyo de Cisón;
[11] Pon á ellos y á sus capitanes como á Oreb y como á Zeeb; Y como á Zeba y como á Zalmunna, á todos sus príncipes;
[13] Dios mío, ponlos como á torbellinos; Como á hojarascas delante del viento.
[15] Persíguelos así con tu tempestad, Y asómbralos con tu torbellino. [16] Llena sus rostros de vergüenza; Y busquen tu nombre, oh Jehová. [17] Sean afrentados y turbados para siempre; Y sean deshonrados, y perezcan.

37. Hijos de korah por confianza:
Salmos 84:8-9
[8] Jehová Dios de los ejércitos, oye mi oración: Escucha, oh Dios de Jacob (Selah.) [9] Mira, oh Dios, escudo nuestro, Y pon los ojos en el rostro de tu ungido.

38. Hijos de Korah para la misericordia y el avivamiento:
Salmos 85:4-7
[4] Vuélvenos, oh Dios, salud nuestra, Y haz cesar tu ira de sobre nosotros.
[5] ¿Estarás enojado contra nosotros para siempre? ¿Extenderás tu ira de generación en generación? [6] ¿No volverás tú á darnos vida, Y tu pueblo se alegrará en ti? [7] Muéstranos, oh Jehová, tu misericordia, Y danos tu salud.

39. David de alabanza y preservación:
Salmos 86:1-4,6,11,16-17
[1] Oración de David. INCLINA, oh Jehová, tu oído, y óyeme; Porque estoy afligido y menesteroso. [2] Guarda mi alma, porque soy pío: Salva

tú, oh Dios mío, á tu siervo que en ti confía. [3] Ten misericordia de mí, oh Jehová: Porque á ti clamo todo el día. [4] Alegra el alma de tu siervo: Porque á ti, oh Señor, levanto mi alma.

[6] Escucha, oh Jehová, mi oración, Y está atento á la voz de mis ruegos.

[11] Enséñame, oh Jehová, tu camino; caminaré yo en tu verdad: Consolida mi corazón para que tema tu nombre.

[16] Mírame, y ten misericordia de mí: Da tu fortaleza á tu siervo, Y guarda al hijo de tu sierva. [17] Haz conmigo señal para bien, Y veánla los que me aborrecen, y sean avergonzados; Porque tú, Jehová, me ayudaste, y me consolaste.

40. Moisés por misericordia:
Salmos 90:12-17

[12] Enséñanos de tal modo á contar nuestros días, Que traigamos al corazón sabiduría. [13] Vuélvete, oh Jehová: ¿hasta cuándo? Y aplácate para con tus siervos.

[14] Sácianos presto de tu misericordia: Y cantaremos y nos alegraremos todos nuestros días. [15] Alégranos conforme á los días que nos afligiste, Y los años que vimos mal. [16] Aparezca en tus siervos tu obra, Y tu gloria sobre sus hijos. [17] Y sea la luz de Jehová nuestro Dios sobre nosotros: Y ordena en nosotros la obra de nuestras manos, La obra de nuestras manos confirma.

41. Una oración de angustia:
Salmos 102:1-2,13

[1] Oración del pobre, cuando estuviere angustiado, y delante de Jehová derramare su lamento. JEHOVA, oye mi oración, Y venga mi clamor á ti.

[2] No escondas de mí tu rostro: en el día de mi angustia Inclina á mí tu oído; El día que te invocare, apresúrate á responderme.

[13] Tú levantándote, tendrás misericordia de Sión; Porque el tiempo de tener misericordia de ella, porque el plazo es llegado.

42. Oración para que JEHOVÁ recuerde:
Salmos 106:4-5,47

[4] Acuérdate de mí, oh Jehová, según tu benevolencia para con tu pueblo: Visítame con tu salud; [5] Para que yo vea el bien de tus escogidos, Para que me goce en la alegría de tu gente, Y me gloríe con tu heredad.

[47] Sálvanos, Jehová Dios nuestro, Y júntanos de entre las gentes, Para que loemos tu santo nombre, Para que nos gloriemos en tus alabanzas.

43. David de la angustia contra los enemigos:
Salmos 109:1-2,21,26,28-29
[1] Al Músico principal: Salmo de David. OH Dios de mi alabanza, no calles; [2] Porque boca de impío y boca de engañador se han abierto sobre mí: Han hablado de mí con lengua mentirosa, Salmos 109:21 RVA
[21] Y tú, Jehová Señor, haz conmigo por amor de tu nombre: Líbrame, porque tu misericordia es buena.
[28] Maldigan ellos, y bendice tú: Levántense, mas sean avergonzados, y regocíjese tu siervo.
[29] Sean vestidos de ignominia los que me calumnian; Y sean cubiertos de su confusión como con manto.

44. Oración mesiánica por la prosperidad:
Salmos 118:25
[25] Oh Jehová, salva ahora, te ruego: Oh Jehová, ruégote hagas prosperar ahora.

45. Palabra de David de JEHOVÁ:
Salmos   119:10,12,17-19,22,26-29,33-41,58,64,66,73,76-80,86,88,107-108,124,133-135,149,154,159,169-170,173,175
[10] Con todo mi corazón te he buscado: No me dejes divagar de tus mandamientos.
[12] Bendito tú, oh Jehová: Enséñame tus estatutos.
[17] Haz bien á tu siervo; que viva Y guarde tu palabra.
[18] Abre mis ojos, y miraré Las maravillas de tu ley. [19] Advenedizo soy yo en la tierra: No encubras de mí tus mandamientos.
[22] Aparta de mí oprobio y menosprecio; Porque tus testimonios he guardado.
[26] Mis caminos te conté, y me has respondido: Enséñame tus estatutos.
[27] Hazme entender el camino de tus mandamientos, Y hablaré de tus maravillas. [28] Deshácese mi alma de ansiedad: Corrobórame según tu palabra.
[29] Aparta de mí camino de mentira; Y hazme la gracia de tu ley.

[33] Enséñame, oh Jehová, el camino de tus estatutos, Y guardarélo hasta el fin. [34] Dame entendimiento, y guardaré tu ley; Y la observaré de todo corazón. [35] Guíame por la senda de tus mandamientos; Porque en ella tengo mi voluntad. [36] Inclina mi corazón á tus testimonios, Y no á la avaricia. [37] Aparta mis ojos, que no vean la vanidad; Avívame en tu camino. [38] Confirma tu palabra á tu siervo, Que te teme. [39] Quita de mí el oprobio que he temido: Porque buenos son tus juicios. [40] He aquí yo he codiciado tus mandamientos: Vivifícame en tu justicia.

[41] Y venga á mí tu misericordia, oh Jehová; Tu salud, conforme á tu dicho.

[58] Tu presencia supliqué de todo corazón: Ten misericordia de mí según tu palabra.

[64] De tu misericordia, oh Jehová, está llena la tierra: Enséñame tus estatutos.

[66] Enséñame bondad de sentido y sabiduría; Porque tus mandamientos he creído.

[73] Tus manos me hicieron y me formaron: Hazme entender, y aprenderé tus mandamientos.

[76] Sea ahora tu misericordia para consolarme, Conforme á lo que has dicho á tu siervo. [77] Vengan á mí tus misericordias, y viva; Porque tu ley es mi deleite. [78] Sean avergonzados los soberbios, porque sin causa me han calumniado: Yo empero, meditaré en tus mandamientos. [79] Tórnense á mí los que te temen Y conocen tus testimonios. [80] Sea mi corazón íntegro en tus estatutos; Porque no sea yo avergonzado.

[86] Todos tus mandamientos son verdad: Sin causa me persiguen; ayúdame.

[88] Vivifícame conforme á tu misericordia; Y guardaré los testimonios de tu boca.

[107] Afligido estoy en gran manera: oh Jehová, Vivifícame conforme á tu palabra. [108] Ruégote, oh Jehová, te sean agradables los sacrificios voluntarios de mi boca; Y enséñame tus juicios.

[124] Haz con tu siervo según tu misericordia, Y enséñame tus estatutos.

[133] Ordena mis pasos con tu palabra; Y ninguna iniquidad se enseñoree de mí. [134] Redímeme de la violencia de los hombres; Y guardaré tus mandamientos. [135] Haz que tu rostro resplandezca sobre tu siervo; Y enséñame tus estatutos.

[149] Oye mi voz conforme á tu misericordia; Oh Jehová, vivifícame conforme á tu juicio.

[154] Aboga mi causa, y redímeme: Vivifícame con tu dicho.

[169] Acérquese mi clamor delante de ti, oh Jehová: Dame entendimiento conforme á tu palabra. [170] Venga mi oración delante de ti: Líbrame conforme á tu dicho.

[173] Sea tu mano en mi socorro; Porque tus mandamientos he escogido.

[175] Viva mi alma y alábete; Y tus juicios me ayuden.

46. Desconocido. De angustia:
Salmos 120:2
[2] Libra mi alma, oh Jehová, de labio mentiroso, De la lengua fraudulenta.

47. Desconocido de la angustia:
Salmos 123:3
[3] Ten misericordia de nosotros, oh Jehová, ten misericordia de nosotros; Porque estamos muy hartos de menosprecio.

48. David por la liberación
Salmos 124:6
[6] Bendito Jehová, Que no nos dió por presa á sus dientes.

49. Desconocido de la confianza:
Salmos 125:4 RVA
[4] Haz bien, oh Jehová, á los buenos, Y á los que son rectos en sus corazones.

50. Desconocido. Oración contra los enemigos:
Salmos 129:5-8 RVA
[5] Serán avergonzados y vueltos atrás Todos los que aborrecen á Sión. [6] Serán como la hierba de los tejados, Que se seca antes que crezca: [7] De la cual no hinchió segador su mano, Ni sus brazos el que hace gavillas. [8] Ni dijeron los que pasaban: Bendición de Jehová sea sobre vosotros; Os bendecimos en el nombre de Jehová.

51. Desconocido. Oración de angustia por misericordia:
Salmos 130:1-3
[1] Cántico gradual. DE los profundos, oh Jehová, á ti clamo. [2] Señor, oye mi voz; Estén atentos tus oídos A la voz de mi súplica. [3] JAH, si mirares á los pecados, ¿Quién, oh Señor, podrá mantenerse?

52. David de confianza en JEHOVÁ:
Salmos 131:3
[3] Espera, oh Israel, en Jehová Desde ahora y para siempre.

53. David de la angustia y el juramento:
Salmos 132:1,8-10
[1] Cántico gradual. ACUÉRDATE, oh Jehová, de David, Y de toda su aflicción;
[8] Levántate, oh Jehová, á tu reposo; Tú y el arca de tu fortaleza. [9] Tus sacerdotes se vistan de justicia, Y regocíjense tus santos. [10] Por amor de David tu siervo No vuelvas de tu ungido el rostro.

54. Salmo desconocido de alabanza a JEHOVÁ:
Salmos 135:1-3 :19-21
[1] Aleluya. ALABAD el nombre de Jehová; Alabad le, siervos de Jehová;
[2] Los que estáis en la casa de Jehová, En los atrios de la casa de nuestro Dios. [3] Alabad á JAH, porque es bueno Jehová: Cantad salmos á su nombre, porque es suave.
[19] Casa de Israel, bendecid á Jehová: Casa de Aarón, bendecid á Jehová:
[20] Casa de Leví, bendecid á Jehová: Los que teméis á Jehová, bendecid á Jehová: [21] Bendito de Sión Jehová, Que mora en Jerusalem. Aleluya.

55. Desconocido del cautiverio de Babilonia:
Salmos 137:7
[7] Acuérdate, oh Jehová, de los hijos de Edom En el día de Jerusalem; Quienes decían: Arrasadla, arrasadla Hasta los cimientos.

56. David. del juicio y para la protección:
Salmos 140:1,4,6,8-11
[1] Al Músico principal: Salmo de David. LIBRAME, oh Jehová, de hombre malo: Guárdame de hombre violento;

[4] Guárdame, oh Jehová, de manos del impío, Presérvame del hombre injurioso; Que han pensado de trastornar mis pasos.

[6] He dicho á Jehová: Dios mío eres tú; Escucha, oh Jehová, la voz de mis ruegos.

[8] No des, oh Jehová, al impío sus deseos; No saques adelante su pensamiento, que no se ensoberbezca. (Selah.) [9] En cuanto á los que por todas partes me rodean, La maldad de sus propios labios cubrirá su cabeza. [10] Caerán sobre ellos brasas; Dios los hará caer en el fuego, En profundos hoyos de donde no salgan. [11] El hombre deslenguado no será firme en la tierra: El mal cazará al hombre injusto para derribarle.

57. David de no pecar:
Salmos 141:1-4 RVA
[1] Salmo de David. JEHOVA, á ti he clamado; apresúrate á mí; Escucha mi voz, cuando te invocare. [2] Sea enderezada mi oración delante de ti como un perfume, El don de mis manos como la ofrenda de la tarde. [3] Pon, oh Jehová, guarda á mi boca: Guarda la puerta de mis labios. [4] No dejes se incline mi corazón á cosa mala, A hacer obras impías Con los que obran iniquidad, Y no coma yo de sus deleites.

58. David de angustia para no ser asesinado:
Salmos 143:1,7-12
[1] Salmo de David. OH Jehová, oye mi oración, escucha mis ruegos: Respóndeme por tu verdad, por tu justicia.

[7] Respóndeme presto, oh Jehová que desmaya mi espíritu: No escondas de mí tu rostro, Y venga yo á ser semejante á los que descienden á la sepultura. [8] Hazme oir por la mañana tu misericordia, Porque en ti he confiado: Hazme saber el camino por donde ande, Porque á ti he alzado mi alma [9] Líbrame de mis enemigos, oh Jehová: A ti me acojo. [10] Enséñame á hacer tu voluntad, porque tú eres mi Dios: Tu buen espíritu me guíe á tierra de rectitud. [11] Por tu nombre, oh Jehová me vivificarás: Por tu justicia, sacarás mi alma de angustia. [12] Y por tu misericordia disiparás mis enemigos, Y destruirás todos los adversarios de mi alma: Porque yo soy tu siervo.

59. David por la victoria sobre los enemigos:
Salmos 144:5-7,11-14
[5] Oh Jehová, inclina tus cielos y desciende: Toca los montes, y humeen. [6] Despide relámpagos, y disípalos, Envía tus saetas, y contúrbalos. [7] Envía tu mano desde lo alto; Redímeme, y sácame de las muchas aguas, De la mano de los hijos de extraños; [11] Redímeme, y sálvame de mano de los hijos extraños, Cuya boca habla vanidad, Y su diestra es diestra de mentira. [12] Que nuestros hijos sean como plantas crecidas en su juventud; Nuestras hijas como las esquinas labradas á manera de las de un palacio; [13] Nuestros graneros llenos, provistos de toda suerte de grano; Nuestros ganados, que paran á millares y diez millares en nuestras plazas: [14] Que nuestros bueyes estén fuertes para el trabajo; Que no tengamos asalto, ni que hacer salida, Ni grito de alarma en nuestras plazas.

60. Desconocido de los elogios:
Salmos 146:1
[1] Aleluya. ALABA, oh alma mía, á Jehová.

61. Desconocido de los elogios:
Salmos 147:1,7,12
[1] ALABAD á JAH, Porque es bueno cantar salmos á nuestro Dios; Porque suave y hermosa es la alabanza. [7] Cantad á Jehová con alabanza, Cantad con arpa á nuestro Dios. [12] Alaba á Jehová, Jerusalem; Alaba á tu Dios, Sión.

62. Desconocido. Para alabar a JEHOVÁ:
Salmos 148:1-5
[1] Aleluya. ALABAD á Jehová desde los cielos: Alabadle en las alturas. [2] Alabadle, vosotros todos sus ángeles: Alabadle, vosotros todos sus ejércitos. [3] Alabadle, sol y luna: Alabadle, vosotras todas, lucientes estrellas. [4] Alabadle, cielos de los cielos, Y las aguas que están sobre los cielos. [5] Alaben el nombre de Jehová; Porque él mandó, y fueron criadas.

63. Desconocido para alabar:
Salmos 149:1-3
[1] Aleluya. CANTAD á Jehová canción nueva: Su alabanza sea en la congregación de los santos. [2] Alégrese Israel en su Hacedor: Los hijos

de Sión se gocen en su Rey. [3] Alaben su nombre con corro: Con adufe y arpa á él canten.

64. Desconocido. Para alabar a JEHOVÁ
Salmos 150:1-6 RVA
[1] Aleluya. ALABAD á Dios en su santuario: Alabadle en la extensión de su fortaleza. [2] Alabadle por sus proezas: Alabadle conforme á la muchedumbre de su grandeza. [3] Alabadle á son de bocina: Alabadle con salterio y arpa. [4] Alabadle con adufe y flauta: Alabadle con cuerdas y órgano. [5] Alabadle con címbalos resonantes: Alabadle con címbalos de júbilo. [6] Todo lo que respira alabe á JAH. Aleluya.

ORACIONES EN ISAÍAS: 3

1. Isaías para la limpieza:
Isaías 6:5
[5] Entonces dije: Ay de mí! que soy muerto; que siendo hombre inmundo de labios, y habitando en medio de pueblo que tiene labios inmundos, han visto mis ojos al Rey, Jehová de los ejércitos.

2. Ezequías por la liberación:
Isaías 37:16-20
[16] Jehová de los ejércitos, Dios de Israel, que moras entre los querubines, sólo tú eres Dios sobre todos los reinos de la tierra; tú hiciste los cielos y la tierra. [17] Inclina, oh Jehová, tu oído, y oye; abre, oh Jehová, tus ojos, y mira: y oye todas las palabras de Sennachêrib, el cual ha enviado á blasfemar al Dios viviente. [18] Ciertamente, oh Jehová, los reyes de Asiria destruyeron todas las tierras y sus comarcas, [19] Y entregaron los dioses de ellos al fuego: porque no eran dioses, sino obra de manos de hombre, leño y piedra: por eso los deshicieron. [20] Ahora pues, Jehová Dios nuestro, líbranos de su mano, para que todos los reinos de la tierra conozcan que sólo tú eres Jehová.

3. Ezequías por la curación total y darle una larga vida:
Isaías 38:3
[3] Y dijo: Oh Jehová, ruégote te acuerdes ahora que he andado delante de ti en verdad y con íntegro corazón, y que he hecho lo que ha sido agradable delante de tus ojos. Y lloró Ezechîas con gran lloro.

ORACIONES EN JEREMÍAS: 11

---

1. Jeremías por no obedecer a JEHOVÁ:
Jeremías 1:6
[6] Y yo dije: Ah! ah! Señor Jehová! He aquí, no sé hablar, porque soy niño.

2. Jeremías tratando de acusar a JEHOVÁ:
Jeremías 4:10
[10] Y dije: Ay, ay, Jehová Dios! verdaderamente en gran manera has engañado á este pueblo y á Jerusalem, diciendo, Paz tendréis; pues que el cuchillo ha venido hasta el alma.

3. Jeremías .Pregunando juicio:
Jeremías 10:23-25
[23] Conozco, oh Jehová, que el hombre no es señor de su camino, ni del hombre que camina es ordenar sus pasos. [24] Castígame, oh Jehová, mas con juicio; no con tu furor, porque no me aniquiles. [25] Derrama tu enojo sobre las gentes que no te conocen, y sobre las naciones que no invocan tu nombre: porque se comieron á Jacob, y lo devoraron, y le han consumido, y asolado su morada.

4. Jeremías. Intentando cuestionar a JEHOVÁ:
Jeremías 12:1-4
[1] JUSTO eres tú, oh Jehová, aunque yo contigo dispute: hablaré empero juicios contigo. ¿Por qué es prosperado el camino de los impíos, y tienen bien todos los que se portan deslealmente? [2] Plantástelos, y echaron raíces; progresaron, é hicieron fruto; cercano estás tú en sus bocas, mas lejos

de sus riñones. [3] Tu empero, oh Jehová, me conoces; vísteme, y probaste mi corazón para contigo: arráncalos como á ovejas para el degolladero, y señálalos para el día de la matanza. [4] ¿Hasta cuándo estará desierta la tierra, y marchita la hierba de todo el campo? Por la maldad de los que en ella moran, faltaron los ganados, y las aves; porque dijeron: No verá él nuestras postrimerías.

5. Jeremías. Para que JEHOVÁ ayude a Judá:
Jeremías 14:7-9
[7] Si nuestras iniquidades testifican contra nosotros, oh Jehová, haz por amor de tu nombre; porque nuestras rebeliones se han multiplicado, contra ti pecamos. [8] Oh esperanza de Israel, Guardador suyo en el tiempo de la aflicción, ¿por qué has de ser como peregrino en la tierra, y como caminante que se aparta para tener la noche? [9] ¿Por qué has de ser como hombre atónito, y como valiente que no puede librar? tú empero estás entre nosotros, oh Jehová, y sobre nosotros es invocado tu nombre; no nos desampares.

6. Jeremías. Para que JEHOVÁ ayude:
Jeremías 14:20
[20] Reconocemos, oh Jehová, nuestra impiedad, la iniquidad de nuestros padres: porque contra ti hemos pecado.
[21] Por amor de tu nombre no nos deseches, ni trastornes el trono de tu gloria: acuérdate, no invalides tu pacto con nosotros. [22] ¿Hay entre las vanidades de las gentes quien haga llover? ¿y darán los cielos lluvias? ¿No eres tú, Jehová, nuestro Dios? en ti pues esperamos; pues tú hiciste todas estas cosas.

7. Jeremías. Por juzgar a sus burlas:
Jeremías 15:15-18
[15] Tú lo sabes, oh Jehová; acuérdate de mí, y visítame, y véngame de mis enemigos. No me tomes en la prolongación de tu enojo: sabes que por amor de ti sufro afrenta. [16] Halláronse tus palabras, y yo las comí; y tu palabra me fué por gozo y por alegría de mi corazón: porque tu nombre se invocó sobre mí, oh Jehová Dios de los ejércitos. [17] No me senté en compañia de burladores, ni me engreí á causa de tu profecía; sentéme solo, porque

me llenaste de desabrimiento. [18] ¿Por qué fué perpetuo mi dolor, y mi herida desahuciada no admitió cura? ¿Serás para mí como cosa ilusoria, como aguas que no son estables?

8. Jeremías. Por juicio contra sus perseguidores:
Jeremías 17:13-18
[13] Oh Jehová, esperanza de Israel! todos los que te dejan, serán avergonzados; y los que de mí se apartan, serán escritos en el polvo; porque dejaron la vena de aguas vivas, á Jehová. [14] Sáname, oh Jehová, y seré sano; sálvame, y seré salvo: porque tú eres mi alabanza. [15] He aquí que ellos me dicen: ¿Dónde está la palabra de Jehová? venga ahora. [16] Mas yo no me entrometí á ser pastor en pos de ti, ni deseé día de calamidad, tú lo sabes. Lo que de mi boca ha salido, fué en tu presencia. [17] No me seas tú por espanto: esperanza mía eres tú en el día malo. [18] Avergüéncense los que me persiguen, y no me avergüence yo; asómbrense ellos, y yo no me asombre: trae sobre ellos día malo, y quebrántalos con doble quebrantamiento.

9. Jeremías. Para juzgar a sus enemigos:
Jeremías 18:19-23
[19] Oh Jehová, mira por mí, y oye la voz de los que contienden conmigo. [20] ¿Dase mal por bien para que hayan cavado hoyo á mi alma? Acuérdate que me puse delante de ti para hablar bien por ellos, para apartar de ellos tu ira. [21] Por tanto, entrega sus hijos á hambre, y hazlos derramar por medio de la espada; y queden sus mujeres sin hijos, y viudas; y sus maridos sean puestos á muerte, y sus jóvenes heridos á cuchillo en la guerra. [22] Oigase clamor de sus casas, cuando trajeres sobre ellos ejército de repente: porque cavaron hoyo para prenderme, y á mis pies han escondido lazos. [23] Mas tú, oh Jehová, conoces todo su consejo contra mí para muerte; no perdones su maldad, ni borres su pecado de delante de tu rostro: y tropiecen delante de ti; haz así con ellos en el tiempo de tu furor.

10. Jeremías. Por juicio contra sus perseguidores:
Jeremías 20:7-12
[7] Alucinásteme, oh Jehová, y hállome frustrado: más fuerte fuiste que yo, y vencísteme: cada día he sido escarnecido; cada cual se burla de mí. [8]

Porque desde que hablo, doy voces, grito, Violencia y destrucción: porque la palabra de Jehová me ha sido para afrenta y escarnio cada día. Jeremías 20:9-12 RVA

[9] Y dije: No me acordaré más de él, ni hablaré más en su nombre: empero fué en mi corazón como un fuego ardiente metido en mis huesos, trabajé por sufrirlo, y no pude. [10] Porque oí la murmuración de muchos, temor de todas partes: Denunciad, y denunciaremos. Todos mis amigos miraban si claudicaría. Quizá se engañará, decían, y prevaleceremos contra él, y tomaremos de él nuestra venganza. [11] Mas Jehová está conmigo como poderoso gigante; por tanto los que me persiguen tropezarán, y no prevalecerán; serán avergonzados en gran manera, porque no prosperarán; tendrán perpetua confusión que jamás será olvidada. [12] Oh Jehová de los ejércitos, que sondas los justos, que ves los riñones y el corazón, vea yo tu venganza de ellos; porque á ti he descubierto mi causa.

11. Jeremías. Acerca de que Judá está en cautiverio:
Jeremías 32:17-24
[17] Oh Señor Jehová! he aquí que tú hiciste el cielo y la tierra con tu gran poder, y con tu brazo extendido, ni hay nada que sea difícil para ti: [18] Que haces misericordia en millares, y vuelves la maldad de los padres en el seno de sus hijos después de ellos: Dios grande, poderoso, Jehová de los ejércitos es su nombre: [19] Grande en consejo, y magnífico en hechos: porque tus ojos están abiertos sobre todos los caminos de los hijos de los hombres, para dar á cada uno según sus caminos, y según el fruto de sus obras: [20] Que pusiste señales y portentos en tierra de Egipto hasta este día, y en Israel, y entre los hombres; y te has hecho nombre cual es este día; [21] Y sacaste tu pueblo Israel de tierra de Egipto con señales y portentos, y con mano fuerte y brazo extendido, con terror grande; [22] Y dísteles esta tierra, de la cual juraste á sus padres que se la darías, tierra que mana leche y miel: [23] Y entraron, y poseyéronla: mas no oyeron tu voz, ni anduvieron en tu ley; nada hicieron de lo que les mandaste hacer; por tanto has hecho venir sobre ellos todo este mal. [24] He aquí que con arietes han acometido la ciudad para tomarla; y la ciudad va á ser entregada en mano de los Caldeos que pelean contra ella, á causa de la espada, y del hambre y de la pestilencia: ha pues venido á ser lo que tú dijiste, y he aquí tú lo estás viendo.

ORACIONES EN LAMENTACIONES: 4

1. Jeremías. Para juzgar:
Lamentaciones 1:20-22
[20] Mira, oh Jehová, que estoy atribulada: mis entrañas rugen, Mi corazón está trastornado en medio de mí; porque me rebelé desaforadamente: De fuera deshijó el cuchillo, de dentro parece una muerte. [21] Oyeron que gemía, y no hay consolador para mí: Todos mis enemigos han oído mi mal, se han holgado de que tú lo hiciste. Harás venir el día que has anunciado, y serán como yo. [22] Entre delante de ti toda su maldad, Y haz con ellos como hiciste conmigo por todas mis rebeliones: Porque muchos son mis suspiros, y mi corazón está doloroso.

2. Jeremías. Para que JEHOVÁ considere la ruina de Judá:
Lamentaciones 2:20-22
[20] Mira, oh Jehová, y considera á quién has hecho así. ¿Han de comer las mujeres su fruto, los pequeñitos de sus crías? ¿Han de ser muertos en el santuario del Señor el sacerdote y el profeta? [21] Niños y viejos yacían por tierra en las calles; Mis vírgenes y mis mancebos cayeron a cuchillo: Mataste en el día de tu furor, degollaste, no perdonaste. [22] Has llamado, como a día de solemnidad, mis temores de todas partes; Y en el día del furor de Jehová no hubo quien escapase ni quedase vivo: Los que crié y mantuve, mi enemigo los acabó

3. Jeremías. Para juzgar a sus enemigos:
Lamentaciones 3:55-66
[55] Invoqué tu nombre, oh Jehová, desde la cárcel profunda. [56] Oiste mi voz; no escondas tu oído á mi clamor, para mi respiro
[57] Acercástete el día que te invoqué: dijiste: No temas. [58] Abogaste, Señor, la causa de mi alma; redimiste mi vida. [59] Tú has visto, oh Jehová, mi agravio; defiende mi causa. [60] Tú has visto toda su venganza; todos sus pensamientos contra mí. [61] Tú has oído el oprobio de ellos, oh Jehová, todas sus maquinaciones contra mí; [62] Los dichos de los que contra mí se levantaron, y su designio contra mí todo el día. [63] Su sentarse, y su

levantarse mira: yo soy su canción. [64] Dales el pago, oh Jehová, según la obra de sus manos. [65] Dales ansia de corazón, tu maldición á ellos. [66] Persíguelos en tu furor, y quebrántalos de debajo de los cielos, oh Jehová.

4. Jeremías. Para que JEHOVÁ considere, he aquí y misericordia:
Lamentaciones 5:1-22

[1] ACUÉRDATE, oh Jehová, de lo que nos ha sucedido: Ve y mira nuestro oprobio. [2] Nuestra heredad se ha vuelto á extraños, Nuestras casas á forasteros. [3] Huérfanos somos sin padre, Nuestras madres como viudas. [4] Nuestra agua bebemos por dinero; Nuestra leña por precio compramos. [5] Persecución padecemos sobre nuestra cerviz: Nos cansamos, y no hay para nosotros reposo. [6] Al Egipcio y al Asirio dimos la mano, para saciarnos de pan. [7] Nuestros padres pecaron, y son muertos; Y nosotros llevamos sus castigos. [8] Siervos se enseñorearon de nosotros; No hubo quien de su mano nos librase. [9] Con peligro de nuestras vidas traíamos nuestro pan Delante del cuchillo del desierto. [10] Nuestra piel se ennegreció como un horno A causa del ardor del hambre. [11] Violaron á las mujeres en Sión, A las vírgenes en las ciudades de Judá. [12] A los príncipes colgaron por su mano; No respetaron el rostro de los viejos. [13] Llevaron los mozos á moler, Y los muchachos desfallecieron en la leña. [14] Los ancianos cesaron de la puerta, Los mancebos de sus canciones.
[15] Cesó el gozo de nuestro corazón; Nuestro corro se tornó en luto. [16] Cayó la corona de nuestra cabeza: Ay ahora de nosotros! porque pecamos. [17] Por esto fué entristecido nuestro corazón, Por esto se entenebrecieron nuestro ojos: [18] Por el monte de Sión que está asolado; Zorras andan en él. [19] Mas tú, Jehová, permanecerás para siempre: Tu trono de generación en generación. [20] ¿Por qué te olvidarás para siempre de nosotros, Y nos dejarás por largos días? [21] Vuélvenos, oh Jehová, á ti, y nos volveremos: Renueva nuestros días como al principio. [22] Porque repeliendo nos has desechado; Te has airado contra nosotros en gran manera.

ORACIONES EN EZEQUIEL: 3

1. Ezequiel. Tratando de protestar por lo que JEHOVÁ quería que hiciera:
Ezequiel 4:14
[14] Y dije: Ah Señor Jehová! he aquí que mi alma no es inmunda, ni nunca desde mi mocedad hasta este tiempo comí cosa mortecina ni despedazada, ni nunca en mi boca entró carne inmunda.

2. Ezequiel. Para los residentes que quedan:
Ezequiel 9:8
[8] Y aconteció que, habiéndolos herido, yo quedé y postréme sobre mi rostro, y clamé, y dije: Ah, Señor Jehová! ¿has de destruir todo el resto de Israel derramando tu furor sobre Jerusalem?

3. Ezequiel. Para el remanente:
Ezequiel 11:13
[13] Y aconteció que, estando yo profetizando, Pelatías hijo de Benaías murió. Entonces caí sobre mi rostro, y clamé con grande voz, y dije: Ah, Señor Jehová! ¿harás tú consumación del resto de Israel?

ORACIONES EN DANIEL: 2

1. Daniel. Para el cumplimiento de la profecía y el perdón de los pecados:
Daniel 9:1-19
[1] EN el año primero de Darío hijo de Assuero, de la nación de los Medos, el cual fué puesto por rey sobre el reino de los Caldeos; [2] En el año primero de su reinado, yo Daniel miré atentamente en los libros el número de los años, del cual habló Jehová al profeta Jeremías, que había de concluir la asolación de Jerusalem en setenta años. [3] Y volví mi rostro al Señor Dios, buscándole en oración y ruego, en ayuno, y cilicio, y ceniza. [4] Y oré á Jehová mi Dios, y confesé, y dije: Ahora Señor, Dios grande, digno

de ser temido, que guardas el pacto y la misericordia con los que te aman y guardan tus mandamientos; [5] Hemos pecado, hemos hecho iniquidad, hemos obrado impíamente, y hemos sido rebeldes, y nos hemos apartado de tus mandamientos y de tus juicios. [6] No hemos obedecido á tus siervos los profetas, que en tu nombre hablaron á nuestros reyes, y á nuestros príncipes, á nuestros padres, y á todo el pueblo de la tierra. [7] Tuya es, Señor, la justicia, y nuestra la confusión de rostro, como en el día de hoy á todo hombre de Judá, y á los moradores de Jerusalem, y á todo Israel, á los de cerca y á los de lejos, en todas las tierras á donde los has echado á causa de su rebelión con que contra ti se rebelaron. [8] Oh Jehová, nuestra es la confusión de rostro, de nuestros reyes, de nuestros príncipes, y de nuestros padres; porque contra ti pecamos. [9] De Jehová nuestro Dios es el tener misericordia, y el perdonar, aunque contra él nos hemos rebelado;

[10] Y no obedecimos á la voz de Jehová nuestro Dios, para andar en sus leyes, las cuales puso él delante de nosotros por mano de sus siervos los profetas. [11] Y todo Israel traspasó tu ley apartándose para no oir tu voz: por lo cual ha fluído sobre nosotros la maldición, y el juramento que está escrito en la ley de Moisés, siervo de Dios; porque contra él pecamos. [12] Y él ha verificado su palabra que habló sobre nosotros, y sobre nuestros jueces que nos gobernaron, trayendo sobre nosotros tan grande mal; que nunca fué hecho debajo del cielo como el que fué hecho en Jerusalem. [13] Según está escrito en la ley de Moisés, todo aqueste mal vino sobre nosotros: y no hemos rogado á la faz de Jehová nuestro Dios, para convertirnos de nuestras maldades, y entender tu verdad. [14] Veló por tanto Jehová sobre el mal, y trájolo sobre nosotros; porque justo es Jehová nuestro Dios en todas sus obras que hizo, porque no obedecimos á su voz. [15] Ahora pues, Señor Dios nuestro, que sacaste tu pueblo de la tierra de Egipto con mano poderosa, y te hiciste nombre cual en este día; hemos pecado, impíamente hemos hecho. [16] Oh Señor, según todas tus justicias, apártese ahora tu ira y tu furor de sobre tu ciudad Jerusalem, tu santo monte: porque á causa de nuestros pecados, y por la maldad de nuestros padres, Jerusalem y tu pueblo dados son en oprobio á todos en derredor nuestro. [17] Ahora pues, Dios nuestro, oye la oración de tu siervo, y sus ruegos, y haz que tu rostro resplandezca sobre tu santuario asolado, por amor del Señor.

[18] Inclina, oh Dios mío, tu oído, y oye; abre tus ojos, y mira nuestros asolamientos, y la ciudad sobre la cual es llamado tu nombre: porque no

derramamos nuestros ruegos ante tu acatamiento confiados en nuestras justicias, sino en tus muchas miseraciones. [19] Oye, Señor; oh Señor, perdona; presta oído, Señor, y haz; no pongas dilación, por amor de ti mismo, Dios mío: porque tu nombre es llamado sobre tu ciudad y sobre tu pueblo.

2. Daniel. Para la revelación:
Daniel 12:8
[8] Y yo oí, mas no entendí. Y dije: Señor mío, ¿qué será el cumplimiento de estas cosas?

ORACIONES EN AMOS: 2

1. Amos. Para perdonar:
Amós 7:2
[2] Y acaeció que como acabó de comer la hierba de la tierra, yo dije: Señor Jehová, perdona ahora; ¿quién levantará á Jacob? porque es pequeño.

2. Amos. Por ayuda para dejar de destruir:
Amós 7:5
[5] Y dije: Señor Jehová, cesa ahora; ¿quién levantará á Jacob? porque es pequeño.

ORACIONES EN JONÁS: 3

1. Marineros por misericordia.:
Jonás 1:14
[14] Entonces clamaron á Jehová, y dijeron: Rogámoste ahora, Jehová, que no perezcamos nosotros por la vida de aqueste hombre, ni pongas sobre nosotros la sangre inocente: porque tú, Jehová, has hecho como has querido.

2. Jonás. Para la liberación del vientre del pez.

Jonás 2:1-9

[1] Y oró Jonás desde el vientre del pez á Jehová su Dios. [2] Y dijo: Clamé de mi tribulación á Jehová, Y él me oyó; Del vientre del sepulcro clamé, Y mi voz oiste. [3] Echásteme en el profundo, en medio de los mares, Y rodeóme la corriente; Todas tus ondas y tus olas pasaron sobre mí. [4] Y yo dije: Echado soy de delante de tus ojos: Mas aun veré tu santo templo. [5] Las aguas me rodearon hasta el alma, Rodeóme el abismo; La ova se enredó á mi cabeza. [6] Descendí á las raíces de los montes; La tierra echó sus cerraduras sobre mí para siempre: Mas tú sacaste mi vida de la sepultura, oh Jehová Dios mío. [7] Cuando mi alma desfallecía en mí, acordéme de Jehová; Y mi oración entró hasta ti en tu santo templo. [8] Los que guardan las vanidades ilusorias, Su misericordia abandonan. [9] Yo empero con voz de alabanza te sacrificaré; Pagaré lo que prometí. La salvación pertenece á Jehová.

3. Jonás. Por la muerte:

Jonás 4:2-3

[2] Y oró á Jehová, y dijo: Ahora, oh Jehová, ¿no es esto lo que yo decía estando aún en mi tierra? Por eso me precaví huyendo á Tarsis; porque sabía yo que tú eres Dios clemente y piadoso, tardo á enojarte, y de grande misericordia, y que te arrepientes del mal. [3] Ahora pues, oh Jehová, ruégote que me mates; porque mejor me es la muerte que la vida.

ORACIONES EN HABACUC: 3

1. Habacuc. Para que JEHOVÁ actúe:

Habacuc 1:1-4

[1] LA carga que vió Habacuc profeta. [2] ¿Hasta cuándo, oh Jehová, clamaré, y no oirás; y daré voces á ti á causa de la violencia, y no salvarás? [3] ¿Por qué me haces ver iniquidad, y haces que mire molestia, y saco y violencia delante de mí, habiendo además quien levante pleito y contienda? [4] Por lo cual la ley es debilitada, y el juicio no sale verdadero: por cuanto el impío asedia al justo, por eso sale torcido el juicio.

2. Habacuc para juzgar:

Habacuc 1:12

[12] ¿No eres tú desde el principio, oh Jehová, Dios mío, Santo mío? No moriremos. Oh Jehová, para juicio lo pusiste; y tú, oh Roca, lo fundaste para castigar.

[13] Muy limpio eres de ojos para ver el mal, ni puedes ver el agravio: ¿por qué ves los menospreciadores, y callas cuando destruye el impío al más justo que él. [14] Y haces que sean los hombres como los peces de la mar, como reptiles que no tienen señor? [15] Sacará á todos con anzuelo, cogerálos con su red, y juntarálos en su aljerife: por lo cual se holgará y hará alegrías. [16] Por esto hará sacrificios á su red, y ofrecerá sahumerios á su aljerife: porque con ellos engordó su porción, y engrasó su comida. [17] ¿Vaciará por eso su red, ó tendrá piedad de matar gentes continuamente?

3. Habacuc para el renacimiento:

Habacuc 3:2-13

[2] Oh Jehová, oído he tu palabra, y temí: Oh Jehová, aviva tu obra en medio de los tiempos, En medio de los tiempos hazla conocer; En la ira acuérdate de la misericordia. [3] Dios vendrá de Temán, Y el Santo del monte de Parán, (Selah.) Su gloria cubrió los cielos, Y la tierra se llenó de su alabanza. [4] Y el resplandor fué como la luz; Rayos brillantes salían de su mano; Y allí estaba escondida su fortaleza. [5] Delante de su rostro iba mortandad, Y á sus pies salían carbones encendidos. [6] Paróse, y midió la tierra: Miró, é hizo temblar las gentes; Y los montes antiguos fueron desmenuzados, Los collados antiguos se humillaron á él. Sus caminos son eternos. [7] He visto las tiendas de Cushán en aflicción; Las tiendas de la tierra de Madián temblaron. [8] ¿Airóse Jehová contra los ríos? ¿Contra los ríos fué tu enojo? ¿Tu ira contra la mar, Cuando subiste sobre tus caballos, Y sobre tus carros de salud? [9] Descubrióse enteramente tu arco, Los juramentos á las tribus, palabra segura. (Selah.) Hendiste la tierra con ríos. [10] Viéronte, y tuvieron temor los montes: Pasó la inundación de las aguas: El abismo dió su voz, La hondura alzó sus manos. [11] El sol y la luna se pararon en su estancia: A la luz de tus saetas anduvieron, Y al resplandor de tu fulgente lanza. [12] Con ira hollaste la tierra, Con furor trillaste las gentes. [13] Saliste para salvar tu pueblo, Para salvar con tu ungido. Traspasaste la cabeza de la casa del impío, Desnudando el cimiento hasta el cuello. (Selah.)

[14] Horadaste con sus báculos las cabezas de sus villas, Que como tempestad acometieron para derramarme: Su orgullo era como para devorar al pobre encubiertamente. [15] Hiciste camino en la mar á tu caballos, Por montón de grandes aguas. [16] Oí, y tembló mi vientre; A la voz se batieron mis labios; Pudrición se entró en mis huesos, y en mi asiento me estremecí; Si bien estaré quieto en el día de la angustia, Cuando suba al pueblo el que lo invadirá con sus tropas. [17] Aunque la higuera no florecerá, Ni en las vides habrá frutos; Mentirá la obra de la oliva, Y los labrados no darán mantenimiento. Y las ovejas serán quitadas de la majada, Y no habrá vacas en los corrales; [18] Con todo yo me alegraré en Jehová, Y me gozaré en el Dios de mi salud. [19] Jehová el Señor es mi fortaleza, El cual pondrá mis pies como de ciervas, Y me hará andar sobre mis alturas

ORACIONES EN EL NUEVO TESTAMENTO

ORACIONES EN MATEO: 17

1. JESÚS. El Oración del Señor.
Mateo 6:9-12
[9] Vosotros pues, oraréis así: Padre nuestro que estás en los cielos, santificado sea tu nombre. [10] Venga tu reino. Sea hecha tu voluntad, como en el cielo, así también en la tierra. [11] Danos hoy nuestro pan cotidiano.
[12] Y perdónanos nuestras deudas, como también nosotros perdonamos á nuestros deudores.

2. Leproso para la curación:
Mateo 8:2 [2] Y he aquí un leproso vino, y le adoraba, diciendo: Señor, si quisieres, puedes limpiarme.

3. El centurión. Para curar a su sirviente de correo:
Mateo 8:6-9

[6] Y diciendo: Señor, mi mozo yace en casa paralítico, gravemente atormentado. [7] Y Jesús le dijo: Yo iré y le sanaré. [8] Y respondió el centurión, y dijo: Señor, no soy digno de que entres debajo de mi techado; mas solamente di la palabra, y mi mozo sanará. [9] Porque también yo soy hombre bajo de potestad, y tengo bajo de mí soldados: y digo á éste: Ve, y va; y al otro: Ven, y viene; y á mi siervo: Haz esto, y lo hace.

4. Los discípulos. Para ayudar a que se pierda.
Mateo 8:25

[25] Y llegándose sus discípulos, le despertaron, diciendo: Señor, sálvanos, que perecemos.

5. Los demonios. Para entrar en la manada de cerdos
Mateo 8:29-31 RVA

[29] Y he aquí clamaron, diciendo: ¿Qué tenemos contigo, Jesús, Hijo de Dios? ¿has venido acá á molestarnos antes de tiempo? [30] Y estaba lejos de ellos un hato de muchos puercos paciendo. [31] Y los demonios le rogaron, diciendo: Si nos echas, permítenos ir á aquel hato de puercos.

6. Cierta regla. Para sanar:
Mateo 9:18

[18] Hablando él estas cosas á ellos, he aquí vino un principal, y le adoraba, diciendo: Mi hija es muerta poco ha: mas ven y pon tu mano sobre ella, y vivirá.

7. Mujer con problemas de sangre. Para la curación:
Mateo 9:21 RVA

[21] Porque decía entre sí: Si tocare solamente su vestido, seré salva.

8. Dos ciegos. Para sanar:
Mateo 9:27

[27] Y pasando Jesús de allí, le siguieron dos ciegos, dando voces y diciendo: Ten misericordia de nosotros, Hijo de David.

9. JESÚS. Gracias a JEHOVÁ:

Mateo 11:25

[25] En aquel tiempo, respondiendo Jesús, dijo: Te alabo, Padre, Señor del cielo y de la tierra, que hayas escondido estas cosas de los sabios y de los entendidos, y las hayas revelado á los niños.

10. Simon Peter. Caminar sobre el agua:

Mateo 14:28 RVA

[28] Entonces le respondió Pedro, y dijo: Señor, si tú eres, manda que yo vaya á ti sobre las aguas.

11. Simon Peter. Para ayudar a no ahogarse:

Mateo 14:30

[30] Mas viendo el viento fuerte, tuvo miedo; y comenzándose á hundir, dió voces, diciendo: Señor, sálvame.

12. Mujer. Para curar a su hija:

Mateo 15:22-27

[22] Y he aquí una mujer Cananea, que había salido de aquellos términos, clamaba, diciéndole: Señor, Hijo de David, ten misericordia de mí; mi hija es malamente atormentada del demonio. [23] Mas él no le respondió palabra. Entonces llegándose sus discípulos, le rogaron, diciendo: Despáchala, pues da voces tras nosotros. [24] Y él respondiendo, dijo: No soy enviado sino á las ovejas perdidas de la casa de Israel. [25] Entonces ella vino, y le adoró, diciendo: Señor socórreme. [26] Y respondiendo él, dijo: No es bien tomar el pan de los hijos, y echarlo á los perrillos. [27] Y ella dijo: Sí, Señor; mas los perrillos comen de las migajas que caen de la mesa de sus señores.

13. Tío. Para curar a su hijo:

Mateo 17:15-16

[15] Y diciendo: Señor, ten misericordia de mi hijo, que es lunático, y padece malamente; porque muchas veces cae en el fuego, y muchas en el agua. [16] Y le he presentado á tus discípulos, y no le han podido sanar.

14. Hijos de la madre de Zebedee. Para exaltar a sus hijos en el reino:
Mateo 20:21 RVA
[21] Y él le dijo: ¿Qué quieres? Ella le dijo: Di que se sienten estos dos hijos míos, el uno á tu mano derecha, y el otro á tu izquierda, en tu reino.

15. Dos ciegos. Para sanar:
Mateo 20:30-33 RVA
[30] Y he aquí dos ciegos sentados junto al camino, como oyeron que Jesús pasaba, clamaron, diciendo: Señor, Hijo de David, ten misericordia de nosotros. [31] Y la gente les reñía para que callasen; mas ellos clamaban más, diciendo: Señor, Hijo de David, ten misericordia de nosotros. [32] Y parándose Jesús, los llamó, y dijo: ¿Qué queréis que haga por vosotros? [33] Ellos le dicen: Señor, que sean abiertos nuestros ojos.

16. JESÚS. Para que la copa de la muerte pase de ÉL:
Mateo 26:39-44
[39] Y yéndose un poco más adelante, se postró sobre su rostro, orando, y diciendo: Padre mío, si es posible, pase de mí este vaso; empero no como yo quiero, sino como tú. [40] Y vino á sus discípulos, y los halló durmiendo, y dijo á Pedro: ¿Así no habéis podido velar conmigo una hora? [41] Velad y orad, para que no entréis en tentación: el espíritu á la verdad está presto, mas la carne enferma. [42] Otra vez fué, segunda vez, y oró diciendo. Padre mío, si no puede este vaso pasar de mí sin que yo lo beba, hágase tu voluntad. [43] Y vino, y los halló otra vez durmiendo; porque los ojos de ellos estaban agravados. [44] Y dejándolos fuése de nuevo, y oró tercera vez, diciendo las mismas palabras.

17. JESÚS. Última oración en la cruz:
Mateo 27:46
[46] Y cerca de la hora de nona, Jesús exclamó con grande voz, diciendo: Eli, Eli, ¿lama sabachtani? Esto es: Dios mío, Dios mío, ¿por qué me has desamparado?

ORACIONES EN MARK: 2

1. Demonio por la libertad:

Marcos 1:23-24

[23] Y había en la sinagoga de ellos un hombre con espíritu inmundo, el cual dió voces, [24] Diciendo: Ah! ¿qué tienes con nosotros, Jesús Nazareno? ¿Has venido á destruirnos? Sé quién eres, el Santo de Dios.

2. JESÚS. Para curar a un hombre sordo y mudo:

Marcos 7:34

[34] Y mirando al cielo, gimió, y le dijo: Ephphatha: que es decir: Sé abierto.

ORACIONES EN LUCAS: 7

1. Simeón. Cuando bendijo al bebé JESÚS:

Lucas 2:29-32

[29] Ahora despides, Señor, á tu siervo, Conforme á tu palabra, en paz; [30] Porque han visto mis ojos tu salvación, [31] La cual has aparejado en presencia de todos los pueblos; [32] Luz para ser revelada á los Gentiles, Y la gloria de tu pueblo Israel.

2. El hombre rico del infierno:

Lucas 16:24-31

[. [24] Entonces él, dando voces, dijo: Padre Abraham, ten misericordia de mí, y envía á Lázaro que moje la punta de su dedo en agua, y refresque mi lengua; porque soy atormentado en esta llama.[25] Y díjole Abraham: Hijo, acuérdate que recibiste tus bienes en tu vida, y Lázaro también males; mas ahora éste es consolado aquí, y tú atormentado. [26] Y además de todo esto, una grande sima está constituída entre nosotros y vosotros, que los que quisieren pasar de aquí á vosotros, no pueden, ni de allá pasar acá. [27] Y dijo: Ruégote pues, padre, que le envíes á la casa de mi padre; [28] Porque tengo cinco hermanos; para que les testifique, porque no vengan ellos también á este lugar de tormento. [29] Y Abraham le dice: A Moisés y á los profetas tienen: óiganlos. [30] El entonces dijo: No, padre Abraham: mas si alguno fuere á ellos de los muertos, se arrepentirán. [31] Mas Abraham le dijo: Si no oyen á Moisés y á los profetas, tampoco se persuadirán, si alguno se levantare de los muertos.

3. Los 10 leprosos. Para sanar:
Lucas 17:13
[13] Y alzaron la voz, diciendo: Jesús, Maestro, ten misericordia de nosotros.

4. Un fariseo. Detelosa demostración de ser justo:
Lucas 18:11-12
[11] El Fariseo, en pie, oraba consigo de esta manera: Dios, te doy gracias, que no soy como los otros hombres, ladrones, injustos, adúlteros, ni aun como este publicano; [12] Ayuno dos veces á la semana, doy diezmos de todo lo que poseo.

5. Un publicano. Para queJEHOVA sea misericordioso:
Lucas 18:13
[13] Mas el publicano estando lejos no quería ni aun alzar los ojos al cielo, sino que hería su pecho, diciendo: Dios, sé propició á mí pecador.

6. JESUCRISTO. En la Cruz:
Lucas 23:34
[34] Y Jesús decía: Padre, perdónalos, porque no saben lo que hacen. Y partiendo sus vestidos, echaron suertes.

7. ESUCRISTO. En la Cruz
Lucas 23:46
[46] Entonces Jesús, clamando á gran voz, dijo: Padre, en tus manos encomiendo mi espíritu. Y habiendo dicho esto, espiró.

ORACIONES EN JUAN: 5

1. Un noble. Para que JESÚS sane a su hijo:
Juan 4:49
[49] El del rey le dijo: Señor, desciende antes que mi hijo muera.

2. La multitud. Para el pan vivo:
Juan 6:34
[34] Y dijéronle: Señor, danos siempre este pan.

3. JESUCRISTO. Para devolver la vida a Lázaro:
Juan 11:41 -43
[41] Entonces quitaron la piedra de donde el muerto había sido puesto. Y Jesús, alzando los ojos arriba, dijo: Padre, gracias te doy que me has oído. [42] Que yo sabía que siempre me oyes; mas por causa de la compañía que está alrededor, lo dije, para que crean que tú me has enviado. [43] Y habiendo dicho estas cosas, clamó á gran voz: Lázaro, ven fuera.

4. JESUCRISTO. Para que JEHOVÁ se glorifique a sí MISMO.:
Juan 12:27-28
[27] Ahora está turbada mi alma; ¿y qué diré? Padre, sálvame de esta hora. Mas por esto he venido en esta hora. [28] Padre, glorifica tu nombre. Entonces vino una voz del cielo: Y lo he glorificado, y lo glorificaré otra vez.

5. JESUCRISTO. Para SUS Discípulos:
Juan 17:1-26
[1] ESTAS cosas habló Jesús, y levantados los ojos al cielo, dijo: Padre, la hora es llegada; glorifica á tu Hijo, para que también tu Hijo te glorifique á ti; [2] Como le has dado la potestad de toda carne, para que dé vida eterna á todos los que le diste. [3] Esta empero es la vida eterna: que te conozcan el solo Dios verdadero, y á Jesucristo, al cual has enviado. [4] Yo te he glorificado en la tierra: he acabado la obra que me diste que hiciese. [5] Ahora pues, Padre, glorifícame tú cerca de ti mismo con aquella gloria que tuve cerca de ti antes que el mundo fuese. [6] He manifestado tu nombre á los hombres que del mundo me diste: tuyos eran, y me los diste,

y guardaron tu palabra. [7] Ahora han conocido que todas las cosas que me diste, son de ti; [8] Porque las palabras que me diste, les he dado; y ellos las recibieron, y han conocido verdaderamente que salí de ti, y han creído que tú me enviaste. [9] Yo ruego por ellos: no ruego por el mundo, sino por los que me diste; porque tuyos son: [10] Y todas mis cosas son tus cosas, y tus cosas son mis cosas: y he sido glorificado en ellas. [11] Y ya no estoy en el mundo; mas éstos están en el mundo, y yo á ti vengo. Padre santo, á los que me has dado, guárdalos por tu nombre, para que sean una cosa, como también nosotros. [12] Cuando estaba con ellos en el mundo, yo los guardaba en tu nombre; á los que me diste, yo los guardé, y ninguno de ellos se perdió, sino el hijo de perdición; para que la Escritura se cumpliese. [13] Mas ahora vengo á ti; y hablo esto en el mundo, para que tengan mi gozo cumplido en sí mismos. [14] Yo les he dado tu palabra; y el mundo los aborreció, porque no son del mundo, como tampoco yo soy del mundo. [15] No ruego que los quites del mundo, sino que los guardes del mal. [16] No son del mundo, como tampoco yo soy del mundo. [17] Santifícalos en tu verdad: tu palabra es verdad. [18] Como tú me enviaste al mundo, también los he enviado al mundo. [19] Y por ellos yo me santifico á mí mismo, para que también ellos sean santificados en verdad. [20] Mas no ruego solamente por éstos, sino también por los que han de creer en mí por la palabra de ellos. [21] Para que todos sean una cosa; como tú, oh Padre, en mí, y yo en ti, que también ellos sean en nosotros una cosa: para que el mundo crea que tú me enviaste. [22] Y yo, la gloria que me diste les he dado; para que sean una cosa, como también nosotros somos una cosa. [23] Yo en ellos, y tú en mí, para que sean consumadamente una cosa; que el mundo conozca que tú me enviaste, y que los has amado, como también á mí me has amado. [24] Padre, aquellos que me has dado, quiero que donde yo estoy, ellos estén también conmigo; para que vean mi gloria que me has dado: por cuanto me has amado desde antes de la constitución del mundo. [25] Padre justo, el mundo no te ha conocido, mas yo te he conocido; y éstos han conocido que tú me enviaste; [26] Y yo les he manifestado tu nombre, y manifestaré lo aún; para que el amor con que me has amado, esté en ellos, y yo en ellos.

ORACIONES EN LOS HECHOS: 6

1. Los discípulos. Para tomar el lugar de Judas:
Hechos 1:24-25
[24] Y orando, dijeron: Tú, Señor, que conoces los corazones de todos, muestra cuál escoges de estos dos, [25] Para que tome el oficio de este ministerio y apostolado, del cual cayó Judas por transgresión, para irse á su lugar.

2. Peter. Para curar a un hombre con discapacidad física:
Hechos 3:6 RVA
[6] Y Pedro dijo: Ni tengo plata ni oro; mas lo que tengo te doy: en el nombre de Jesucristo de Nazaret, levántate y anda.

3. Los discípulos. Para ser audaces y llenos de poder para predicar:
Hechos 4:24
[24] Y ellos, habiéndolo oído, alzaron unánimes la voz á Dios, y dijeron: Señor, tú eres el Dios que hiciste el cielo y la tierra, la mar, y todo lo que en ellos hay; [25] Que por boca de David, tu siervo, dijiste: ¿Por qué han bramado las gentes, Y los pueblos han pensado cosas vanas? [26] Asistieron los reyes de la tierra, Y los príncipes se juntaron en uno Contra el Señor, y contra su Cristo. [27] Porque verdaderamente se juntaron en esta ciudad contra tu santo Hijo Jesús, al cual ungiste, Herodes y Poncio Pilato, con los Gentiles y los pueblos de Israel, [28] Para hacer lo que tu mano y tu consejo habían antes determinado que había de ser hecho. [29] Y ahora, Señor, mira sus amenazas, y da á tus siervos que con toda confianza hablen tu palabra; [30] Que extiendas tu mano á que sanidades, y milagros, y prodigios sean hechos por el nombre de tu santo Hijo Jesús.

4. Stephen. Para la gente que lo lapida:
Hechos 7:59-60
[59] Y apedrearon á Esteban, invocando él y diciendo: Señor Jesús, recibe mi espíritu. [60] Y puesto de rodillas, clamó á gran voz: Señor, no les imputes este pecado. Y habiendo dicho esto, durmió.

5. Paul. Para orientación:
Hechos 9:5-6
[5] Y él dijo: ¿Quién eres, Señor? Y él dijo: Yo soy Jesús á quien tú persigues: dura cosa te es dar coses contra el aguijón. [6] El, temblando y temeroso, dijo: ¿Señor, qué quieres que haga? Y el Señor le dice: Levántate y entra en la ciudad, y se te dirá lo que te conviene hacer.

6. Peter. Para devolver la vida a una chica:
Hechos 9:40
[40] Entonces echados fuera todos, Pedro puesto de rodillas, oró; y vuelto al cuerpo, dijo: Tabita, levántate. Y ella abrió los ojos, y viendo á Pedro, incorporóse.

ORACIONES EN REVELACIÓN: 7

1. Los 24 Ancianos. Adoración A JEHOVÁ:
Apocalipsis 4:11
[11] Señor, digno eres de recibir gloria y honra y virtud: porque tú criaste todas las cosas, y por tu voluntad tienen ser y fueron criadas.

2. Los Ángeles y todas las criaturas. Adorando a JEHOVÁ:
Apocalipsis 5:12-13
[12] Que decían en alta voz: El Cordero que fué inmolado es digno de tomar el poder y riquezas y sabiduría, y fortaleza y honra y gloria y alabanza. [13] Y oí á toda criatura que está en el cielo, y sobre la tierra, y debajo de la tierra, y que está en el mar, y todas las cosas que en ellos están, diciendo: Al que está sentado en el trono, y al Cordero, sea la bendición, y la honra, y la gloria, y el poder, para siempre jamás.

3. La gente que murió por la palabra. Por venganza:
Apocalipsis 6:10
[10] Y clamaban en alta voz diciendo: ¿Hasta cuándo, Señor, santo y verdadero, no juzgas y vengas nuestra sangre de los que moran en la tierra?

4. La gran multitud. En la adoración:
Apocalipsis 7:10
[10] Y clamaban en alta voz, diciendo: Salvación á nuestro Dios que está sentado sobre el trono, y al Cordero.

5. Ángeles. En el culto:
Apocalipsis 7:12
[12] Diciendo: Amén: La bendición y la gloria y la sabiduría, y la acción de gracias y la honra y la potencia y la fortaleza, sean á nuestro Dios para siempre jamás. Amén.

6. Los Santos. En la adoración:
Apocalipsis 19:1-6
[1] DESPUÉS de estas cosas oí una gran voz de gran compañía en el cielo, que decía: Aleluya: Salvación y honra y gloria y potencia al Señor Dios nuestro [2] Porque sus juicios son verdaderos y justos; porque él ha juzgado á la grande ramera, que ha corrompido la tierra con su fornicación, y ha vengado la sangre de sus siervos de la mano de ella. [3] Y otra vez dijeron: Aleluya. Y su humo subió para siempre jamás. [4] Y los veinticuatro ancianos y los cuatro animales se postraron en tierra, y adoraron á Dios que estaba sentado sobre el trono, diciendo: Amén: Aleluya. [5] Y salió una voz del trono, que decía: Load á nuestro Dios todos sus siervos, y los que le teméis, así pequeños como grandes. [6] Y oí como la voz de una grande compañía, y como el ruido de muchas aguas, y como la voz de grandes truenos, que decía: Aleluya: porque reinó el Señor nuestro Dios Todopoderoso.

7. John. Para que el mesías vuelva:
Apocalipsis 22:20
[20] El que da testimonio de estas cosas, dice: Ciertamente, vengo en breve. Amén, sea así. Ven: Señor Jesús.

VERSÍCULOS PROFÉTICOS en LA BIBLIA del Génesis hasta el Apocalipsis.

PROFECÍAS EN GÉNESIS: 48

1. Génesis 3:14-19
[14] Y Jehová Dios dijo á la serpiente: Por cuanto esto hiciste, maldita serás entre todas las bestias y entre todos los animales del campo; sobre tu pecho andarás, y polvo comerás todos los días de tu vida: [15] Y enemistad pondré entre ti y la mujer, y entre tu simiente y la simiente suya; ésta te herirá en la cabeza, y tú le herirás en el calcañar. [16] A la mujer dijo: Multiplicaré en gran manera tus dolores y tus preñeces; con dolor parirás los hijos; y á tu marido será tu deseo, y él se enseñoreará de ti. [17] Y al hombre dijo: Por cuanto obedeciste á la voz de tu mujer, y comiste del árbol de que te mandé diciendo, No comerás de él; maldita será la tierra por amor de ti; con dolor comerás de ella todos los días de tu vida; [18] Espinos y cardos te producirá, y comerás hierba del campo; [19] En el sudor de tu rostro comerás el pan hasta que vuelvas á la tierra; porque de ella fuiste tomado: pues polvo eres, y al polvo serás tornado.

2. Génesis 6:3
[3] Y dijo Jehová: No contenderá mi espíritu con el hombre para siempre, porque ciertamente él es carne: mas serán sus días ciento y veinte años.

3. Génesis 6:7
[7] Y dijo Jehová: Raeré los hombres que he criado de sobre la faz de la tierra, desde el hombre hasta la bestia, y hasta el reptil y las aves del cielo: porque me arrepiento de haberlos hecho.

4. Génesis 6:13
[13] Y dijo Dios á Noé: El fin de toda carne ha venido delante de mí; porque la tierra está llena de violencia á causa de ellos; y he aquí que yo los destruiré con la tierra.

5. Génesis 6:17
[17] Y yo, he aquí que yo traigo un diluvio de aguas sobre la tierra, para destruir toda carne en que haya espíritu de vida debajo del cielo; todo lo que hay en la tierra morirá.

6. Génesis 9:9-10

[9] Yo, he aquí que yo establezco mi pacto con vosotros, y con vuestra simiente después de vosotros; [10] Y con toda alma viviente que está con vosotros, de aves, de animales, y de toda bestia de la tierra que está con vosotros; desde todos los que salieron del arca hasta todo animal de la tierra.

7. Génesis 9:25-27

[25] Y dijo: Maldito sea Canaán; Siervo de siervos será á sus hermanos. [26] Dijo más: Bendito Jehová el Dios de Sem, Y séale Canaán siervo. [27] Engrandezca Dios á Japhet, Y habite en las tiendas de Sem, Y séale Canaán siervo.

8. Génesis 12:7

[7] Y apareció Jehová á Abram, y le dijo: A tu simiente daré esta tierra. Y edificó allí un altar á Jehová, que le había aparecido.

9. Génesis 13:14-16

[14] Y Jehová dijo á Abram, después que Lot se apartó de él: Alza ahora tus ojos, y mira desde el lugar donde estás hacia el Aquilón, y al Mediodía, y al Oriente y al Occidente; [15] Porque toda la tierra que ves, la daré á ti y á tu simiente para siempre. [16] Y haré tu simiente como el polvo de la tierra: que si alguno podrá contar el polvo de la tierra, también tu simiente será contada.

10. Génesis 15:4

[4] Y luego la palabra de Jehová fué á él diciendo: No te heredará éste, sino el que saldrá de tus entrañas será el que te herede.

11. Génesis 15:13-14

[13] Entonces dijo á Abram: Ten por cierto que tu simiente será peregrina en tierra no suya, y servirá á los de allí, y serán por ellos afligidos cuatrocientos años. [14] Mas también á la gente á quien servirán, juzgaré yo; y después de esto saldrán con grande riqueza.

12. Génesis 15:18-21

[18] En aquel día hizo Jehová un pacto con Abram diciendo: A tu simiente daré esta tierra desde el río de Egipto hasta el río grande, el río Eufrates;

[19] Los Cineos, y los Ceneceos, y los Cedmoneos, [20] Y los Hetheos, y los Pherezeos, y los Raphaitas, [21] Y los Amorrheos, y los Cananeos, y los Gergeseos, y los Jebuseos.

13. Génesis 16:10-11
[10] Díjole también el ángel de Jehová: Multiplicaré tanto tu linaje, que no será contado á causa de la muchedumbre. [11] Díjole aún el ángel de Jehová: He aquí que has concebido, y parirás un hijo, y llamarás su nombre Ismael, porque oído ha Jehová tu aflicción.

14. Génesis 17:2
[2] Y pondré mi pacto entre mí y ti, y multiplicarte he mucho en gran manera.

15. Génesis 17:4
[4] Yo, he aquí mi pacto contigo: Serás padre de muchedumbre de gentes:

16. Génesis 17:15
[15] Dijo también Dios á Abraham: A Sarai tu mujer no la llamarás Sarai, mas Sara será su nombre.

17. Génesis 17:19
[19] Y respondió Dios: Ciertamente Sara tu mujer te parirá un hijo, y llamarás su nombre Isaac; y confirmaré mi pacto con él por alianza perpetua para su simiente después de él.

18. Génesis 18:10
[10] Entonces dijo: De cierto volveré á ti según el tiempo de la vida, y he aquí, tendrá un hijo Sara tu mujer. Y Sara escuchaba á la puerta de la tienda, que estaba detrás de él.

19. Génesis 18:14
[14] ¿Hay para Dios alguna cosa difícil? Al tiempo señalado volveré á ti, según el tiempo de la vida, y Sara tendrá un hijo.

20. Génesis 18:17-18
[17] Y Jehová dijo: ¿Encubriré yo á Abraham lo que voy á hacer, [18] Habiendo de ser Abraham en una nación grande y fuerte, y habiendo de ser benditas en él todas las gentes de la tierra?

21. Génesis 21:12

[12] Entonces dijo Dios á Abraham: No te parezca grave á causa del muchacho y de tu sierva; en todo lo que te dijere Sara, oye su voz, porque en Isaac te será llamada descendencia.

22. Génesis 21:18

[18] Levántate, alza al muchacho, y ásele de tu mano, porque en gran gente lo tengo de poner.

23. Génesis 22:8

[8] Y respondió Abraham: Dios se proveerá de cordero para el holocausto, hijo mío. E iban juntos.

24. Génesis 22:16

[16] Y dijo: Por mí mismo he jurado, dice Jehová, que por cuanto has hecho esto, y no me has rehusado tu hijo, tu único;

25. Génesis 24:6

[6] Y Abraham le dijo: Guárdate que no vuelvas á mi hijo allá.

26. Génesis 24:40-41

[40] Entonces él me respondió: Jehová, en cuya presencia he andado, enviará su ángel contigo, y prosperará tu camino; y tomarás mujer para mi hijo de mi linaje y de la casa de mi padre: [41] Entonces serás libre de mi juramento, cuando hubieres llegado á mi linaje; y si no te la dieren, serás libre de mi juramento.

27. Génesis 25:23

[23] Y respondióle Jehová: Dos gentes hay en tu seno, Y dos pueblos serán divididos desde tus entrañas: Y el un pueblo será más fuerte que el otro pueblo, Y el mayor servirá al menor.

28. Génesis 26:2-3

[2] Y aparecióse le Jehová, y díjole: No desciendas á Egipto: habita en la tierra que yo te diré; [3] Habita en esta tierra, y seré contigo, y te bendeciré; porque á ti y á tu simiente daré todas estas tierras, y confirmaré el juramento que juré á Abraham tu padre:

29. Génesis 26:24

[24] Y aparecióse le Jehová aquella noche, y dijo: Yo soy el Dios de Abraham tu padre: no temas, que yo soy contigo, y yo te bendeciré, y multiplicaré tu simiente por amor de Abraham mi siervo.

30. Génesis 27:28-29

[28] Dios, pues, te dé del rocío del cielo, Y de las grosuras de la tierra, Y abundancia de trigo y de mosto. [29] Sírvante pueblos, Y naciones se inclinen á ti: Sé señor de tus hermanos, E inclínense á ti los hijos de tu madre: Malditos los que te maldijeren, Y benditos los que te bendijeren.

31. Génesis 27:37

[37] Isaac respondió y dijo á Esaú: He aquí yo le he puesto por señor tuyo, y le he dado por siervos á todos sus hermanos: de trigo y de vino le he provisto: ¿qué, pues, te haré á ti ahora, hijo mío?

32. Génesis 27:39-40

[39] Entonces Isaac su padre habló y díjole: He aquí será tu habitación en grosuras de la tierra, Y del rocío de los cielos de arriba; [40] Y por tu espada vivirás, y á tu hermano servirás: Y sucederá cuando te enseñorees, Que descargarás su yugo de tu cerviz.

33. Génesis 28:3-4

[3] Y el Dios omnipotente te bendiga y te haga fructificar, y te multiplique, hasta venir á ser congregación de pueblos; [4] Y te dé la bendición de Abraham, y á tu simiente contigo, para que heredes la tierra de tus peregrinaciones, que Dios dió á Abraham.

34. Génesis 28:13-14

[13] Y he aquí, Jehová estaba en lo alto de ella, el cual dijo: Yo soy Jehová, el Dios de Abraham tu padre, y el Dios de Isaac: la tierra en que estás acostado te la daré á ti y á tu simiente. [14] Y será tu simiente como el polvo de la tierra, y te extenderás al occidente, y al oriente, y al aquilón, y al mediodía; y todas las familias de la tierra serán benditas en ti y en tu simiente.

35. Génesis 30:24

[24] Y llamó su nombre José, diciendo: Añádame Jehová otro hijo.

36. Génesis 31:3

[3] También Jehová dijo á Jacob: Vuélvete á la tierra de tus padres, y á tu parentela; que yo seré contigo.

37. Génesis 32:9

[9] Y dijo Jacob: Dios de mi padre Abraham, y Dios de mi padre Isaac, Jehová, que me dijiste: Vuélvete á tu tierra y á tu parentela, y yo te haré bien.

38. Génesis 32:12

[12] Y tú has dicho: Yo te haré bien, y pondré tu simiente como la arena del mar, que no se puede contar por la multitud.

39. Génesis 35:11-12

[11] Y díjole Dios: Yo soy el Dios Omnipotente: crece y multiplícate; una nación y conjunto de naciones procederá de ti, y reyes saldrán de tus lomos: [12] Y la tierra que yo he dado á Abraham y á Isaac, la daré á ti: y á tu simiente después de ti daré la tierra.

40. Génesis 40:12-13

[12] Y díjole José: Esta es su declaración: Los tres sarmientos son tres días: [13] Al cabo de tres días Faraón te hará levantar cabeza, y te restituirá á tu puesto: y darás la copa á Faraón en su mano, como solías cuando eras su copero.

41. Génesis 40:18-19

[18] Entonces respondió José, y dijo: Esta es su declaración: Los tres canastillos tres días son; [19] Al cabo de tres días quitará Faraón tu cabeza de sobre ti, y te hará colgar en la horca, y las aves comerán tu carne de sobre ti.

42. Génesis 41:26-27

[26] Las siete vacas hermosas siete años son; y las espigas hermosas son siete años: el sueño es uno mismo. [27] También las siete vacas flacas y feas que subían tras ellas, son siete años; y las siete espigas menudas y marchitas del Solano, siete años serán de hambre.

43. Génesis 43:3

[3] Y respondió Judá, diciendo: Aquel varón nos protestó con ánimo resuelto, diciendo: No veréis mi rostro sin vuestro hermano con vosotros.

44. Génesis 48:3-4

[3] Y dijo á José: El Dios Omnipotente me apareció en Luz en la tierra de Canaán, y me bendijo, [4] Y díjome: He aquí, yo te haré crecer, y te multiplicaré, y te pondré por estirpe de pueblos: y daré esta tierra á tu simiente después de ti por heredad perpetua.

45. Génesis 48:15-16

[15] Y bendijo á José, y dijo: El Dios en cuya presencia anduvieron mis padres Abraham é Isaac, el Dios que me mantiene desde que yo soy hasta este día, [16] El Angel que me liberta de todo mal, bendiga á estos mozos: y mi nombre sea llamado en ellos, y el nombre de mis padres Abraham é Isaac: y multipliquen en gran manera en medio de la tierra.

46. Génesis 48:19-20

[19] Mas su padre no quiso, y dijo: Lo sé, hijo mío, lo sé: también él vendrá á ser un pueblo, y será también acrecentado; pero su hermano menor será más grande que él, y su simiente será plenitud de gentes. [20] Y bendíjolos aquel día, diciendo: En ti bendecirá Israel, diciendo: Póngate Dios como á Ephraim y como á Manasés. Y puso á Ephraim delante de Manasés.

47. Génesis 49:3-4

[3] Rubén, tú eres mi primogénito, mi fortaleza, y el principio de mi vigor; Principal en dignidad, principal en poder. [4] Corriente como las aguas, no seas el principal; Por cuanto subiste al lecho de tu padre: Entonces te envileciste, subiendo á mi estrado.

48. Génesis 50:24

[24] Y José dijo á sus hermanos: Yo me muero; mas Dios ciertamente os visitará, y os hará subir de aquesta tierra á la tierra que juró á Abraham, á Isaac, y á Jacob.

PROFECÍAS EN EL ÉXODO: 37

1. Éxodo 3:8
[8] Y he descendido para librarlos de mano de los Egipcios, y sacarlos de aquella tierra á una tierra buena y ancha, á tierra que fluye leche y miel, á los lugares del Cananeo, del Hetheo, del Amorrheo, del Pherezeo, del Heveo, y del Jebuseo.

2. Éxodo 3:12
[12] Y él le respondió: Ve, porque yo seré contigo; y esto te será por señal de que yo te he enviado: luego que hubieres sacado este pueblo de Egipto, serviréis á Dios sobre este monte.

3. Éxodo 3:17-18
[17] Y he dicho: Yo os sacaré de la aflicción de Egipto á la tierra del Cananeo, y del Hetheo, y del Amorrheo, y del Pherezeo, y del Heveo, y del Jebuseo, á una tierra que fluye leche y miel. [18] Y oirán tu voz; é irás tú, y los ancianos de Israel, al rey de Egipto, y le diréis: Jehová, el Dios de los Hebreos, nos ha encontrado; por tanto nosotros iremos ahora camino de tres días por el desierto, para que sacrifiquemos á Jehová nuestro Dios.

4. Éxodo 4:14
[14] Entonces Jehová se enojó contra Moisés, y dijo: ¿No conozco yo á tu hermano Aarón, Levita, y que él hablará? Y aun he aquí que él te saldrá á recibir, y en viéndote, se alegrará en su corazón.

5. Éxodo 4:21
[21] Y dijo Jehová á Moisés: Cuando hubiereis vuelto á Egipto, mira que hagas delante de Faraón todas las maravillas que he puesto en tu mano: yo empero endureceré su corazón, de modo que no dejará ir al pueblo.

6. Éxodo 6:1
[1] JEHOVA respondió á Moisés: Ahora verás lo que yo haré á Faraón; porque con mano fuerte los ha de dejar ir; y con mano fuerte los ha de echar de su tierra.

7. Éxodo 7:3

[3] Y yo endureceré el corazón de Faraón, y multiplicaré en la tierra de Egipto mis señales y mis maravillas.

8. Éxodo 7:9

[9] Si Faraón os respondiere diciendo, Mostrad milagro; dirás á Aarón: Toma tu vara, y échala delante de Faraón, para que se torne culebra.

9. Éxodo 7:14

[14] Entonces Jehová dijo á Moisés: El corazón de Faraón está agravado, que no quiere dejar ir al pueblo.

10. Éxodo 8:10

[10] Y él dijo: Mañana. Y Moisés respondió: Se hará conforme á tu palabra, para que conozcas que no hay como Jehová nuestro Dios:

11. Éxodo 8:16

[16] Entonces Jehová dijo á Moisés: Di á Aarón: Extiende tu vara, y hiere el polvo de la tierra, para que se vuelva piojos por todo el país de Egipto.

12. Éxodo 8:20

[20] Y Jehová dijo á Moisés: Levántate de mañana y ponte delante de Faraón, he aquí él sale á las aguas; y dile: Jehová ha dicho así: Deja ir á mi pueblo, para que me sirva.

13. Éxodo 9:1

[1] ENTONCES Jehová dijo á Moisés: Entra á Faraón, y dile: Jehová, el Dios de los Hebreos, dice así: Deja ir á mi pueblo, para que me sirvan;

14. Éxodo 9:8

[8] Y Jehová dijo á Moisés y á Aarón: Tomad puñados de ceniza de un horno, y espárzala Moisés hacia el cielo delante de Faraón:

15. Éxodo 9:13

[13] Entonces Jehová dijo á Moisés: Levántate de mañana, y ponte delante de Faraón, y dile: Jehová, el Dios de los Hebreos, dice así: Deja ir á mi pueblo, para que me sirva.

16. Éxodo 9:29

[29] Y respondióle Moisés: En saliendo yo de la ciudad extenderé mis manos á Jehová, y los truenos cesarán, y no habrá más granizo; para que sepas que de Jehová es la tierra.

17. Éxodo 10:2

[2] Y para que cuentes á tus hijos y á tus nietos las cosas que yo hice en Egipto, y mis señales que dí entre ellos; y para que sepáis que yo soy Jehová.

18. Éxodo 10:29

[29] Y Moisés respondió: Bien has dicho; no veré más tu rostro.

19. Éxodo 11:1

[1] Y JEHOVA dijo á Moisés: Una plaga traeré aún sobre Faraón, y sobre Egipto; después de la cual él os dejará ir de aquí; y seguramente os echará de aquí del todo.

20. Éxodo 11:4-8

[4] Y dijo Moisés: Jehová ha dicho así: A la media noche yo saldré por medio de Egipto, [5] Y morirá todo primogénito en tierra de Egipto, desde el primogénito de Faraón que se sienta en su trono, hasta el primogénito de la sierva que está tras la muela; y todo primogénito de las bestias. [6] Y habrá gran clamor por toda la tierra de Egipto, cual nunca fué, ni jamás será. [7] Mas entre todos los hijos de Israel, desde el hombre hasta la bestia, ni un perro moverá su lengua: para que sepáis que hará diferencia Jehová entre los Egipcios y los Israelitas. [8] Y descenderán á mí todos estos tus siervos, é inclinados delante de mí dirán: Sal tú, y todo el pueblo que está bajo de ti; y después de esto yo saldré. Y salióse muy enojado de con Faraón.

21. Éxodo 12:12-13

[12] Pues yo pasaré aquella noche por la tierra de Egipto, y heriré á todo primogénito en la tierra de Egipto, así en los hombres como en las bestias: y haré juicios en todos los dioses de Egipto. YO JEHOVA. [13] Y la sangre os será por señal en las casas donde vosotros estéis; y veré la sangre, y pasaré de vosotros, y no habrá en vosotros plaga de mortandad, cuando heriré la tierra de Egipto.

22. Éxodo 12:23-25

[23] Porque Jehová pasará hiriendo á los Egipcios; y como verá la sangre en el dintel y en los dos postes, pasará Jehová aquella puerta, y no dejará entrar al heridor en vuestras casas para herir. [24] Y guardaréis esto por estatuto para vosotros y para vuestros hijos para siempre. [25] Y será, cuando habréis entrado en la tierra que Jehová os dará, como tiene hablado, que guardaréis este rito.

23. Éxodo 13:5

[5] Y cuando Jehová te hubiere metido en la tierra del Cananeo, y del Hetheo, y del Amorrheo, y del Hebeo, y del Jebuseo, la cual juró á tus padres que te daría, tierra que destila leche y miel, harás esta servicio en aqueste mes.

24. Éxodo 13:19

[19] Tomó también consigo Moisés los huesos de José, el cual había juramentado á los hijos de Israel, diciendo: Dios ciertamente os visitará, y haréis subir mis huesos de aquí con vosotros.

25. Éxodo 14:3-4

[3] Porque Faraón dirá de los hijos de Israel: Encerrados están en la tierra, el desierto los ha encerrado. [4] Y yo endureceré el corazón de Faraón para que los siga; y seré glorificado en Faraón y en todo su ejército; y sabrán los Egipcios que yo soy Jehová. Y ellos lo hicieron así.

26. Éxodo 14:13-14

[13] Y Moisés dijo al pueblo: No temáis; estaos quedos, y ved la salud de Jehová, que él hará hoy con vosotros; porque los Egipcios que hoy habéis visto, nunca más para siempre los veréis. [14] Jehová peleará por vosotros, y vosotros estaréis quedos.

27. Éxodo 14:16-18

[16] Y tú alza tu vara, y extiende tu mano sobre la mar, y divídela; y entren los hijos de Israel por medio de la mar en seco. [17] Y yo, he aquí yo endureceré el corazón de los Egipcios, para que los sigan: y yo me glorificaré en Faraón, y en todo su ejército, y en sus carros, y en su caballería; [18] Y

sabrán los Egipcios que yo soy Jehová, cuando me glorificaré en Faraón, en sus carros, y en su gente de á caballo.

28. Éxodo 16:4-5

[4] Y Jehová dijo á Moisés: He aquí yo os haré llover pan del cielo; y el pueblo saldrá, y cogerá para cada un día, para que yo le pruebe si anda en mi ley, ó no. [5] Mas al sexto día aparejarán lo que han de encerrar, que será el doble de lo que solían coger cada día.

29. Éxodo 16:12

[12] Yo he oído las murmuraciones de los hijos de Israel; háblales, diciendo: Entre las dos tardes comeréis carne, y por la mañana os hartaréis de pan, y sabréis que yo soy Jehová vuestro Dios.

30. Éxodo 17:5-6

[5] Y Jehová dijo á Moisés: Pasa delante del pueblo, y toma contigo de los ancianos de Israel; y toma también en tu mano tu vara, con que heriste el río, y ve: [6] He aquí que yo estoy delante de ti allí sobre la peña en Horeb; y herirás la peña, y saldrán de ella aguas, y beberá el pueblo. Y Moisés lo hizo así en presencia de los ancianos de Israel.

31. Éxodo 17:14

[14] Y Jehová dijo á Moisés: Escribe esto para memoria en un libro, y di á Josué que del todo tengo de raer la memoria de Amalec de debajo del cielo.

32. Éxodo 19:9

[9] Y Jehová dijo á Moisés: He aquí, yo vengo á ti en una nube espesa, para que el pueblo oiga mientras yo hablo contigo, y también para que te crean para siempre. Y Moisés denunció las palabras del pueblo á Jehová.

33. Éxodo 23:20

[20] He aquí yo envío el Angel delante de ti para que te guarde en el camino, y te introduzca en el lugar que yo he preparado.

34. Éxodo 32:34

[34] Ve pues ahora, lleva á este pueblo donde te he dicho: he aquí mi ángel irá delante de ti; que en el día de mi visitación yo visitaré en ellos su pecado.

35. Éxodo 33:1-3

[1] Y JEHOVA dijo á Moisés: Ve, sube de aquí, tú y el pueblo que sacaste de la tierra de Egipto, á la tierra de la cual juré á Abraham, Isaac, y Jacob, diciendo: A tu simiente la daré: [2] Y yo enviaré delante de ti el ángel, y echaré fuera al Cananeo y al Amorrheo, y al Hetheo, y al Pherezeo, y al Heveo y al Jebuseo: [3] (A la tierra que fluye leche y miel); porque yo no subiré en medio de ti, porque eres pueblo de dura cerviz, no sea que te consuma en el camino.

36. Éxodo 34:10

[10] Y él dijo: He aquí, yo hago concierto delante de todo tu pueblo: haré maravillas que no han sido hechas en toda la tierra, ni en nación alguna; y verá todo el pueblo en medio del cual estás tú, la obra de Jehová; porque ha de ser cosa terrible la que yo haré contigo.

37. Éxodo 34:24

[24] Porque yo arrojaré las gentes de tu presencia, y ensancharé tu término: y ninguno codiciará tu tierra, cuando tú subieres para ser visto delante de Jehová tu Dios tres veces en el año.

PROFECÍA EN LEVÍTICO: 6

---

1. Levítico 9:4

[4] Asimismo un buey y un carnero para sacrificio de paces, que inmoléis delante de Jehová; y un presente amasado con aceite: porque Jehová se aparecerá hoy á vosotros.

2. Levítico 9:6

[6] Entonces Moisés dijo: Esto es lo que mandó Jehová; hacedlo, y la gloria de Jehová se os aparecerá.

3. Levítico 18:24-25

[24] En ninguna de estas cosas os amancillaréis; porque en todas estas cosas se han ensuciado las gentes que yo echo de delante de vosotros: [25] Y la

tierra fue contaminada; y yo visité su maldad sobre ella, y la tierra vomitó sus moradores.

4. Levítico 20:22
[22] Guardad, pues, todos mis estatutos y todos mis derechos, y ponedlos por obra: y no os vomitará la tierra, en la cual yo os introduzco para que habitéis en ella.

5. Levítico 25:18
[18] Ejecutad, pues, mis estatutos, y guardad mis derechos, y ponedlos por obra, y habitaréis en la tierra seguros;

6. Levítico 26:3-4
[3] Si anduviereis en mis decretos, y guardareis mis mandamientos, y los pusiereis por obra; [4] Yo daré vuestra lluvia en su tiempo, cy la tierra rendirá sus producciones, y el árbol del campo dará su fruto;

PROFECÍAS EN NÚMEROS: 16

1. Números 11:17
[17] Y yo descenderé y hablaré allí contigo; y tomaré del espíritu que está en ti, y pondré en ellos; y llevarán contigo la carga del pueblo, y no la llevarás tú solo.

2. Números 14:21
[21] Mas, ciertamente vivo yo y mi gloria hinche toda la tierra,

3. Números 14:28-31
[28] Diles: Vivo yo, dice Jehová, que según habéis hablado á mis oídos, así haré yo con vosotros: [29] En este desierto caerán vuestros cuerpos; todos vuestros contados según toda vuestra cuenta, de veinte años arriba, los cuales habéis murmurado contra mí; [30] Vosotros á la verdad no entraréis en la tierra, por la cual alcé mi mano de haceros habitar en

ella; exceptuando á Caleb hijo de Jephone, y á Josué hijo de Nun. [31] Mas vuestros chiquitos, de los cuales dijisteis que serían por presa, yo los introduciré, y ellos conocerán la tierra que vosotros despreciasteis.

4. Números 16:5
[5] Y habló á Coré y á todo su séquito, diciendo: Mañana mostrará Jehová quién es suyo, y al santo harálo llegar á sí; y al que él escogiere, él lo allegará á sí.

5. Números 16:28-30
[28] Y dijo Moisés: En esto conoceréis que Jehová me ha enviado para que hiciese todas estas cosas: que no de mi corazón las hice. [29] Si como mueren todos los hombres murieren éstos, ó si fueren ellos visitados á la manera de todos los hombres, Jehová no me envió. [30] Mas si Jehová hiciere una nueva cosa, y la tierra abriere su boca, y los tragare con todas sus cosas, y descendieren vivos al abismo, entonces conoceréis que estos hombres irritaron á Jehová.

6. Números 17:5
[5] Y será, que el varón que yo escogiere, su vara florecerá: y haré cesar de sobre mí las quejas de los hijos de Israel, con que murmuran contra vosotros.

7. Números 20:12
[12] Y Jehová dijo á Moisés y á Aarón: Por cuanto no creísteis en mí, para santificarme en ojos de los hijos de Israel, por tanto, no meteréis esta congregación en la tierra que les he dado.

8. Números 20:24
[24] Aarón será reunido á sus pueblos; pues no entrará en la tierra que yo di á los hijos de Israel, por cuanto fuisteis rebeldes á mi mandamiento en las aguas de la rencilla.

9. Números 21:16
[16] Y de allí vinieron á Beer: este es el pozo del cual Jehová dijo á Moisés: Junta al pueblo, y les daré agua.

10. Números 21:34

[34] Entonces Jehová dijo á Moisés: No le tengas miedo, que en tu mano lo he dado, á el y á todo su pueblo, y á su tierra; y harás de él como hiciste de Sehón, rey de los Amorrheos, que habitaba en Hesbón.

11. Números 23:7-10

[7] Y él tomó su parábola, y dijo: De Aram me trajo Balac, Rey de Moab, de los montes del oriente: Ven, maldíceme á Jacob; Y ven, execra á Israel. [8] ¿Por qué maldeciré yo al que Dios no maldijo? ¿Y por qué he de execrar al que Jehová no ha execrado? [9] Porque de la cumbre de las peñas lo veré, Y desde los collados lo miraré: He aquí un pueblo que habitará confiado, Y no será contado entre las gentes. [10] ¿Quién contará el polvo de Jacob, O el número de la cuarta parte de Israel? Muera mi persona de la muerte de los rectos, Y mi postrimería sea como la suya.

12. Números 23:18-24

[18] Entonces él tomó su parábola, y dijo: Balac, levántate y oye; Escucha mis palabras, hijo de Zippor: [19] Dios no es hombre, para que mienta; Ni hijo de hombre para que se arrepienta: El dijo, ¿y no hará?; Habló, ¿y no lo ejecutará? [20] He aquí, yo he tomado bendición: Y él bendijo, y no podré revocarla. [21] No ha notado iniquidad en Jacob, Ni ha visto perversidad en Israel: Jehová su Dios es con él, Y júbilo de rey en él. [22] Dios los ha sacado de Egipto; Tiene fuerzas como de unicornio. [23] Porque en Jacob no hay agüero, Ni adivinación en Israel: Como ahora, será dicho de Jacob y de Israel: Lo que ha hecho Dios! [24] He aquí el pueblo, que como león se levantará, Y como león se erguirá: No se echará hasta que coma la presa, Y beba la sangre de los muertos.

13. Números 24:3-5

[3] Entonces tomó su parábola, y dijo: Dijo Balaam hijo de Beor, Y dijo el varón de ojos abiertos: [4] Dijo el que oyó los dichos de Dios, El que vió la visión del Omnipotente; Caído, mas abiertos los ojos: [5] Cuán hermosas son tus tiendas, oh Jacob, Tus habitaciones, oh Israel!

14. Números 24:15-20

[15] Y tomó su parábola, y dijo: Dijo Balaam hijo de Beor, Dijo el varón de ojos abiertos: [16] Dijo el que oyó los dichos de Jehová, Y el que sabe la ciencia del Altísimo, El que vió la visión del Omnipotente; Caído, mas abiertos los ojos: [17] Verélo, mas no ahora: Lo miraré, mas no de cerca: Saldrá ESTRELLA de Jacob, Y levantaráse cetro de Israel, Y herirá los cantones de Moab, Y destruirá á todos los hijos de Seth. [18] Y será tomada Edom, Será también tomada Seir por sus enemigos, E Israel se portará varonilmente. [19] Y el de Jacob se enseñoreará, Y destruirá de la ciudad lo que quedare. [20] Y viendo á Amalec, tomó su parábola, y dijo: Amalec, cabeza de gentes; Mas su postrimería perecerá para siempre.

15. Números 24:21-24

[21] Y viendo al Cineo, tomó su parábola, y dijo: Fuerte es tu habitación, Pon en la peña tu nido: [22] Que el Cineo será echado, Cuando Assur te llevará cautivo.
[23] Todavía tomó su parábola, y dijo: Ay! ¿quién vivirá cuando hiciere Dios estas cosas? [24] Y vendrán navíos de la costa de Cittim, Y afligirán á Assur, afligirán también á Eber: Mas él también perecerá para siempre.

16. Números 33:55

[55] Y si no echareis los moradores del país de delante de vosotros, sucederá que los que dejareis de ellos serán por aguijones en vuestros ojos, y por espinas en vuestros costados, y afligiros han sobre la tierra en que vosotros habitareis.

PROFECÍAS EN DEUTERONOMIO: 26

---

1. Deuteronomio 1:35-36

[35] No verá hombre alguno de estos de esta mala generación, la buena tierra que juré había de dar á vuestros padres, [36] Excepto Caleb hijo de Jephone: él la verá, y á él le daré la tierra que pisó, y á sus hijos; porque cumplió en pos de Jehová.

2. Deuteronomio 2:24

[24] Levantaos, partid, y pasad el arroyo de Arnón: he aquí he dado en tu mano á Sehón rey de Hesbón, Amorrheo, y á su tierra: comienza á tomar posesión, y empéñate con él en guerra.

3. Deuteronomio 3:2

[2] Y díjome Jehová: No tengas temor de él, porque en tu mano he entregado á él y á todo su pueblo, y su tierra: y harás con él como hiciste con Sehón rey Amorrheo, que habitaba en Hesbón.

4. Deuteronomio 3:21

[21] Mandé también á Josué entonces, diciendo: Tus ojos vieron todo lo que Jehová vuestro Dios ha hecho á aquellos dos reyes: así hará Jehová á todos los reinos á los cuales pasarás tú.

5. Deuteronomio 3:27

[27] Sube á la cumbre del Pisga, y alza tus ojos al occidente, y al aquilón, y al mediodía, y al oriente, y ve por tus ojos: porque no pasarás este Jordán.

6. Deuteronomio 4:21-22

[21] Y Jehová se enojó contra mí sobre vuestros negocios, y juró que yo no pasaría el Jordán, ni entraría en la buena tierra, que Jehová tu Dios te da por heredad. [22] Así que yo voy á morir en esta tierra; y no paso el Jordán: mas vosotros pasaréis, y poseeréis aquella buena tierra.

7. Deuteronomio 4:25-26

[25] Cuando hubiereis engendrado hijos y nietos, y hubiereis envejecido en la tierra, y os corrompiereis, é hiciereis escultura ó imagen de cualquier cosa, é hiciereis mal en ojos de Jehová vuestro Dios, para enojarlo; [26] Yo pongo hoy por testigos al cielo y á la tierra, que presto pereceréis totalmente de la tierra hacia la cual pasáis el Jordán para poseerla: no estaréis en ella largos días sin que seáis destruídos.

8. Deuteronomio 6:10-11

[10] Y será, cuando Jehová tu Dios te hubiere introducido en la tierra que juró á tus padres Abraham, Isaac, y Jacob, que te daría; en ciudades grandes y buenas que tú no edificaste, [11] Y casas llenas de todo bien, que tú no

henchiste, y cisternas cavadas, que tú no cavaste, viñas y olivares que no plantaste: luego que comieres y te hartares,

9. Deuteronomio 8:7-9

[7] Porque Jehová tu Dios te introduce en la buena tierra, tierra de arroyos, de aguas, de fuentes, de abismos que brotan por vegas y montes; [8] Tierra de trigo y cebada, y de vides, é higueras, y granados; tierra de olivas, de aceite, y de miel; [9] Tierra en la cual no comerás el pan con escasez, no te faltará nada en ella; tierra que sus piedras son hierro, y de sus montes cortarás metal.

10. Deuteronomio 9:3

[3] Sabe, pues, hoy que Jehová tu Dios es el que pasa delante de ti, fuego consumidor, que los destruirá y humillará delante de ti: y tú los echarás, y los destruirás luego, como Jehová te ha dicho.

11. Deuteronomio 11:13

[13] Y será que, si obedeciereis cuidadosamente mis mandamientos que yo os prescribo hoy, amando á Jehová vuestro Dios, y sirviéndolo con todo vuestro corazón, y con toda vuestra alma,

12. Deuteronomio 17:14

[14] Cuando hubieres entrado en la tierra que Jehová tu Dios te da, y la poseyeres, y habitares en ella, y dijeres: Pondré rey sobre mí, como todas las gentes que están en mis alrededores;

13. Deuteronomio 18:15

[15] Profeta de en medio de ti, de tus hermanos, como yo, te levantará Jehová tu Dios: á él oiréis:

14. Deuteronomio 18:18

[18] Profeta les suscitaré de en medio de sus hermanos, como tú; y pondré mis palabras en su boca, y él les hablará todo lo que yo le mandare.

15. Deuteronomio 25:19

[19] Será pues, cuando Jehová tu Dios te hubiere dado reposo de tus enemigos alrededor, en la tierra que Jehová tu Dios te da por heredar para

que la poseas, que raerás la memoria de Amalec de debajo del cielo: no te olvides.

16. Deuteronomio 28:1
[1] Y SERA que, si oyeres diligente la voz de Jehová tu Dios, para guardar, para poner por obra todos sus mandamientos que yo te prescribo hoy, también Jehová tu Dios te pondrá alto sobre todas las gentes de la tierra;

17. Deuteronomio 29:18
[18] Quizá habrá entre vosotros varón, ó mujer, ó familia, ó tribu, cuyo corazón se vuelva hoy de con Jehová nuestro Dios, por andar á servir á los dioses de aquellas gentes; quizá habrá en vosotros raíz que eche veneno y ajenjo;

18. Deuteronomio 30:1
[1] Y SERA que, cuando te sobrevinieren todas estas cosas, la bendición y la maldición que he puesto delante de ti, y volvieres á tu corazón en medio de todas las gentes á las cuales Jehová tu Dios te hubiere echado,

19. Deuteronomio 30:15-16
[15] Mira, yo he puesto delante de ti hoy la vida y el bien, la muerte y el mal: [16] Porque yo te mando hoy que ames á Jehová tu Dios, que andes en sus caminos, y guardes sus mandamientos y sus estatutos y sus derechos, para que vivas y seas multiplicado, y Jehová tu Dios te bendiga en la tierra á la cual entras para poseerla.

20. Deuteronomio 31:1-2
[1] Y FUÉ Moisés, y habló estas palabras á todo Israel, [2] Y díjoles: De edad de ciento y veinte años soy hoy día; no puedo más salir ni entrar: á más de esto Jehová me ha dicho: No pasarás este Jordán.

21. Deuteronomio 31:16
[16] Y Jehová dijo á Moisés: He aquí tú vas á dormir con tus padres, y este pueblo se levantará y fornicará tras los dioses ajenos de la tierra adonde va, en estando en medio de ella; y me dejará, é invalidará mi pacto que he concertado con él:

22. Deuteronomio 31:23

[23] Y dió orden á Josué hijo de Nun, y dijo: Esfuérzate y anímate, que tú meterás los hijos de Israel en la tierra que les juré, y yo seré contigo.

23. Deuteronomio 31:27

[27] Porque yo conozco tu rebelión, y tu cerviz dura: he aquí que aun viviendo yo hoy con vosotros, sois rebeldes á Jehová; y ¿cuánto más después que yo fuere muerto?

24. Deuteronomio 32:19

[19] Y vió lo Jehová, y encendióse en ira, por el menosprecio de sus hijos y de sus hijas.

25. Deuteronomio 33:6

[6] Viva Rubén, y no muera; Y sean sus varones en número.

26. Deuteronomio 34:4

[4] Y díjole Jehová: Esta es la tierra de que juré á Abraham, á Isaac, y á Jacob, diciendo: A tu simiente la daré. Hétela hecho ver con tus ojos, mas no pasarás allá.

PROFECÍAS EN JOSUÉ: 14

1. Josué 1:11

[11] Pasad por medio del campo, y mandad al pueblo, diciendo: Preveníos de comida; porque dentro de tres días pasaréis el Jordán, para que entréis á poseer la tierra que Jehová vuestro Dios os da para que la poseáis.

2. Josué 3:5

[5] Y Josué dijo al pueblo: Santificaos, porque Jehová hará mañana entre vosotros maravillas.

3. Josué 3:7

[7] Entonces Jehová dijo á Josué: Desde aqueste día comenzaré á hacerte grande delante de los ojos de todo Israel, para que entiendan que como fuí con Moisés, así seré contigo.

4. Josué 3:10

[10] Y añadió Josué: En esto conoceréis que el Dios viviente está en medio de vosotros, y que él echará de delante de vosotros al Cananeo, y al Heteo, y al Heveo, y al Pherezeo, y al Gergeseo, y al Amorrheo, y al Jebuseo.

5. Josué 6:2

[2] Mas Jehová dijo á Josué: Mira, yo he entregado en tu mano á Jericó y á su rey, con sus varones de guerra.

6. Josué 6:26

[26] Y en aquel tiempo Josué les juramentó diciendo: Maldito delante de Jehová el hombre que se levantare y reedificare esta ciudad de Jericó. En su primogénito eche sus cimientos, y en su menor asiente sus puertas.

7. Josué 8:1-2

[1] Y JEHOVA dijo á Josué: No temas, ni desmayes; toma contigo toda la gente de guerra, y levántate y sube á Hai. Mira, yo he entregado en tu mano al rey de Hai, y á su pueblo, á su ciudad, y á su tierra. [2] Y harás á Hai y á su rey como hiciste á Jericó y á su rey: sólo que sus despojos y sus bestias tomaréis para vosotros. Pondrás, pues, emboscadas á la ciudad detrás de ella.

8. Josué 8:18

[18] Entonces Jehová dijo á Josué: Levanta la lanza que tienes en tu mano hacia Hai, porque yo la entregaré en tu mano. Y Josué levantó hacia la ciudad la lanza que en su mano tenía.

9. Josué 10:8

[8] Y Jehová dijo á Josué: No tengas temor de ellos: porque yo los he entregado en tu mano, y ninguno de ellos parará delante de ti.

10. Josué 10:25

[25] Y Josué les dijo: No temáis, ni os atemoricéis; sed fuertes y valientes: porque así hará Jehová á todos vuestros enemigos contra los cuales peleáis.

11. Josué 11:6

[6] Mas Jehová dijo á Josué: No tengas temor de ellos, que mañana á esta hora yo entregaré á todos éstos, muertos delante de Israel: á sus caballos desjarretarás, y sus carros quemarás al fuego.

12. Josué 13:6

[6] Todos los que habitan en las montañas desde el Líbano hasta las aguas calientes, todos los Sidonios; yo los desarraigaré delante de lo hijos de Israel: solamente repartirás tú por suerte el país á los Israelitas por heredad, como te he mandado.

13. Josué 14:9

[9] Entonces Moisés juró, diciendo: Si la tierra que holló tu pie no fuere para ti, y para tus hijos en herencia perpetua: por cuanto cumpliste siguiendo á Jehová mi Dios.

14. Josué 23:5

[5] Y Jehová vuestro Dios las echará de delante de vosotros, y las lanzará de vuestra presencia: y vosotros poseeréis sus tierras, como Jehová vuestro Dios os ha dicho.

PROFECÍAS EN JUECES: 14

1. Jueces 1:2

[2] Y Jehová respondió: Judá subirá; he aquí que yo he entregado la tierra en sus manos.

2. Jueces 4:6

[6] Y ella envió á llamar á Barac hijo de Abinoam, de Cedes de Nephtalí, y díjole: ¿No te ha mandado Jehová Dios de Israel, diciendo: Ve, y haz

gente en el monte de Tabor, y toma contigo diez mil hombres de los hijos de Nephtalí, y de los hijos de Zabulón:

3. Jueces 4:9

[9] Y ella dijo: Iré contigo; mas no será tu honra en el camino que vas; porque en mano de mujer venderá Jehová á Sísara. Y levantándose Débora fué con Barac á Cedes.

4. Jueces 4:14

[14] Entonces Débora dijo á Barac: Levántate; porque este es el día en que Jehová ha entregado á Sísara en tus manos: ¿No ha salido Jehová delante de ti? Y Barac descendió del monte de Tabor, y diez mil hombres en pos de él.

5. Jueces 6:14

[14] Y mirándole Jehová, díjole: Ve con esta tu fortaleza, y salvarás á Israel de la mano de los Madianitas. ¿No te envío yo?

6. Jueces 6:16

[16] Y Jehová le dijo: Porque yo seré contigo, y herirás á los Madianitas como á un solo hombre.

7. Jueces 7:7

[7] Entonces Jehová dijo á Gedeón: Con estos trescientos hombres que lamieron el agua os salvaré, y entregaré á los Madianitas en tus manos: y váyase toda la gente cada uno á su lugar.

8. Jueces 7:9

[9] Y aconteció que aquella noche Jehová le dijo: Levántate, y desciende al campo; porque yo lo he entregado en tus manos.

9. Jueces 7:13

[13] Y luego que llegó Gedeón, he aquí que un hombre estaba contando á su compañero un sueño, diciendo: He aquí yo soñé un sueño: que veía un pan de cebada que rodaba hasta el campo de Madián, y llegaba á las tiendas, y las hería de tal manera que caían, y las trastornaba de arriba abajo, y las tiendas caían.

10. Jueces 8:7

[7] Y Gedeón dijo: Pues cuando Jehová hubiere entregado en mi mano á Zeba y á Zalmunna, yo trillaré vuestra carne con espinas y abrojos del desierto.

11. Jueces 8:9

[9] Y él habló también á los de Penuel, diciendo: Cuando yo tornare en paz, derribaré esta torre.

12. Jueces 9:8-9

[8] Fueron los árboles á elegir rey sobre sí, y dijeron á la oliva: Reina sobre nosotros. [9] Mas la oliva respondió: ¿Tengo de dejar mi pingüe jugo, con el que por mi causa Dios y los hombres son honrados, por ir á ser grande sobre los árboles?

13. Jueces 13:3

[3] A esta mujer apareció el ángel de Jehová, y díjole: He aquí que tú eres estéril, y no has parido: mas concebirás y parirás un hijo.

14. Jueces 20:28

[28] Y Phinees, hijo de Eleazar, hijo de Aarón, se presentaba delante de ella en aquellos días,) y dijeron: ¿Tornaré á salir en batalla contra los hijos de Benjamín mi hermano, ó estaréme quedo? Y Jehová dijo: Subid, que mañana yo lo entregaré en tu mano.

PROFECÍAS EN EL PRIMER SAMUEL: 12

1. 1 Samuel 2:1

[1] Y ANNA oró y dijo: Mi corazón se regocija en Jehová, Mi cuerno es ensalzado en Jehová; Mi boca se ensanchó sobre mis enemigos, Por cuanto me alegré en tu salud.

2. 1 Samuel 2:27-36

[27] Y vino un varón de Dios á Eli, y díjole: Así ha dicho Jehová: ¿No me manifesté yo claramente á la casa de tu padre, cuando estaban en Egipto en casa de Faraón? [28] Y yo le escogí por mi sacerdote entre todas las tribus de Israel, para que ofreciese sobre mi altar, y quemase perfume, y trajese ephod delante de mí; y dí á la casa de tu padre todas las ofrendas de los hijos de Israel. [29] ¿Por qué habéis hollado mis sacrificios y mis presentes, que yo mandé ofrecer en el tabernáculo; y has honrado á tus hijos más que á mí, engordándoos de lo principal de todas las ofrendas de mi pueblo Israel? [30] Por tanto, Jehová el Dios de Israel dice: Yo había dicho que tu casa y la casa de tu padre andarían delante de mí perpetuamente; mas ahora ha dicho Jehová: Nunca yo tal haga, porque yo honraré á los que me honran, y los que me tuvieren en poco, serán viles. [31] He aquí vienen días, en que cortaré tu brazo, y el brazo de la casa de tu padre, que no haya viejo en tu casa.

[32] Y verás competidor en el tabernáculo, en todas las cosas en que hiciere bien á Israel; y en ningún tiempo habrá viejo en tu casa. [33] Y no te cortaré del todo varón de mi altar, para hacerte marchitar tus ojos, y henchir tu ánimo de dolor; mas toda la cría de tu casa morirá en la edad varonil. [34] Y te será por señal esto que acontecerá á tus dos hijos, Ophni y Phinees: ambos morirán en un día. [35] Y yo me suscitaré un sacerdote fiel, que haga conforme á mi corazón y á mi alma; y yo le edificaré casa firme, y andará delante de mi ungido todo los días. [36] Y será que el que hubiere quedado en tu casa, vendrá á postrársele por un dinero de plata y un bocado de pan, diciéndole: Ruégote que me constituyas en algún ministerio, para que coma un bocado de pan.

3. 1 Samuel 3:11-14

[11] Y Jehová dijo á Samuel: He aquí haré yo una cosa en Israel, que á quien la oyere, le retiñirán ambos oídos. [12] Aquel día yo despertaré contra Eli todas las cosas que he dicho sobre su casa. En comenzando, acabaré también.

[13] Y mostraréle que yo juzgaré su casa para siempre, por la iniquidad que él sabe; porque sus hijos se han envilecido, y él no los ha estorbado. [14] Y por tanto yo he jurado á la casa de Eli, que la iniquidad de la casa de Eli no será expiada jamás, ni con sacrificios ni con presentes.

4. 1 Samuel 9:19

[19] Y Samuel respondió á Saúl, y dijo: Yo soy el vidente: sube delante de mí al alto, y comed hoy conmigo, y por la mañana te despacharé, y te descubriré todo lo que está en tu corazón.

5. 1 Samuel 10:2-8

[2] Hoy, después que te hayas apartado de mí, hallarás dos hombres junto al sepulcro de Rachêl, en el término de Benjamín, en Selsah, los cuales te dirán: Las asnas que habías ido á buscar, se han hallado; tu padre pues ha dejado ya el negocio de las asnas, si bien está angustioso por vosotros, diciendo: ¿Qué haré acerca de mi hijo? [3] Y como de allí te fueres más adelante, y llegares á la campiña de Tabor, te saldrán al encuentro tres hombres que suben á Dios en Beth-el, llevando el uno tres cabritos, y el otro tres tortas de pan, y el tercero una vasija de vino: [4] Los cuales, luego que te hayan saludado, te darán dos panes, los que tomarás de manos de ellos. [5] De allí vendrás al collado de Dios donde está la guarnición de los Filisteos; y cuando entrares allá en la ciudad encontrarás una compañía de profetas que descienden del alto, y delante de ellos salterio, y adufe, y flauta, y arpa, y ellos profetizando: [6] Y el espíritu de Jehová te arrebatará, y profetizarás con ellos, y serás mudado en otro hombre. [7] Y cuando te hubieren sobrevenido estas señales, haz lo que te viniere á la mano, porque Dios es contigo. [8] Y bajarás delante de mí á Gilgal; y luego descenderé yo á ti para sacrificar holocaustos, é inmolar víctimas pacíficas. Espera siete días, hasta que yo venga á ti, y te enseñe lo que has de hacer.

6.1 Samuel 12:14

[14] Si temiereis á Jehová y le sirviereis, y oyereis su voz, y no fuereis rebeldes á la palabra de Jehová, así vosotros como el rey que reina sobre vosotros, seréis en pos de Jehová vuestro Dios.

7. 1 Samuel 12:24-25

[24] Solamente temed á Jehová, y servidle de verdad con todo vuestro corazón, porque considerad cuán grandes cosas ha hecho con vosotros. [25] Mas si perseverareis en hacer mal, vosotros y vuestro rey pereceréis.

8. 1 Samuel 13:13-14

[13] Entonces Samuel dijo á Saúl: Locamente has hecho; no guardaste el mandamiento de Jehová tu Dios, que él te había intimado; porque ahora Jehová hubiera confirmado tu reino sobre Israel para siempre. [14] Mas ahora tu reino no será durable: Jehová se ha buscado varón según su corazón, al cual Jehová ha mandado que sea capitán sobre su pueblo, por cuanto tú no has guardado lo que Jehová te mandó.

9. 1 Samuel 17:46

[46] Jehová te entregará hoy en mi mano, y yo te venceré, y quitaré tu cabeza de ti: y daré hoy los cuerpos de los Filisteos á las aves del cielo y á las bestias de la tierra: y sabrá la tierra toda que hay Dios en Israel.

10. 1 Samuel 23:11

[11] ¿Me entregarán los vecinos de Keila en sus manos? ¿descenderá Saúl, como tu siervo tiene oído? Jehová Dios de Israel, ruégote que lo declares á tu siervo. Y Jehová dijo: Sí, descenderá.

11. 1 Samuel 26:10

[10] Dijo además David: Vive Jehová, que si Jehová no lo hiriere, ó que su día llegue para que muera, ó que descendiendo en batalla perezca,

12. 1 Samuel 30:8

[8] Y David consultó á Jehová, diciendo: ¿Seguiré esta tropa? ¿podréla alcanzar? Y él le dijo: Síguela que de cierto la alcanzarás, y sin falta librarás la presa.

PROFECÍAS EN EL SEGUNDO SAMUEL: 5

1. 2 Samuel 5:19

[19] Entonces consultó David á Jehová, diciendo: ¿Iré contra los Filisteos? ¿los entregarás en mis manos? Y Jehová respondió á David: Ve, porque ciertamente entregaré los Filisteos en tus manos.

2. 2 Samuel 5:23-24

[23] Y consultando David á Jehová, él le respondió: No subas; mas rodéalos, y vendrás á ellos por delante de los morales: [24] Y cuando oyeres un estruendo que irá por las copas de los morales, entonces te moverás; porque Jehová saldrá delante de ti á herir el campo de los Filisteos.

3. 2 Samuel 7:10-11

[10] Además yo fijaré lugar á mi pueblo Israel; yo lo plantaré, para que habite en su lugar, y nunca más sea removido, ni los inicuos le aflijan más, como antes,

[11] Desde el día que puse jueces sobre mi pueblo Israel; y yo te daré descanso de todos tus enemigos. Asimimso Jehová te hace saber, que él te quiere hacer casa.

4. 2 Samuel 12:10-12

[10] Por lo cual ahora no se apartará jamás de tu casa la espada; por cuanto me menospreciaste, y tomaste la mujer de Uría Hetheo para que fuese tu mujer. [11] Así ha dicho Jehová: He aquí yo levantaré sobre ti el mal de tu misma casa, y tomaré tus mujeres delante de tus ojos, y las daré á tu prójimo, el cual yacerá con tus mujeres á la vista de este sol. [12] Porque tú lo hiciste en secreto; mas yo haré esto delante de todo Israel, y delante del sol.

5. 2 Samuel 22:51

[51] El que engrandece las saludes de su rey, Y hace misericordia á su ungido, A David, y á su simiente, para siempre.

PROFECÍAS EN LOS REYES 1: 28

1. Reyes 2:4

[4] Para que confirme Jehová la palabra que me habló, diciendo: Si tus hijos guardaren su camino, andando delante de mí con verdad, de todo su corazón, y de toda su alma, jamás, dice, faltará á ti varón del trono de Israel.

2. 1 Reyes 3:11

[11] Y díjole Dios: Porque has demandado esto, y no pediste para ti muchos días, ni pediste para ti riquezas, ni pediste la vida de tus enemigos, mas demandaste para ti inteligencia para oir juicio;

3. 1 Reyes 5:5

[5] Yo por tanto he determinado ahora edificar casa al nombre de Jehová mi Dios, como Jehová lo habló á David mi padre, diciendo: Tu hijo, que yo pondré en lugar tuyo en tu trono, él edificará casa á mi nombre.

4. 1 Reyes 8:19

[19] Empero tú no edificarás la casa, sino tu hijo que saldrá de tus lomos, él edificará casa á mi nombre.

5. 1 Reyes 8:25

[25] Ahora pues, Jehová Dios de Israel, cumple á tu siervo David mi padre lo que le prometiste, diciendo: No faltará varón de ti delante de mí, que se siente en el trono de Israel, con tal que tus hijos guarden su camino, que anden delante de mí como tú has delante de mí andado.

6. 1 Reyes 9:3

[3] Y díjole Jehová: Yo he oído tu oración y tu ruego, que has hecho en mi presencia. Yo he santificado esta casa que tú has edificado, para poner mi nombre en ella para siempre; y en ella estarán mis ojos y mi corazón todos los días.

7. 1 Reyes 11:11-13

[11] Y dijo Jehová á Salomón: Por cuanto ha habido esto en ti, y no has guardado mi pacto y mis estatutos que yo te mandé, romperé el reino de ti, y lo entregaré á tu siervo. [12] Empero no lo haré en tus días, por amor de David tu padre: romperélo de la mano de tu hijo. [13] Sin embargo no romperé todo el reino, sino que daré una tribu á tu hijo, por amor de David mi siervo, y por amor de Jerusalem que yo he elegido.

8. 1 Reyes 11:30-33

[30] Y trabando Ahías de la capa nueva que tenía sobre sí, rompióla en doce pedazos, [31] Y dijo á Jeroboam: Toma para ti los diez pedazos; porque

así dijo Jehová Dios de Israel: He aquí que yo rompo el reino de la mano de Salomón, y á ti daré diez tribus; [32] (Y él tendrá una tribu, por amor de David mi siervo, y por amor de Jerusalem, ciudad que yo he elegido de todas las tribus de Israel:) [33] Por cuanto me han dejado, y han adorado á Astharoth diosa de los Sidonios, y á Chêmos dios de Moab, y á Moloch dios de los hijos de Ammón; y no han andado en mis caminos, para hacer lo recto delante de mis ojos, y mis estatutos, y mis derechos, como hizo David su padre.

9. 1 Reyes 13:2
[2] El clamó contra el altar por palabra de Jehová, y dijo: Altar, altar, así ha dicho Jehová: He aquí que á la casa de David nacerá un hijo, llamado Josías, el cual sacrificará sobre ti á los sacerdotes de los altos que queman sobre ti perfumes; y sobre ti quemarán huesos de hombres.

10. 1 Reyes 13:21-22
[21] Y clamó al varón de Dios que había venido de Judá, diciendo: Así dijo Jehová: Por cuanto has sido rebelde al dicho de Jehová, y no guardaste el mandamiento que Jehová tu Dios te había prescrito, [22] Sino que volviste, y comiste del pan y bebiste del agua en el lugar donde Jehová te había dicho no comieses pan ni bebieses agua, no entrará tu cuerpo en el sepulcro de tus padres.

11. 1 Reyes 14:7-9
[7] Ve, y di á Jeroboam: Así dijo Jehová Dios de Israel: Por cuanto yo te levanté de en medio del pueblo, y te hice príncipe sobre mi pueblo Israel, [8] Y rompí el reino de la casa de David, y te lo entregué á ti; y tú no has sido como David mi siervo, que guardó mis mandamientos y anduvo en pos de mí con todo su corazón, haciendo solamente lo derecho delante de mis ojos; [9] Antes hiciste lo malo sobre todos los que han sido antes de ti: que fuiste y te hiciste dioses ajenos y de fundición para enojarme, y á mí me echaste tras tus espaldas:

12. 1 Reyes 16:1-3
[1] Y FUÉ palabra de Jehová á Jehú hijo de Hanani contra Baasa, diciendo: [2] Pues que yo te levanté del polvo, y te puse por príncipe sobre mi pueblo

Israel, y tú has andado en el camino de Jeroboam, y has hecho pecar á mi pueblo Israel, provocándome á ira con sus pecados; [3] He aquí yo barreré la posteridad de Baasa, y la posteridad de su casa: y pondré tu casa como la casa de Jeroboam hijo de Nabat.

13. 1 Reyes 17:1
[1] ENTONCES Elías Thisbita, que era de los moradores de Galaad, dijo á Achâb: Vive Jehová Dios de Israel, delante del cual estoy, que no habrá lluvia ni rocío en estos años, sino por mi palabra.

14. 1 Reyes 17:3
[3] Apártate de aquí, y vuélvete al oriente, y escóndete en el arroyo de Cherith, que está delante del Jordán;

15. 1 Reyes 17:9
[9] Levántate, vete á Sarepta de Sidón, y allí morarás: he aquí yo he mandado allí á una mujer viuda que te sustente.

16. 1 Reyes 17:13-15
[13] Y Elías le dijo: No hayas temor; ve, haz como has dicho: empero hazme á mí primero de ello una pequeña torta cocida debajo de la ceniza, y tráemela; y después harás para ti y para tu hijo. [14] Porque Jehová Dios de Israel ha dicho así: La tinaja de la harina no escaseará, ni se disminuirá la botija del aceite, hasta aquel día que Jehová dará lluvia sobre la haz de la tierra. [15] Entonces ella fué, é hizo como le dijo Elías; y comió él, y ella y su casa, muchos días.

17. 1 Reyes 18:1
[1] PASADOS muchos días, fué palabra de Jehová á Elías en el tercer año, diciendo: Ve, muéstrate á Achâb, y yo daré lluvia sobre la haz de la tierra.

18. 1 Reyes 19:17
[17] Y será, que el que escapare del cuchillo, de Hazael, Jehú lo matará; y el que escapare del cuchillo de Jehú, Eliseo lo matará.

19.1 Reyes 20:13

[13] Y he aquí un profeta se llegó á Achâb rey de Israel; y le dijo: Así ha dicho Jehová: ¿Has visto esta grande multitud? he aquí yo te la entregaré hoy en tu mano, para que conozcas que yo soy Jehová.

20. 1 Reyes 20:22

[22] Llegándose luego el profeta al rey de Israel, le dijo: Ve, fortalécete, y considera y mira lo que has de hacer; porque pasado el año, el rey de Siria ha de venir contra ti.

21. 1 Reyes 20:28

[28] Llegándose entonces el varón de Dios al rey de Israel, hablóle diciendo: Así dijo Jehová: Por cuanto los Siros han dicho, Jehová es Dios de los montes, no Dios de los valles, yo entregaré toda esta grande multitud en tu mano, para que conozcáis que yo soy Jehová.

22. 1 Reyes 20:36

[36] Y él le dijo: Por cuanto no has obedecido á la palabra de Jehová, he aquí en apartándote de mí, te herirá un león. Y como se apartó de él, topóle un león, é hirióle.

23. 1 Reyes 21:19

[19] Y hablarle has, diciendo: Así ha dicho Jehová: ¿No mataste y también has poseído? Y tornarás á hablarle, diciendo: Así ha dicho Jehová: En el mismo lugar donde lamieron los perros la sangre de Naboth, los perros lamerán también tu sangre, la tuya misma.

24. 1 Reyes 21:21-22

[21] He aquí yo traigo mal sobre ti, y barreré tu posteridad, y talaré de Achâb todo meante á la pared, al guardado y al desamparado en Israel: [22] Y yo pondré tu casa como la casa de Jeroboam hijo de Nabat, y como la casa de Baasa hijo de Ahía; por la provocación con que me provocaste á ira, y con que has hecho pecar á Israel.

25. 1 Reyes 21:29

[29] ¿No has visto como Achâb se ha humillado delante de mí? Pues por cuanto se ha humillado delante de mí, no traeré el mal en sus días: en los días de su hijo traeré el mal sobre su casa.

26. 1 Reyes 22:17

[17] Entonces él dijo: Yo ví á todo Israel esparcido por los montes, como ovejas que no tienen pastor: y Jehová dijo: Estos no tienen señor: vuélvase cada uno á su casa en paz.

27. 1 Reyes 22:25

[25] Y Michêas respondió: He aquí tú lo verás en aquel día, cuando te irás metiendo de cámara en cámara por esconderte.

28. 1 Reyes 22:28

[28] Y dijo Michêas: Si llegares á volver en paz, Jehová no ha hablado por mí. En seguida dijo: Oid, pueblos todos.

PROFECÍAS EN 2O REYES: 22

1.2 Reyes 1:4

[4] Por tanto así ha dicho Jehová: Del lecho en que subiste no descenderás, antes morirás ciertamente. Y Elías se fué.

2. 2 Reyes 1:6

[6] Y ellos le respondieron: Encontramos un varón que nos dijo: Id, y volveos al rey que os envió, y decidle: Así ha dicho Jehová: ¿No hay Dios en Israel, que tú envías á consultar á Baal-zebub dios de Ecrón? Por tanto, del lecho en que subiste no descenderás, antes morirás de cierto.

3. 2 Reyes 1:16

[16] Y díjole: Así ha dicho Jehová: Pues que enviaste mensajeros á consultar á Baal-zebub dios de Ecrón, ¿no hay Dios en Israel para consultar en su

palabra? No descenderás, por tanto, del lecho en que subiste, antes morirás de cierto.

4. 2 Reyes 3:16-17
[16] Y dijo: Así ha dicho Jehová: Haced en este valle muchas acequias. [17] Porque Jehová ha dicho así: No veréis viento, ni veréis lluvia, y este valle será lleno de agua, y beberéis vosotros, y vuestras bestias, y vuestros ganados.

5. 2 Reyes 4:16
[16] Y él le dijo: A este tiempo según el tiempo de la vida, abrazarás un hijo. Y ella dijo: No, señor mío, varón de Dios, no hagas burla de tu sierva.

6. 2 Reyes 5:10
[10] Entonces Eliseo le envió un mensajero, diciendo: Ve, y lávate siete veces en el Jordán, y tu carne se te restaurará, y serás limpio.

7. 2 Reyes 5:27
[27] La lepra de Naamán se te pegará á ti, y á tu simiente para siempre. Y salió de delante de él leproso, blanco como la nieve.

8. 2 Reyes 7:1
[1] DIJO entonces Eliseo: Oid palabra de Jehová: Así dijo Jehová: Mañana á estas horas valdrá el seah de flor de harina un siclo, y dos seah de cebada un siclo, á la puerta de Samaria.

9. 2 Reyes 8:1
[1] Y HABLO Eliseo á aquella mujer á cuyo hijo había hecho vivir, diciendo: Levántate, vete tú y toda tu casa á vivir donde pudieres; porque Jehová ha llamado el hambre, la cual vendrá también sobre la tierra siete años.

10. 2 Reyes 8:10
[10] Y Eliseo le dijo: Ve, dile: Seguramente vivirás. Empero Jehová me ha mostrado que él ha de morir ciertamente.

11. 2 Reyes 8:12
[12] Entonces díjole Hazael: ¿Por qué llora mi señor? Y él respondió: Porque sé el mal que has de hacer á los hijos de Israel: á sus fortalezas pegarás fuego,

y á sus mancebos matarás á cuchillo, y estrellarás á sus niños, y abrirás á sus preñadas.

12. 2 Reyes 9:6
[6] Y él se levantó, y entróse en casa; y el otro derramó el aceite sobre su cabeza, y díjole: Así dijo Jehová Dios de Israel: Yo te he ungido por rey sobre el pueblo de Jehová, sobre Israel.

13. 2 Reyes 10:30
[30] Y Jehová dijo á Jehú: Por cuanto has hecho bien ejecutando lo recto delante de mis ojos, é hiciste á la casa de Achâb conforme á todo lo que estaba en mi corazón, tus hijos se sentarán en el trono de Israel hasta la cuarta generación.

14. 2 Reyes 20:1
[1] EN aquellos días cayó Ezechîas enfermo de muerte, y vino á él Isaías profeta hijo de Amós, y díjole: Jehová dice así: Dispón de tu casa, porque has de morir, y no vivirás.

15. 2 Reyes 20:5
[5] Vuelve, y di á Ezechîas, príncipe de mi pueblo: Así dice Jehová, el Dios de David tu padre: Yo he oído tu oración, y he visto tus lágrimas: he aquí yo te sano; al tercer día subirás á la casa de Jehová.

16. 2 Reyes 20:9
[9] Y respondió Isaías: Esta señal tendrás de Jehová, de que hará Jehová esto que ha dicho: ¿Avanzará la sombra diez grados, ó retrocederá diez grados?

17. 2 Reyes 20:16-18
[16] Entonces Isaías dijo á Ezechîas: Oye palabra de Jehová: [17] He aquí vienen días, en que todo lo que está en tu casa, y todo lo que tus padres han atesorado hasta hoy, será llevado á Babilonia, sin quedar nada, dijo Jehová. [18] Y de tus hijos que saldrán de ti, que habrás engendrado, tomarán; y serán eunucos en el palacio del rey de Babilonia.

18. 2 Reyes 21:7-8

[7] Y puso una entalladura del bosque que él había hecho, en la casa de la cual había Jehová dicho á David y á Salomón su hijo: Yo pondré mi nombre para siempre en esta casa, y en Jerusalem, á la cual escogí de todas las tribus de Israel: [8] Y no volveré á hacer que el pie de Israel sea movido de la tierra que dí á sus padres, con tal que guarden y hagan conforme á todas las cosas que yo les he mandado, y conforme á toda la ley que mi siervo Moisés les mandó.

19. 2 Reyes 21:10-14

[10] Y habló Jehová por mano de sus siervos los profetas, diciendo: [11] Por cuanto Manasés rey de Judá ha hecho estas abominaciones, y ha hecho más mal que todo lo que hicieron los Amorrheos que fueron antes de él, y también ha hecho pecar á Judá en sus ídolos; [12] Por tanto, así ha dicho Jehová el Dios de Israel: He aquí yo traigo tal mal sobre Jerusalem y sobre Judá, que el que lo oyere, le retiñirán ambos oídos. [13] Y extenderé sobre Jerusalem el cordel de Samaria, y el plomo de la casa de Achâb: y yo limpiaré á Jerusalem como se limpia una escudilla, que después que la han limpiado, la vuelven sobre su haz. [14] Y desampararé las reliquias de mi heredad, y entregarlas he en manos de sus enemigos; y serán para saco y para robo á todos sus adversarios;

20. 2 Reyes 22:16-17

[16] Así dijo Jehová: He aquí yo traigo mal sobre este lugar, y sobre los que en él moran, á saber, todas las palabras del libro que ha leído el rey de Judá: [17] Por cuanto me dejaron á mí, y quemaron perfumes á dioses ajenos, provocándome á ira en toda obra de sus manos; y mi furor se ha encendido contra este lugar, y no se apagará.

21. 2 Reyes 23:27

[27] Y dijo Jehová: También he de quitar de mi presencia á Judá, como quité á Israel, y abominaré á esta ciudad que había escogido, á Jerusalem, y á la casa de la cual había yo dicho: Mi nombre será allí.

PROFECÍAS EN LAS PRIMERAS CRÓNICAS: 6

1. 1 Crónicas 11:2
[2] Y además antes de ahora, aun mientras Saúl reinaba, tú sacabas y metías á Israel. También Jehová tu Dios te ha dicho: Tú apacentarás mi pueblo Israel, y tú serás príncipe sobre Israel mi pueblo.

2. 1 Crónicas 14:10
[10] Entonces David consultó á Dios, diciendo: ¿Subiré contra los Filisteos? ¿los entregarás en mi mano? Y Jehová le dijo: Sube, que yo los entregaré en tus manos.

3. 1 Crónicas 14:15
[15] Y así que oyeres venir un estruendo por las copas de los morales, sal luego á la batalla: porque Dios saldrá delante de ti, y herirá el campo de los Filisteos.

4. 1 Crónicas 17:9-10
[9] Asimismo he dispuesto lugar á mi pueblo Israel, y lo he plantado para que habite por sí, y que no sea más conmovido: ni los hijos de iniquidad lo consumirán más, como antes, [10] Y desde el tiempo que puse los jueces sobre mi pueblo Israel; mas humilllaré á todos tus enemigos. Hágote además saber que Jehová te ha de edificar casa.

5. 1 Crónicas 22:9
[9] He aquí, un hijo te nacerá, el cual será varón de reposo, porque yo le daré quietud de todos sus enemigos en derredor; por tanto su nombre será Salomón; y yo daré paz y reposo sobre Israel en sus días:

6. 1 Crónicas 28:6-7
[6] Y me ha dicho: Salomón tu hijo, él edificará mi casa y mis atrios: porque á éste me he escogido por hijo, y yo le seré á él por padre. [7] Asimismo yo confirmaré su reino para siempre, si él se esforzare á poner por obra mis mandamientos y mis juicios, como aqueste día.

PROFECÍAS EN LA SEGUNDA CRÓNICA: 18

1. 2 Crónicas 1:12
[12] Sabiduría y ciencia te es dada; y también te daré riquezas, hacienda, y gloria, cual nunca hubo en los reyes que han sido antes de ti, ni después de ti habrá tal.

2. 2 Crónicas 6:9
[9] Empero tú no edificarás la casa, sino tu hijo que saldrá de tus lomos, él edificará casa á mi nombre.

3. 2 Crónicas 6:16
[16] Ahora pues, Jehová Dios de Israel, guarda á tu siervo David mi padre lo que le has prometido, diciendo: No faltará de ti varón delante de mí, que se siente en el trono de Israel, á condición que tus hijos guarden su camino, andando en mi ley, como tú delante de mí has andado.

4. 2 Crónicas 7:13-14
[13] Si yo cerrare los cielos, que no haya lluvia, y si mandare á la langosta que consuma la tierra, ó si enviare pestilencia á mi pueblo; [14] Si se humillare mi pueblo, sobre los cuales ni nombre es invocado, y oraren, y buscaren mi rostro, y se convirtieren de sus malos caminos; entonces yo oiré desde los cielos, y perdonaré sus pecados, y sanaré su tierra.

5. 2 Crónicas 12:7
[7] Y como vió Jehová que se habían humillado, fué palabra de Jehová á Semeías, diciendo: Hanse humillado; no los destruiré; antes los salvare en breve, y no se derramará mi ira contra Jerusalem por mano de Sisac.

6. 2 Crónicas 16:9
[9] Porque los ojos de Jehová contemplan toda la tierra, para corroborar á los que tienen corazón perfecto para con él. Locamente has hecho en esto; porque de aquí adelante habrá guerra contra ti.

DR ODION OJO

7. 2 Crónicas 18:6

[6] Mas Josaphat dijo: ¿Hay aún aquí algún profeta de Jehová, para que por él preguntemos?

8. 2 Crónicas 18:24

[24] Y Michêas respondió: He aquí tú lo verás aquel día, cuando te entrarás de cámara en cámara para esconderte.

9. 2 Crónicas 18:27

[27] Y Michêas dijo: Si tú volvieres en paz, Jehová no ha hablado por mí. Dijo además: Oid lo, pueblos todos.

10. 2 Crónicas 19:2

[2] Y salióle al encuentro Jehú el vidente, hijo de Hanani, y dijo al rey Josaphat: ¿Al impío das ayuda, y amas á los que aborrecen á Jehová? Pues la ira de la presencia de Jehová será sobre ti por ello.

11. 2 Crónicas 20:15-17

[15] Y dijo: Oid, Judá todo, y vosotros moradores de Jerusalem, y tú, rey Josaphat. Jehová os dice así: No temáis ni os amedrentéis delante de esta tan grande multitud; porque no es vuestra la guerra, sino de Dios. [16] Mañana descenderéis contra ellos: he aquí que ellos subirán por la cuesta de Sis, y los hallaréis junto al arroyo, antes del desierto de Jeruel. [17] No habrá para qué vosotros peleéis en este caso: paraos, estad quedos, y ved la salud de Jehová con vosotros. Oh Judá y Jerusalem, no temáis ni desmayéis; salid mañana contra ellos, que Jehová será con vosotros.

12. 2 Crónicas 20:37

[37] Entonces Eliezer hijo de Dodava de Mareosah, profetizó contra Josaphat, diciendo: Por cuanto has hecho compañía con Ochôzías, Jehová destruirá tus obras. Y los navíos se rompieron, y no pudieron ir á Tharsis.

13. 2 Crónicas 21:12-15

[12] Y viniéronle letras del profeta Elías, que decían: Jehová, el Dios de David tu padre, ha dicho así: Por cuanto no has andado en los caminos de Josaphat tu padre, ni en los caminos de Asa, rey de Judá, [13] Antes has andado en el camino de los reyes de Israel, y has hecho que fornicase Judá,

y los moradores de Jerusalem, como fornicó la casa de Achâb; y además has muerto á tus hermanos, á la familia de tu padre, los cuales eran mejores que tú: [14] He aquí Jehová herirá tu pueblo de una grande plaga, y á tus hijos y á tus mujeres, y á toda tu hacienda; [15] Y á ti con muchas enfermedades, con enfermedad de tus entrañas, hasta que las entrañas se te salgan á causa de la enfermedad de cada día.

14. 2 Crónicas 24:20

[20] Y el espíritu de Dios envistió á Zachârías, hijo de Joiada el sacerdote, el cual estando sobre el pueblo, les dijo: Así ha dicho Dios: ¿Por qué quebrantáis los mandamientos de Jehová? No os vendrá bien de ello; porque por haber dejado á Jehová, el también os dejará.

15. 2 Crónicas 25:16

[16] Y hablándole el profeta estas cosas, él le respondió: ¿Hante puesto á ti por consejero del rey? Déjate de eso: ¿por qué quieres que te maten? Y al cesar, el profeta dijo luego: Yo sé que Dios ha acordado destruirte, porque has hecho esto, y no obedeciste á mi consejo.

16. 2 Crónicas 33:4

[4] Edificó también altares en la casa de Jehová, de la cual había dicho Jehová: En Jerusalem será mi nombre perpetuamente.

17. 2 Crónicas 33:7-8

[7] A más de esto puso una imagen de fundición, que hizo, en la casa de Dios, de la cual había dicho Dios á David y á Salomón su hijo: En esta casa y en Jerusalem, la cual yo elegí sobre todas las tribus de Israel, pondré mi nombre para siempre: [8] Y nunca más quitaré el pie de Israel de la tierra que yo entregué á vuestros padres, á condición que guarden y hagan todas las cosas que yo les he mandado, toda la ley, estatutos, y ordenanzas, por mano de Moisés.

18. 2 Crónicas 34:24-25

[24] He aquí yo traigo mal sobre este lugar, y sobre los moradores de él, y todas las maldiciones que están escritas en el libro que leyeron delante del rey de Judá: [25] Por cuanto me han dejado, y han sacrificado á dioses ajenos, provocándome á ira en todas las obras de sus manos; por tanto mi furor destilará sobre este lugar, y no se apagará.

PROFECÍAS EN NEHEMÍAS: 2

1. Nehemías 1:8-9

[8] Acuérdate ahora de la palabra que ordenaste á Moisés tu siervo, diciendo: Vosotros prevaricaréis, y yo os esparciré por los pueblos: [9] Mas os volveréis á mí, y guardaréis mis mandamientos, y los pondréis por obra. Si fuere vuestro lanzamiento hasta el cabo de los cielos, de allí os juntaré; y traerlos he al lugar que escogí para hacer habitar allí mi nombre.

2. Nehemías 2:20

[20] Y volvíles respuesta, y díjeles: El Dios de los cielos, él nos prosperará, y nosotros sus siervos nos levantaremos y edificaremos: que vosotros no tenéis parte, ni derecho, ni memoria en Jerusalem.

PROFECÍAS EN ESTER: 1

1. Ester 6:13

[13] Contó luego Amán á Zeres su mujer, y á todos sus amigos, todo lo que le había acontecido: y dijéronle sus sabios, y Zeres su mujer: Si de la simiente de los Judíos es el Mardochêo, delante de quien has comenzado á caer, no lo vencerás; antes caerás por cierto delante de él.

PROFECÍAS EN JOB: 2

1. Job 19:25-27

[25] Yo sé que mi Redentor vive, Y al fin se levantará sobre el polvo: [26] Y después de deshecha esta mi piel, Aun he de ver en mi carne á Dios; [27] Al cual yo tengo de ver por mí, Y mis ojos lo verán, y no otro, Aunque mis riñones se consuman dentro de mí.

2. Job 23:10
[10] Mas él conoció mi camino: Probaráme, y saldré como oro.

PROFECÍAS EN SALMOS: 69

1. Salmos 8:2
[2] De la boca de los chiquitos y de los que maman, fundaste la fortaleza, A causa de tus enemigos, Para hacer cesar al enemigo, y al que se venga.

2. Salmos 9:7
[7] Mas Jehová permanecerá para siempre: Dispuesto ha su trono para juicio.

3. Salmos 9:17-18 RVA
[17] Los malos serán trasladados al infierno, Todas las gentes que se olvidan de Dios. [18] Porque no para siempre será olvidado el pobre; Ni la esperanza de los pobres perecerá perpetuamente.

4. Salmos 10:15
[15] Quebranta el brazo del malo: Del maligno buscarás su maldad, hasta que ninguna halles.

5. Salmos 11:6
[6] Sobre los malos lloverá lazos; Fuego y azufre, con vientos de torbellinos, será la porción del cáliz de ellos.

6. Salmos 12:3-4
[3] Destruirá Jehová todos los labios lisonjeros, La lengua que habla grandezas, [4] Que dijeron: Por nuestra lengua prevaleceremos; Nuestros labios están con nosotros: ¿quién nos es señor?

7. Salmos 12:7
[7] Tú, Jehová, los guardarás; Guárdalos para siempre de aquesta generación.

8. Salmos 14:7

[7] Quién diese de Sión la salud de Israel! En tornando Jehová la cautividad de su pueblo, Se gozará Jacob, y alegraráse Israel.

9. Salmos 15:2-3

[2] El que anda en integridad, y obra justicia, Y habla verdad en su corazón. [3] El que no detrae con su lengua, Ni hace mal á su prójimo, Ni contra su prójimo acoge oprobio alguno.

10. Salmos 17:15

[15] Yo en justicia veré tu rostro: Seré saciado cuando despertare á tu semejanza.

11. Salmos 18:50 RVA

[50] El cual engrandece las saludes de su rey, Y hace misericordia á su ungido, A David y á su simiente, para siempre.

12. Salmos 21:1

[1] Al Músico principal: Salmo de David. ALEGRARASE el rey en tu fortaleza, oh Jehová; Y en tu salud se gozará mucho.

13. Salmos 22:1

[1] Al Músico principal, sobre Ajeleth-sahar Salmo de David. DIOS mío, Dios mío, ¿por qué me has dejado? ¿Por qué estás lejos de mi salud, y de las palabras de mi clamor?

14. Salmos 22:6

[6] Mas yo soy gusano, y no hombre; Oprobio de los hombres, y desecho del pueblo.

15. Salmos 23:6

[6] Ciertamente el bien y la misericordia me seguirán todos los días de mi vida: Y en la casa de Jehová moraré por largos días.

16. Salmos 24:1

[1] Salmo de David. DE Jehová es la tierra y su plenitud; El mundo, y los que en él habitan.

17. Salmos 27:7

[7] Oye, oh Jehová, mi voz con que á ti clamo; Y ten misericordia de mí, respóndeme.

18. Salmos 34:19

[19] Muchos son los males del justo; Mas de todos ellos lo librará Jehová.

19. Salmos 35:15

[15] Pero ellos se alegraron en mi adversidad, y se juntaron; Juntáronse contra mí gentes despreciables, y yo no lo entendía: Despedazábanme, y no cesaban;

20. Salmos 36:8

[8] Embriagarse han de la grosura de tu casa; Y tú los abrevarás del torrente de tus delicias.

21. Salmos 37:2

[2] Porque como hierba serán presto cortados, Y decaerán como verdor de renuevo.

22. Salmos 37:9

[9] Porque los malignos serán talados, Mas los que esperan en Jehová, ellos heredarán la tierra.

23. Salmos 37:13

[13] El Señor se reirá de él; Porque ve que viene su día.

24. Salmos 37:17

[17] Porque los brazos de los impíos serán quebrados: Mas el que sostiene á los justos es Jehová.

25. Salmos 37:22

[22] Porque los benditos de él heredarán la tierra; Y los malditos de él serán talados.

26. Salmos 37:27

[27] Apártate del mal, y haz el bien, Y vivirás para siempre.

27. Salmos 37:37

[37] Considera al íntegro, y mira al justo: Que la postrimería de cada uno de ellos es paz.

28. Salmos 40:6

[6] Sacrificio y presente no te agrada; Has abierto mis oídos; Holocausto y expiación no has demandado.

29. Salmos 41:9

[9] Aun el hombre de mi paz, en quien yo confiaba, el que de mi pan comía, Alzó contra mí el calcañar.

30. Salmos 45:17

[17] Haré perpetua la memoria de tu nombre en todas las generaciones: Por lo cual te alabarán los pueblos eternamente y para siempre.

31. Salmos 46:4

[4] Del río sus conductos alegrarán la ciudad de Dios, El santuario de las tiendas del Altísimo.

32. Salmos 48:1

[1] Canción: Salmo de los hijos de Coré. GRANDE es Jehová y digno de ser en gran manera alabado, En la ciudad de nuestro Dios, en el monte de su santuario.

33. Salmos 48:14

[14] Porque este Dios es Dios nuestro eternalmente y para siempre: El nos capitaneará hasta la muerte.

34. Salmos 49:14

[14] Como rebaños serán puestos en la sepultura; La muerte se cebará en ellos; Y los rectos se enseñorearán de ellos por la mañana: Y se consumirá su bien parecer en el sepulcro de su morada.

35. Salmos 52:5

[5] Por tanto Dios te derribará para siempre: Te asolará y te arrancará de tu morada, Y te desarraigará de la tierra de los vivientes. (Selah.)

36. Salmos 53:6

[6] Oh quién diese de Sión saludes á Israel! En volviendo Dios la cautividad de su pueblo, Gozarse ha Jacob, y alegráráse Israel.

37. Salmos 55:12

[12] Porque no me afrentó un enemigo, Lo cual habría soportado; Ni se alzó contra mí el que me aborrecía, Porque me hubiera ocultado de él:

38. Salmos 57:3

[3] El enviará desde los cielos, y me salvará De la infamia del que me apura; (Selah) Dios enviará su misericordia y su verdad.

39. Salmos 58:9

[9] Antes que vuestras ollas sientan las espinas, Así vivos, así airados, los arrebatará él con tempestad.

40. Salmos 59:8

[8] Mas tú, Jehová, te reirás de ellos, Te burlarás de todas las gentes.

41. Salmos 59:10

[10] El Dios de mi misericordia me prevendrá: Dios me hará ver en mis enemigos mi deseo.

42. Salmos 60:6

[6] Dios pronunció por su santuario; yo me alegraré; Partiré á Sichêm, y mediré el valle de Succoth.

43. Salmos 67:6

[6] La tierra dará su fruto: Nos bendecirá Dios, el Dios nuestro.

44. Salmos 68:13

[13] Bien que fuisteis echados entre los tiestos, Seréis como las alas de la paloma cubierta de plata, Y sus plumas con amarillez de oro.

45. Salmos 68:18

[18] Subiste á lo alto, cautivaste la cautividad, Tomaste dones para los hombres, Y también para los rebeldes, para que habite entre ellos JAH Dios.

46. Salmos 68:21

[21] Ciertamente Dios herirá la cabeza de sus enemigos, La cabelluda mollera del que camina en sus pecados.

47. Salmos 69:4

[4] Hanse aumentado más que los cabellos de mi cabeza los que me aborrecen sin causa; Hanse fortalecido mis enemigos, los que me destruyen sin por qué: He venido pues á pagar lo que no he tomado.

48. Salmos 69:22

[22] Sea su mesa delante de ellos por lazo, Y lo que es para bien por tropiezo.

49. Salmos 71:20

[20] Tú, que me has hecho ver muchas angustias y males, Volverás á darme vida, Y de nuevo me levantarás de los abismos de la tierra.

50. Salmos 72:2

[2] El juzgará tu pueblo con justicia, Y tus afligidos con juicio.

51. Salmos 73:24

[24] Hasme guiado según tu consejo, Y después me recibirás en gloria.

52. Salmos 75:7

[7] Mas Dios es el juez: A éste abate, y á aquel ensalza.

53. Salmos 75:8

[8] Porque el cáliz está en la mano de Jehová, y el vino es tinto, Lleno de mistura; y él derrama del mismo: Ciertamente sus heces chuparán y beberán todos los impíos de la tierra.

54. Salmos 76:10

[10] Ciertamente la ira del hombre te acarreará alabanza: Tú reprimirás el resto de las iras.

55. Salmos 82:6-7

[6] Yo dije: Vosotros sois dioses. E hijos todos vosotros del Altísimo. [7] Empero como hombres moriréis. Y caeréis como cualquiera de los tiranos.

56. Salmos 86:9

[9] Todas las gentes que hiciste vendrán y se humillarán delante de ti, Señor; Y glorificarán tu nombre.

57. Salmos 89:4

[4] Para siempre confirmaré tu simiente, Y edificaré tu trono por todas las generaciones. (Selah.)

58. Salmos 89:14-16

[14] Justicia y juicio son el asiento de tu trono: Misericordia y verdad van delante de tu rostro. [15] Bienaventurado el pueblo que sabe aclamarte: Andarán, oh Jehová, á la luz de tu rostro. [16] En tu nombre se alegrarán todo el día; Y en tu justicia serán ensalzados.

59. Salmos 98:9

[9] Delante de Jehová; porque vino á juzgar la tierra: Juzgará al mundo con justicia, Y á los pueblos con rectitud.

60. Salmos 102:12

[12] Mas tú, Jehová, permanecerás para siempre, Y tu memoria para generación y generación.

61. Salmos 102:18

[18] Escribirse ha esto para la generación venidera: Y el pueblo que se criará, alabará á JAH.

62. Salmos 108:7

[7] Dios habló por su santuario: alegraréme, Repartiré á Sichêm, y mediré el valle de Succoth.

63. Salmos 109:1-2

[1] Al Músico principal: Salmo de David. OH Dios de mi alabanza, no calles; [2] Porque boca de impío y boca de engañador se han abierto sobre mí: Han hablado de mí con lengua mentirosa,

64. Salmos 110:1

[1] Salmo de David. JEHOVA dijo á mi Señor: Siéntate á mi diestra, En tanto que pongo tus enemigos por estrado de tus pies.

65. Salmos 118:22

[22] La piedra que desecharon los edificadores, Ha venido á ser cabeza del ángulo.

66. Salmos 118:26

[26] Bendito el que viene en nombre de Jehová: Desde la casa de Jehová os bendecimos

67. Salmos 132:11

[11] En verdad juró Jehová á David, No se apartará de ellos: Del fruto de tu vientre pondré sobre tu trono

68. Salmos 138:4

[4] Confesarte han, oh Jehová, todos los reyes de la tierra, Cuando habrán oído los dichos de tu boca.

69. Salmos 139:19

[19] De cierto, oh Dios, matarás al impío; Apartaos pues de mí, hombres sanguinarios.

PROFECÍAS EN PROVERBIOS: 10

---

1. Proverbios 2:21-22

[21] Porque los rectos habitarán la tierra, Y los perfectos permanecerán en ella; [22] Mas los impíos serán cortados de la tierra, Y los prevaricadores serán de ella desarraigados.

2. Proverbios 3:35

[35] Los sabios heredarán honra: Mas los necios sostendrán ignominia.

3. Proverbios 4:18-19

[18] Mas la senda de los justos es como la luz de la aurora, Que va en aumento hasta que el día es perfecto. [19] El camino de los impíos es como la oscuridad: No saben en qué tropiezan.

4. Proverbios 5:22-23

[22] Prenderán al impío sus propias iniquidades, Y detenido será con las cuerdas de su pecado. [23] El morirá por falta de corrección; Y errará por la grandeza de su locura.

5. Proverbios 10:30

[30] El justo eternalmente no será removido: Mas los impíos no habitarán la tierra.

6. Proverbios 12:19

[19] El labio de verdad permanecerá para siempre: Mas la lengua de mentira por un momento.

7. Proverbios 13:9

[9] La luz de los justos se alegrará: Mas apagaráse la lámpara de los impíos.

8. Proverbios 13:13

[13] El que menosprecia la palabra, perecerá por ello: Mas el que teme el mandamiento, será recompensado.

9. Proverbios 14:11

[11] La casa de los impíos será asolada: Mas florecerá la tienda de los rectos.

10. Proverbios 21:16

[16] El hombre que se extravía del camino de la sabiduría, Vendrá á parar en la compañía de los muertos.

PROFECÍAS EN ISAÍAS: 46

---

1. Isaías 1:24-26

[24] Por tanto, dice el Señor Jehová de los ejércitos, el Fuerte de Israel: Ea, tomaré satisfacción de mis enemigos, vengaréme de mis adversarios: [25] Y volveré mi mano sobre ti, y limpiaré hasta lo más puro tus escorias, y quitaré todo tu estaño: [26] Y restituiré tus jueces como al principio, y

tus consejeros como de primero: entonces te llamarán Ciudad de justicia, Ciudad fiel.

2. Isaías 2:2-4

[2] Y acontecerá en lo postrero de los tiempos, que será confirmado el monte de la casa de Jehová por cabeza de los montes, y será ensalzado sobre los collados, y correrán á él todas las gentes. [3] Y vendrán muchos pueblos, y dirán: Venid, y subamos al monte de Jehová, á la casa del Dios de Jacob; y nos enseñará en sus caminos, y caminaremos por sus sendas. Porque de Sión saldrá la ley, y de Jerusalem la palabra de Jehová. [4] Y juzgará entre las gentes, y reprenderá á muchos pueblos; y volverán sus espadas en rejas de arado, y sus lanzas en hoces: no alzará espada gente contra gente, ni se ensayarán más para la guerra.

3. Isaías 3:1-3

[1] PORQUE he aquí que el Señor Jehová de los ejércitos quita de Jerusalem y de Judá el sustentador y el fuerte, todo sustento de pan y todo socorro de agua; [2] El valiente y el hombre de guerra, el juez y el profeta, el adivino y el anciano; [3] El capitán de cincuenta, y el hombre de respeto, y el consejero, y el artífice excelente, y el hábil orador.

4. Isaías 3:16-24

[16] Asimismo dice Jehová: Por cuanto las hijas de Sión se ensoberbecen, y andan cuellierguidas y los ojos descompuestos; cuando andan van danzando, y haciendo son con los pies: [17] Por tanto, pelará el Señor la mollera de las hijas de Sión, y Jehová descubrirá sus vergüenzas. [18] Aquel día quitará el Señor el atavío de los calzados, y las redecillas, y las lunetas; [19] Los collares, y los joyeles, y los brazaletes; [20] Las escofietas, y los atavíos de las piernas, los partidores del pelo, los pomitos de olor, y los zarcillos; [21] Los anillos, y los joyeles de las narices; [22] Las ropas de remuda, los mantoncillos, los velos, y los alfileres; [23] Los espejos, los pañizuelos, las gasas, y los tocados. [24] Y será que en lugar de los perfumes aromáticos vendrá hediondez; y desgarrón en lugar de cinta; y calvez en lugar de la compostura del cabello; y en lugar de faja ceñimiento de saco; y quemadura en vez de hermosura.

5. Isaías 8:6-8

[6] Por cuanto desechó este pueblo las aguas de Siloé, que corren mansamente, y holgóse con Rezín y con el hijo de Remalías, [7] He aquí por tanto que el Señor hace subir sobre ellos aguas de ríos, impetuosas y muchas, á saber, al rey de Asiria con todo su poder; el cual subirá sobre todos sus ríos, y pasará sobre todas sus riberas: [8] Y pasando hasta Judá, inundará, y sobrepujará, y llegará hasta la garganta; y extendiendo sus alas, llenará la anchura de tu tierra, oh Emmanuel.

6. Isaías 9:6-8

[6] Porque un niño nos es nacido, hijo nos es dado; y el principado sobre su hombro: y llamaráse su nombre Admirable, Consejero, Dios fuerte, Padre eterno, Príncipe de paz. [7] Lo dilatado de su imperio y la paz no tendrán término, sobre el trono de David, y sobre su reino, disponiéndolo y confirmándolo en juicio y en justicia desde ahora para siempre. El celo de Jehová de los ejércitos hará esto. [8] El Señor envió palabra á Jacob, y cayó en Israel.

7. Isaías 10:20

[20] Y acontecerá en aquel tiempo, que los que hubieren quedado de Israel, y los que hubieren quedado de la casa de Jacob, nunca más estriben sobre el que los hirió; sino que se apoyarán con verdad en Jehová Santo de Israel.

8. Isaías 11:1-6

[1] Y SALDRA una vara del tronco de Isaí, y un vástago retoñará de sus raíces. [2] Y reposará sobre él el espíritu de Jehová; espíritu de sabiduría y de inteligencia, espíritu de consejo y de fortaleza, espíritu de conocimiento y de temor de Jehová. [3] Y haréle entender diligente en el temor de Jehová. No juzgará según la vista de sus ojos, ni argüirá por lo que oyeren sus oídos; [4] Sino que juzgará con justicia á los pobres, y argüirá con equidad por los mansos de la tierra: y herirá la tierra con la vara de su boca, y con el espíritu de sus labios matará al impío. [5] Y será la justicia cinto de sus lomos, y la fidelidad ceñidor de sus riñones. [6] Morará el lobo con el cordero, y el tigre con el cabrito se acostará: el becerro y el león y la bestia doméstica andarán juntos, y un niño los pastoreará.

9. Isaías 13:17-19

[17] He aquí que yo despierto contra ellos á los Medos, que no curarán de la plata, ni codiciarán oro. [18] Y con arcos tirarán á los niños, y no tendrán misericordia de fruto de vientre, ni su ojo perdonará á hijos. [19] Y Babilonia, hermosura de reinos y ornamento de la grandeza de los Caldeos, será como Sodoma y Gomorra, á las que trastornó Dios.

10. Isaías 16:13-14

[13] Esta es la palabra que pronunció Jehová sobre Moab desde aquel tiempo. [14] Empero ahora Jehová ha hablado, diciendo: Dentro de tres años, como años de mozo de soldada, será abatida la gloria de Moab, con toda su grande multitud: y los residuos serán pocos, pequeños, y no fuertes.

11. Isaías 17:1 -2

[1] CARGA de Damasco. [2] Las ciudades de Aroer desamparadas, en majadas se tornarán; dormirán allí, y no habrá quien los espante.

12. Isaías 18:1-2

[1] AY de la tierra que hace sombra con las alas, que está tras los ríos de Etiopía; [2] Que envía mensajeros por la mar, y en navíos de junco sobre las aguas! Andad, ligeros mensajeros, á la gente tirada y repelada, al pueblo asombroso desde su principio y después; gente harta de esperar y hollada, cuya tierra destruyeron los ríos.

13. Isaías 19:1-2

[1] CARGA de Egipto. [2] Y revolveré Egipcios contra Egipcios, y cada uno peleará contra su hermano, cada uno contra su prójimo: ciudad contra ciudad, y reino contra reino.

14. Isaías 21:13

[13] Carga sobre Arabia. En el monte tendréis la noche en Arabia, oh caminantes de Dedanim.

15. Isaías 23:18

[18] Mas su negociación y su ganancia será consagrada á Jehová: no se guardará ni se atesorará, porque su negociación será para los que estuvieren delante de Jehová, para que coman hasta hartarse, y vistan honradamente.

16. Isaías 24:1-2

[1] HE aquí que Jehová vacía la tierra, y la desnuda, y trastorna su haz, y hace esparcir sus moradores. [2] Y será como el pueblo, tal el sacerdote; como el siervo, tal su señor; como la criada, tal su señora; tal el que compra, como el que vende; tal el que da emprestado, como el que toma prestado; tal el que da á logro, como el que lo recibe.

17. Isaías 28:1

[1] AY de la corona de soberbia, de los ebrios de Ephraim, y de la flor caduca de la hermosura de su gloria, que está sobre la cabeza del valle fértil de los aturdidos del vino!

18. Isaías 30:1-2

[1] AY de los hijos que se apartan, dice Jehová, para tomar consejo, y no de mí; para cobijarse con cubierta, y no de mi espíritu, añadiendo pecado á pecado! [2] Pártense para descender á Egipto, y no han preguntado mi boca; para fortificarse con la fuerza de Faraón, y poner su esperanza en la sombra de Egipto.

19. Isaías 30:18-19

[18] Empero Jehová esperará para tener piedad de vosotros, y por tanto será ensalzado teniendo de vosotros misericordia: porque Jehová es Dios de juicio: bienaventurados todos los que le esperan. [19] Ciertamente el pueblo morará en Sión, en Jerusalem: nunca más llorarás; el que tiene misericordia se apiadará de ti; en oyendo la voz de tu clamor te responderá.

20. Isaías 31:3

[3] Y los Egipcios hombres son, y no Dios; y sus caballos carne, y no espíritu: de manera que en extendiendo Jehová su mano, caerá el ayudador, y caerá el ayudado, y todos ellos desfallecerán á una.

21. Isaias32:1-5

[1] HE aquí que en justicia reinará un rey, y príncipes presidirán en juicio. [2] Y será aquel varón como escondedero contra el viento, y como acogida contra el turbión; como arroyos de aguas en tierra de sequedad, como sombra de gran peñasco en tierra calurosa. [3] No se ofuscarán entonces los ojos de los que ven, y los oídos de los oyentes oirán atentos. [4] Y el

corazón de los necios entenderá para saber, y la lengua de los tartamudos será desenvuelta para hablar claramente. [5] El mezquino nunca más será llamado liberal, ni será dicho generoso el avariento.

22. Isaías 35:1-2
[1] ALEGRARSE han el desierto y la soledad: el yermo se gozará, y florecerá como la rosa. [2] Florecerá profusamente, y también se alegrará y cantará con júbilo: la gloria del Líbano le será dada, la hermosura de Carmel y de Sarón. Ellos verán la gloria de Jehová, la hermosura del Dios nuestro.

23. Isaías 37:6-7
[6] Y díjoles Isaías: Diréis así á vuestro señor: Así dice Jehová: No temas por las palabras que has oído, con las cuales me han blasfemado los siervos del rey de Asiria. [7] He aquí que yo doy en él un espíritu, y oirá un rumor, y volveráse á su tierra: y yo haré que en su tierra caiga á cuchillo.

24. Isaias 37:21
[21] Entonces Isaías hijo de Amoz, envió á decir á Ezechîas: Jehová Dios de Israel dice así: Acerca de lo que me rogaste sobre Sennachêrib rey de Asiria,

25. Isaias 38:1-2
[1] EN aquellos días cayó Ezechîas enfermo para morir. Y vino á él Isaías profeta, hijo de Amoz, y díjole: Jehová dice así: Ordena tu casa, porque tú morirás, y no vivirás. [2] Entonces volvió Ezechîas su rostro á la pared, é hizo oración á Jehová.

26. Isaías 38:5
[5] Ve, y di á Ezechîas: Jehová Dios de David tu padre dice así: Tu oración he oído, y visto tus lágrimas: he aquí que yo añado á tus días quince años.

27. Isaías 39:5-6
[5] Entonces dijo Isaías á Ezechîas: Oye palabra de Jehová de los ejércitos: [6] He aquí, vienen días en que será llevado á Babilonia todo lo que hay en tu casa, y lo que tus padres han atesorado hasta hoy: ninguna cosa quedará, dice Jehová.

28. Isaías 40:3-5

[3] Voz que clama en el desierto: Barred camino á Jehová: enderezad calzada en la soledad á nuestro Dios. [4] Todo valle sea alzado, y bájese todo monte y collado; y lo torcido se enderece, y lo áspero se allane. [5] Y manifestaráse la gloria de Jehová, y toda carne juntamente la verá; que la boca de Jehová habló.a

29. Isaías 41:1-2

[1] ESCUCHADME, islas, y esfuércense los pueblos; alléguense, y entonces hablen: estemos juntamente á juicio. [2] ¿Quién despertó del oriente al justo, lo llamó para que le siguiese, entregó delante de él naciones, é hízolo enseñorear de reyes; entrególos á su espada como polvo, y á su arco como hojarascas arrebatadas?

30. Isaías 41:25

[25] Del norte desperté uno, y vendrá; del nacimiento del sol llamará en mi nombre: y hollará príncipes como lodo, y como pisa el barro el alfarero.

31. Isaías 41:27

[27] Yo soy el primero que he enseñado estas cosas á Sión, y á Jerusalem daré un portador de alegres nuevas.

32. Isaías 42:1-2

[1] HE aquí mi siervo, yo lo sostendré; mi escogido en quien mi alma toma contentamiento: he puesto sobre él mi espíritu, dará juicio á las gentes. [2] No clamará, ni alzará, ni hará oir su voz en las plazas.

33. Isaías 43:1-2

[1] Y AHORA, así dice Jehová Criador tuyo, oh Jacob, y Formador tuyo, oh Israel: No temas, Formador tuyo, oh Israel: No temas, fakporque yo te redimí; te puse nombre, mío eres tú. [2] Cuando pasares por las aguas, yo seré contigo; y por los ríos, no te anegarán. Cuando pasares por el fuego, no te quemarás, ni la llama arderá en ti.

34. Isaías 44:21

[21] Acuérdate de estas cosas, oh Jacob, é Israel, pues que tú mi siervo eres: Yo te formé; siervo mío eres tú: Israel, no me olvides.

35. Isaías 44:26-28

[26] Que despierta la palabra de su siervo, y cumple el consejo de sus mensajeros; que dice á Jerusalem: Serás habitada; y á las ciudades de Judá: Reedificadas serán, y sus ruinas levantaré; [27] Que dice al profundo: Sécate, y tus ríos haré secar; [28] Que dice de Ciro: Es mi pastor, y cumplirá todo lo que yo quiero, en diciendo á Jerusalem, Serás edificada; y al templo: Serás fundado.

36. Isaías 45:8

[8] Rociad, cielos, de arriba, y las nubes destilen la justicia; ábrase la tierra, y prodúzcanse la salud y la justicia; háganse brotar juntamente. Yo Jehová lo crié.

37. Isaías 45:13

[13] Yo lo desperté en justicia, y enderezaré todos sus caminos; él edificará mi ciudad, y soltará mis cautivos, no por precio ni por dones, dice Jehová de los ejércitos.

38. Isaías 45:23

[23] Por mí hice juramento, de mi boca salió palabra en justicia, y no será revocada. Que á mí se doblará toda rodilla, jurará toda lengua.

39. Isaías 46:10-13

[10] Que anuncio lo por venir desde el principio, y desde antiguo lo que aun no era hecho; que digo: Mi consejo permanecerá, y haré todo lo que quisiere; [11] Que llamo desde el oriente al ave, y de tierra lejana al varón de mi consejo. Yo hablé, y lo haré venir: he lo pensado, y también lo haré. Isaías

[12] Oidme, duros de corazón, que estáis lejos de la justicia. [13] Haré que se acerque mi justicia, no se alejará: y mi salud no se detendrá. Y pondré salud en Sión, y mi gloria en Israel.

40. Isaías 48:14

[14] Juntaos todos vosotros, y oid. ¿Quién hay entre ellos que anuncie estas cosas? Jehová lo amó, el cual ejecutará su voluntad en Babilonia, y su brazo en los Caldeos.

41. Isaías 49:7

[7] Así ha dicho Jehová, Redentor de Israel, el Santo suyo, al menospreciado de alma, al abominado de las gentes, al siervo de los tiranos. Verán reyes, y levantaránse príncipes, y adorarán por Jehová; porque fiel es el Santo de Israel, el cual te escogió.

42. Isaías 55:10

[10] Porque como desciende de los cielos la lluvia, y la nieve, y no vuelve allá, sino que harta la tierra, y la hace germinar y producir, y da simiente al que siembra, y pan al que come,

43. Isaías 56:1-2

[1] ASI dijo Jehová: Guardad derecho, y haced justicia: porque cercana está mi salud para venir, y mi justicia para manifestarse. [2] Bienaventurado el hombre que esto hiciere, y el hijo del hombre que esto abrazare: que guarda el sábado de profanarlo, y que guarda su mano de hacer todo mal.

44. Isaías 61:1-3

[1] EL espíritu del Señor Jehová es sobre mí, porque me ungió Jehová; hame enviado á predicar buenas nuevas á los abatidos, á vendar á los quebrantados de corazón, á publicar libertad á los cautivos, y á los presos abertura de la cárcel; [2] A promulgar año de la buena voluntad de Jehová, y día de venganza del Dios nuestro; á consolar á todos los enlutados; [3] A ordenar á Sión á los enlutados, para darles gloria en lugar de ceniza, óleo de gozo en lugar del luto, manto de alegría en lugar del espíritu angustiado; y serán llamados árboles de justicia, plantío de Jehová, para gloria suya.

45. Isaías 62:1-2

[1] POR amor de Sión no callaré, y por amor de Jerusalem no he de parar, hasta que salga como resplandor su justicia, y su salud se encienda como una antorcha. [2] Entonces verán las gentes tu justicia, y todos los reyes tu gloria; y te será puesto un nombre nuevo, que la boca de Jehová nombrará.

46. Isaías 65:6-7

[6] He aquí que escrito está delante de mí; no callaré, antes retornaré, y daré el pago en su seno, [7] Por vuestras iniquidades, y las iniquidades de vuestros padres juntamente, dice Jehová, los cuales hicieron perfume sobre

los montes, y sobre los collados me afrentaron: por tanto yo les mediré su obra antigua en su seno.

PROFECÍAS EN JEREMÍAS: 92

1. Jeremías 1:4-8
[4] Fué pues palabra de Jehová á mí, diciendo: [5] Antes que te formase en el vientre te conocí, y antes que salieses de la matriz te santifiqué, te dí por profeta á las gentes. [6] Y yo dije: Ah! ah! Señor Jehová! He aquí, no sé hablar, porque soy niño. [7] Y díjome Jehová: No digas, soy niño; porque á todo lo que te enviaré irás tú, y dirás todo lo que te mandaré. [8] No temas delante de ellos, porque contigo soy para librarte, dice Jehová.

2. Jeremías 1:13-16
[13] Y fué á mí palabra de Jehová segunda vez, diciendo: ¿Qué ves tú? Y dije: Yo veo una olla que hierve; y su haz está de la parte del aquilón. [14] Y díjome Jehová: Del aquilón se soltará el mal sobre todos los moradores de la tierra. [15] Porque he aquí que yo convoco todas las familias de los reinos del aquilón, dice Jehová; y vendrán, y pondrá cada uno su asiento á la entrada de las puertas de Jerusalem, y junto á todos sus muros en derredor, y en todas las ciudades de Judá. [16] Y á causa de toda su malicia, proferiré mis juicios contra los que me dejaron, é incensaron á dioses extraños, y á hechuras de sus manos se encorvaron.

3. Jeremías 2:1-2
[1] Y FUÉ á mí palabra de Jehová, diciendo: [2] Anda, y clama á los oídos de Jerusalem, diciendo: Así dice Jehová: Heme acordado de ti, de la misericordia de tu mocedad, del amor de tu desposorio, cuando andabas en pos de mí en el desierto, en tierra no sembrada.

4. Jeremías 2:9
[9] Por tanto entraré aún en juicio con vosotros, dijo Jehová, y con los hijos de vuestros hijos pleitearé.

5. Jeremías 2:14-15

[14] ¿Es Israel siervo? ¿es esclavo? ¿por qué ha sido dado en presa? [15] Los cachorros de los leones bramaron sobre él, dieron su voz; y pusieron su tierra en soledad; quemadas están sus ciudades, sin morador.

6. Jeremías 2:26-27

[26] Como se avergüenza el ladrón cuando es tomado, así se avergonzarán la casa de Israel, ellos, sus reyes, sus príncipes, sus sacerdotes, y sus profetas; [27] Que dicen al leño: Mi padre eres tú; y á la piedra: Tú me has engendrado: pues me volvieron la cerviz, y no el rostro; y en el tiempo de su trabajo dicen: Levántate, y líbranos.

7. Jeremías 2:35-37

[35] Y dices: Porque soy inocente, de cierto su ira se apartó de mí. He aquí yo entraré en juicio contigo, porque dijiste: No he pecado. [36] ¿Para qué discurres tanto, mudando tus caminos? También serás avergonzada de Egipto, como fuiste avergonzada de Asiria. [37] También saldrás de él con tus manos sobre tu cabeza: porque Jehová deshechó tus confianzas, y en ellas no tendrás buen suceso.

8. Jeremías 3:14-18

[14] Convertíos, hijos rebeldes, dice Jehová, porque yo soy vuestro esposo: y os tomaré uno de una ciudad, y dos de una familia, y os introduciré en Sión; [15] Y os daré pastores según mi corazón, que os apacienten de ciencia y de inteligencia. [16] Y acontecerá, que cuando os multiplicareis y creciereis en la tierra, en aquellos días, dice Jehová, no se dirá más: Arca del pacto de Jehová; ni vendrá al pensamiento, ni se acordarán de ella, ni la visitarán, ni se hará más. [17] En aquel tiempo llamarán á Jerusalem Trono de Jehová, y todas las gentes se congregarán á ella en el nombre de Jehová en Jerusalem: ni andarán más tras la dureza de su corazón malvado. [18] En aquellos tiempos irán de la casa de Judá á la casa de Israel, y vendrán juntamente de tierra del aquilón á la tierra que hice heredar á vuestros padres.

9. Jeremías 4:9

[9] Y será en aquel día, dice Jehová, que desfallecerá el corazón del rey, y el corazón de los príncipes, y los sacerdotes estarán atónitos, y se maravillarán los profetas.

10. Jeremías 5:6

[6] Por tanto, león del monte los herirá, destruirálos lobo del desierto, tigre acechará sobre sus ciudades; cualquiera que de ellas saliere, será arrebatado: porque sus rebeliones se han multiplicado, hanse aumentado sus deslealtades.

11. Jeremías 5:13-15

[13] Antes los profetas serán como viento, y no hay en ellos palabra; así se hará á ellos. [14] Por tanto, así ha dicho Jehová Dios de los ejércitos: Porque hablasteis esta palabra, he aquí yo pongo en tu boca mis palabras por fuego, y á este pueblo por leños, y los consumirá. [15] He aquí yo traigo sobre vosotros gente de lejos, oh casa de Israel, dice Jehová; gente robusta, gente antigua, gente cuya lengua ignorarás, y no entenderás lo que hablare.

12. Jeremías 5:17-19

[17] Y comerá tu mies y tu pan, que habían de comer tus hijos y tus hijas; comerá tus ovejas y tus vacas, comerá tus viñas y tus higueras; y tus ciudades fuertes en que tú confías, tornará en nada á cuchillo. [18] Empero en aquellos días, dice Jehová, no os acabaré del todo. [19] Y será que cuando dijereis: ¿Por qué hizo Jehová el Dios nuestro con nosotros todas estas cosas? entonces les dirás: De la manera que me dejasteis á mí, y servisteis á dioses ajenos en vuestra tierra así serviréis á extraños en tierra ajena.

13. Jeremías 6:1

[1] HUID, hijos de Benjamín, de en medio de Jerusalem, y tocad bocina en Tecoa, y alzad por señal humo sobre Beth-hacchêrem: porque del aquilón se ha visto mal, y quebrantamiento grande.

14. Jeremías 7:13-15

[13] Ahora pues, por cuanto habéis vosotros hecho todas estas obras, dice Jehová, y bien que os hablé, madrugando para hablar, no oísteis, y os llamé, y no respondisteis; [14] Haré también á esta casa sobre la cual es invocado mi nombre, en la que vosotros confiáis, y á este lugar que dí á vosotros y á vuestros padres, como hice á Silo: [15] Que os echaré de mi presencia como eché á todos vuestros hermanos, á toda la generación de Ephraim.

15. Jeremías 7:20

[20] Por tanto, así ha dicho el Señor Jehová: He aquí que mi furor y mi ira se derrama sobre este lugar, sobre los hombres, sobre los animales, sobre los árboles del campo, y sobre los frutos de la tierra; y encenderáse, y no se apagará.

16. Jeremías 7:27

[27] Tú pues les dirás todas estas palabras, mas no te oirán; aun los llamarás, y no te responderán.

17. Jeremías 7:32

[32] Por tanto, he aquí vendrán días, ha dicho Jehová, que no se diga más, Topheth, ni valle del hijo de Hinnom, sino Valle de la Matanza; y serán enterrados en Topheth, por no haber lugar.

18. Jeremías 8:10

[10] Por tanto daré á otros sus mujeres, y sus heredades á quien las posea: porque desde el chico hasta el grande cada uno sigue la avaricia, desde el profeta hasta el sacerdote todos hacen engaño.

19. Jeremías 8:12-13

[12] ¿Hanse avergonzado de haber hecho abominación? Por cierto no se han corrido de vergüenza, ni supieron avergonzarse; caerán por tanto entre los que cayeren, cuando los visitaré: caerán, dice Jehová. [13] Cortarélos de por junto, dice Jehová. No habrá uvas en la vid, ni higos en la higuera, y caeráse la hoja; y lo que les he dado pasará de ellos.

20. Jeremías 9:7

[7] Por tanto, así ha dicho Jehová de los ejércitos: He aquí que yo los fundiré, y los ensayaré; porque ¿cómo he de hacer por la hija de mi pueblo?

21. Jeremías 9:15-16

[15] Por tanto así ha dicho Jehová de los ejércitos, Dios de Israel: He aquí que á este pueblo yo les daré á comer ajenjos, y les daré á beber aguas de hiel. [16] Y los esparciré entre gentes que no conocieron ellos ni sus padres; y enviaré espada en pos de ellos, hasta que yo los acabe.

22. Jeremías 11:21-23

[21] Por tanto, así ha dicho Jehová de los varones de Anathoth, que buscan tu alma, diciendo: No profetices en nombre de Jehová, y no morirás á nuestras manos: [22] Así pues ha dicho Jehová de los ejércitos: He aquí que yo los visito; los mancebos morirán á cuchillo; sus hijos y sus hijas morirán de hambre; [23] Y no quedará resto de ellos: porque yo traeré mal sobre los varones de Anathoth, año de su visitación.

23. Jeremías 12:5-6

[5] Si corriste con los de á pié, y te cansaron, ¿cómo contenderás con los caballos? Y si en la tierra de paz estabas quieto, ¿cómo harás en la hinchazón del Jordán? [6] Porque aun tus hermanos y la casa de tu padre, aun ellos se levantaron contra ti, aun ellos dieron voces en pos de ti. No los creas, cuando bien te hablaren.

24. Jeremías 13:1-2

[1] ASI me dijo Jehová: Ve, y cómprate un cinto de lino, y cíñelo sobre tus lomos, y no lo meterás en agua. [2] Y compré el cinto conforme á la palabra de Jehová, y púselo sobre mis lomos.

25. Jeremías 14:1-6

[1] PALABRA de Jehová que fué dada á Jeremías, con motivo de la sequía. [2] Enlutóse Judá, y sus puertas se despoblaron: oscureciéronse en tierra, y subió el clamor de Jerusalem. [3] Y los principales de ellos enviaron sus criados al agua: vinieron á las lagunas, y no hallaron agua: volviéronse con sus vasos vacíos; se avergonzaron, confundiéronse, y cubrieron sus cabezas. [4] Porque se resquebrajó la tierra á causa de no llover en el país; confusos los labradores, cubrieron sus cabezas. [5] Y aun las ciervas en los campos parían, y dejaban la cría, porque no había hierba. [6] Y los asnos monteses se ponían en los altos, aspiraban el viento como los chacales; sus ojos se ofuscaron, porque no había hierba.

26. Jeremías 14:10

[10] Así ha dicho Jehová á este pueblo: Así amaron moverse, ni detuvieron sus pies: por tanto, Jehová no los tiene en voluntad; acordaráse ahora de la maldad de ellos, y visitará sus pecados.

27. Jeremías 14:12

[12] Cuando ayunaren, yo no oiré su clamor, y cuando ofrecieren holocausto y ofrenda, no lo aceptaré; antes los consumiré con cuchillo, y con hambre, y con pestilencia.

28. Jeremías 14:15-16

[15] Por tanto así ha dicho Jehová sobre los profetas que profetizan en mi nombre, los cuales yo no envié, y que dicen, Cuchillo ni hambre no habrá en esta tierra: Con cuchillo y con hambre serán consumidos esos profetas. [16] Y el pueblo á quien profetizan, echado será en las calles de Jerusalem por hambre y por espada; y no habrá quien los entierre, ellos, y sus mujeres, y sus hijos, y sus hijas; y sobre ellos derramaré su maldad.

29. Jeremías 15:1-4

[1] Y DIJOME Jehová: Si Moisés y Samuel se pusieran delante de mí, mi voluntad no será con este pueblo: échalos de delante de mí, y salgan. [2] Y será que si te preguntaren: ¿A dónde saldremos? les dirás: Así ha dicho Jehová: El que á muerte, á muerte; y el que á cuchillo, á cuchillo; y el que á hambre, á hambre; y el que á cautividad, á cautividad. [3] Y enviaré sobre ellos cuatro géneros, dice Jehová: cuchillo para matar, y perros para despedazar, y aves del cielo y bestias de la tierra, para devorar y para disipar. [4] Y entregarélos á ser agitados por todos los reinos de la tierra, á causa de Manasés hijo de Ezechîas rey de Judá, por lo que hizo en Jerusalem.

30. Jeremías 15:19-21

[19] Por tanto así dijo Jehová: Si te convirtieres, yo te repondré, y delante de mí estarás; y si sacares lo precioso de lo vil, serás como mi boca. Conviértanse ellos á ti, y tú no te conviertas á ellos. [20] Y te daré para este pueblo por fuerte muro de bronce, y pelearán contra ti, y no te vencerán: porque yo estoy contigo para guardarte y para defenderte, dice Jehová. [21] Y librarte he de la mano de los malos, y te redimiré de la mano de los fuertes.

31. Jeremías 16:1-4

[1] Y FUÉ á mí palabra de Jehová, diciendo: [2] No tomarás para ti mujer, ni tendrás hijos ni hijas en este lugar. [3] Porque así ha dicho Jehová acerca

de los hijos y de las hijas que nacieren en este lugar, y de sus madres que los parieren, y de los padres que los engendraren en esta tierra. [4] De dolorosas enfermedades morirán; no serán plañidos ni enterrados: serán por muladar sobre la haz de la tierra: y con cuchillo y con hambre serán consumidos, y sus cuerpos serán para comida de las aves del cielo y de las bestias de la tierra.

32. Jeremías 16:14-15

[14] Empero he aquí, vienen días, dice Jehová, que no se dirá más: Vive Jehová, que hizo subir á los hijos de Israel de tierra de Egipto; [15] Sino: Vive Jehová, que hizo subir á los hijos de Israel de la tierra del aquilón, y de todas las tierras á donde los había arrojado: y volverélos á su tierra, la cual dí á sus padres.

33. Jeremías 17:27

[27] Mas si no me oyereis para santificar el día del sábado, y para no traer carga ni meterla por las puertas de Jerusalem en día de sábado, yo haré encender fuego en sus puertas, y consumirá los palacios de Jerusalem, y no se apagará.

34. Jeremías 18:1-10

[1] LA palabra que fué á Jeremías de Jehová, diciendo: [2] Levántate, y vete á casa del alfarero, y allí te haré oir mis palabras. [3] Y descendí á casa del alfarero, y he aquí que él hacía obra sobre la rueda. [4] Y el vaso que él hacía de barro se quebró en la mano del alfarero; y tornó é hízolo otro vaso, según que al alfarero pareció mejor hacerlo. [5] Entonces fué á mí palabra de Jehová, diciendo: [6] ¿No podré yo hacer de vosotros como este alfarero, oh casa de Israel, dice Jehová? He aquí que como el barro en la mano del alfarero, así sois vosotros en mi mano, oh casa de Israel. [7] En un instante hablaré contra gentes y contra reinos, para arrancar, y disipar, y destruir. [8] Empero si esas gentes se convirtieren de su maldad, de que habré hablado, yo me arrepentiré del mal que había pensado hacerles. [9] Y en un instante hablaré de la gente y del reino, para edificar y para plantar; [10] Pero si hiciere lo malo delante de mis ojos, no oyendo mi voz, arrepentiréme del bien que había determinado hacerle.

35. Jeremías 18:15-17

[15] Porque mi pueblo me ha olvidado, incensando á la vanidad, y hácenles tropezar en sus caminos, en las sendas antiguas, para que caminen por sendas, por camino no hollado; [16] Para poner su tierra en desolación, y en silbos perpetuos; todo aquel que pasare por ella se maravillará, y meneará su cabeza. [17] Como viento solano los esparciré delante del enemigo; mostraréles las espaldas, y no el rostro, en el día de su perdición.

36. Jeremías 19:1

[1] ASI dijo Jehová: Ve, y compra una vasija de barro de alfarero, y lleva contigo de los ancianos del pueblo, y de los ancianos de los sacerdotes;

37. Jeremías 20:3-6

[3] Y el día siguiente Pashur sacó á Jeremías del cepo. Díjole entonces Jeremías: Jehová no ha llamado tu nombre Pashur, sino Magormissabib. [4] Porque así ha dicho Jehová: He aquí yo te pondré en espanto á ti, y á todos los que bien te quieren, y caerán por el cuchillo de sus enemigos, y tus ojos lo verán: y á todo Judá entregaré en mano del rey de Babilonia, y los trasportará á Babilonia, y heriralos á cuchillo. [5] Entregaré asimismo toda la sustancia de esta ciudad, y todo su trabajo, y todas sus cosas preciosas; y daré todos los tesoros de los reyes de Judá en manos de sus enemigos, y los saquearán, y los tomarán, y llevaránlos á Babilonia. [6] Y tú, Pashur, y todos los moradores de tu casa iréis cautivos, y entrarás en Babilonia, y allí morirás, y serás allá enterrado, tu, y todos los que bien te quieren, á los cuales has profetizado con mentira.

38. Jeremías 21:3-7

[3] Y Jeremías les dijo: Diréis así á Sedechîas: [4] Así ha dicho Jehová Dios de Israel: He aquí yo vuelvo las armas de guerra que están en vuestras manos, y con que vosotros peleáis con el rey de Babilonia; y los Caldeos que os tienen cercados fuera de la muralla, yo los juntaré en medio de esta ciudad. [5] Y pelearé contra vosotros con mano alzada y con brazo fuerte, y con furor, y enojo, é ira grande: [6] Y heriré los moradores de esta ciudad; y los hombres y las bestias morirán de pestilencia grande. [7] Y después, así dice Jehová, entregaré á Sedechîas rey de Judá, y á sus criados, y al pueblo, y á los que quedaren en la ciudad de la pestilencia, y del cuchillo,

y del hambre, en mano de Nabucodonosor rey de Babilonia, y en mano de sus enemigos, y en mano de los que buscan sus almas; y él los herirá á filo de espada; no los perdonará, ni los recibirá á merced, ni tendrá de ellos misericordia.

39. Jeremías 22:1-5

[1] ASI dijo Jehová: Desciende á la casa del rey de Judá, y habla allí esta palabra, [2] Y di: Oye palabra de Jehová, oh rey de Judá que estás sentado sobre el trono de David, tú, y tus criados, y tu pueblo que entran por estas puertas. [3] Así ha dicho Jehová: Haced juicio y justicia, y librad al oprimido de mano del opresor, y no engañéis, ni robéis al extranjero, ni al huérfano, ni á la viuda, ni derraméis sangre inocente en este lugar. [4] Porque si efectivamente hiciereis esta palabra, los reyes que en lugar de David se sientan sobre su trono, entrarán montados en carros y en caballos por las puertas de esta casa, ellos, y sus criados, y su pueblo. [5] Mas si no oyereis estas palabras, por mí he jurado, dice Jehová, que esta casa será desierta.

40. Jeremías 23:1-4

[1] AY de los pastores que desperdician y derraman las ovejas de mi majada! dice Jehová. [2] Por tanto, así ha dicho Jehová Dios de Israel á los pastores que apacientan mi pueblo: Vosotros derramasteis mis ovejas, y las espantasteis, y no las habéis visitado: he aquí yo visito sobre vosotros la maldad de vuestras obras, dice Jehová. [3] Y yo recogeré el resto de mis ovejas de todas las tierras adonde las eché, y harélas volver á sus moradas; y crecerán, y se multiplicarán. [4] Y pondré sobre ellas pastores que las apacienten; y no temerán más, ni se asombrarán, ni serán menoscabadas, dice Jehová.

41. Jeremías 23:12

[12] Por tanto, como resbaladeros en oscuridad les será su camino: serán empujados, y caerán en él: porque yo traeré mal sobre ellos, año de su visitación, dice Jehová.

42. Jeremías 23:15

[15] Por tanto, así ha dicho Jehová de los ejércitos contra aquellos profetas: He aquí que yo les hago comer ajenjos, y les haré beber aguas de hiel; porque de los profetas de Jerusalem salió la hipocresía sobre toda la tierra.

43. Jeremías 23:20

[20] No se apartará el furor de Jehová, hasta tanto que haya hecho, y hasta tanto que haya cumplido los pensamientos de su corazón: en lo postrero de los días lo entenderéis cumplidamente.

44. Jeremías 24:6-9

[6] Porque pondré mis ojos sobre ellos para bien, y volverélos á esta tierra; y los edificaré, y no los destruiré: plantarélos, y no los arrancaré. [7] Y les daré corazón para que me conozcan, que yo soy Jehová: y me serán por pueblo, y yo les seré á ellos por Dios; porque se volverán á mí de todo su corazón. [8] Y como los malos higos, que de malos no se pueden comer, así, ha dicho Jehová, daré á Sedechîas rey de Judá, y á sus príncipes, y al resto de Jerusalem que quedaron en esta tierra, y que moran en la tierra de Egipto. [9] Y darélos por escarnio, por mal á todos los reinos de la tierra: por infamia, y por ejemplo, y por refrán, y por maldición á todos los lugares adonde yo los arrojaré.

45. Jeremías 25:8-14

[8] Por tanto, así ha dicho Jehová de los ejércitos: Por cuanto no habéis oído mis palabras, [9] He aquí enviaré yo, y tomaré todos los linajes del aquilón, dice Jehová, y á Nabucodonosor rey de Babilonia, mi siervo, y traerélos contra esta tierra, y contra sus moradores, y contra todas estas naciones en derredor; y los destruiré, y pondrélos por escarnio, y por silbo, y en soledades perpetuas. [10] Y haré que perezca de entre ellos voz de gozo y voz de alegría, voz de desposado y voz de desposada, ruido de muelas, y luz de lámpara.
[10] Y haré que perezca de entre ellos voz de gozo y voz de alegría, voz de desposado y voz de desposada, ruido de muelas, y luz de lámpara. [11] Y toda esta tierra será puesta en soledad, en espanto; y servirán estas gentes al rey de Babilonia setenta años. [12] Y será que, cuando fueren cumplidos los setenta años, visitaré sobre el rey de Babilonia y sobre aquella gente su maldad, ha dicho Jehová, y sobre la tierra de los Caldeos; y pondréla en desiertos para siempre. [13] Y traeré sobre aquella tierra todas mis palabras que he hablado contra ella, con todo lo que está escrito en este libro, profetizado por Jeremías contra todas gentes. [14] Porque se servirán también de ellos muchas gentes, y reyes grandes; y yo les pagaré conforme á sus hechos, y conforme á la obra de sus manos.

46. Jeremías 25:30-33

[30] Tú pues, profetizarás á ellos todas estas palabras, y les dirás: Jehová bramará desde lo alto, y desde la morada de su santidad dará su voz: enfurecido bramará sobre su morada; canción de lagareros cantará contra todos los moradores de la tierra. [31] Llegó el estruendo hasta el cabo de la tierra; porque juicio de Jehová con las gentes: él es el Juez de toda carne; entregará los impíos á cuchillo, dice Jehová. [32] Así ha dicho Jehová de los ejércitos: He aquí que el mal sale de gente en gente, y grande tempestad se levantará de los fines de la tierra. [33] Y serán muertos de Jehová en aquel día desde el un cabo de la tierra hasta el otro cabo; no se endecharán, ni se recogerán, ni serán enterrados; como estiércol serán sobre la haz de la tierra.

47. Jeremías 26:1-6

[1] EN el principio del reinado de Joacim hijo de Josías, rey de Judá, fué esta palabra de Jehová, diciendo: [2] Así ha dicho Jehová: Ponte en el atrio de la casa de Jehová, y habla á todas las ciudades de Judá, que vienen para adorar en la casa de Jehová, todas las palabras que yo te mandé les hablases; no retengas palabra. [3] Quizá oirán, y se tornarán cada uno de su mal camino; y arrepentiréme yo del mal que pienso hacerles por la maldad de sus obras. [4] Les dirás pues: Así ha dicho Jehová: Si no me oyereis para andar en mi ley, la cual dí delante de vosotros, [5] Para atender á las palabras de mis siervos los profetas que yo os envío, madrugando en enviarlos, á los cuales no habéis oído; [6] Yo pondré esta casa como Silo, y daré esta ciudad en maldición á todas las gentes de la tierra.

48. Jeremías 26:18

[18] Miqueas de Morasti profetizó en tiempo de Ezechîas rey de Judá, diciendo: Así ha dicho Jehová de los ejércitos: Sión será arada como campo, y Jerusalem vendrá á ser montones, y el monte del templo en cumbres de bosque.

49. Jeremías 27:1-3 :8

[1] EN el principio del reinado de Joacim hijo de Josías, rey de Judá, fué de Jehová esta palabra á Jeremías, diciendo: [2] Jehová me ha dicho así: Hazte coyundas y yugos, y ponlos sobre tu cuello; [3] Y los enviarás al rey de Edom, y al rey de Moab, y al rey de los hijos de Ammón, y al rey de Tiro,

y al rey de Sidón, por mano de los embajadores que vienen á Jerusalem á Sedechîas, rey de Judá. Jeremías 27:8 RVA

[8] Y será, que la gente y el reino que no sirviere á Nabucodonosor rey de Babilonia, y que no pusiere su cuello debajo del yugo del rey de Babilonia, con espada y con hambre y con pestilencia visitaré á la tal gente, dice Jehová, hasta que los acabe yo por su mano.

50. Jeremías 28:12-14

[12] Y después que Hananías profeta quebró el yugo del cuello de Jeremías profeta, fué palabra de Jehová á Jeremías, diciendo: [13] Ve, y habla á Hananías, diciendo: Así ha dicho Jehová: Yugos de madera quebraste, mas en vez de ellos harás yugos de hierro. [14] Porque así ha dicho Jehová de los ejércitos, Dios de Israel: Yugo de hierro puso sobre el cuello de todas estas gentes, para que sirvan á Nabucodonosor rey de Babilonia, y han de servirle; y aun también le he dado las bestias del campo.

51. Jeremías 29:17-18

[17] Así ha dicho Jehová de los ejércitos: He aquí envío yo contra ellos cuchillo, hambre, y pestilencia, y pondrélos como los malos higos, que de malos no se pueden comer. [18] Y perseguirélos con espada, con hambre y con pestilencia; y darélos por escarnio á todos los reinos de la tierra, por maldición y por espanto, y por silbo y por afrenta á todas la gentes á las cuales los habré arrojado;

52. Jeremías 29:22

[22] Y todos los trasportados de Judá que están en Babilonia, tomarán de ellos maldición, diciendo: Póngate Jehová como á Sedechîas y como á Achâb, los cuales asó al fuego el rey de Babilonia.

53. Jeremías 29:32

[32] Por tanto, así ha dicho Jehová: He aquí que yo visito sobre Semaías de Nehelam, y sobre su generación: no tendrá varón que more entre este pueblo, ni verá aquel bien que haré yo á mi pueblo, dice Jehová: porque contra Jehová ha hablado rebelión.

54. Jeremías 30:1-3

[1] PALABRA que fué á Jeremías de Jehová, diciendo: [2] Así habló Jehová Dios de Israel, diciendo: Escríbete en un libro todas las palabras que te he hablado. [3] Porque he aquí que vienen días, dice Jehová, en que tornaré la cautividad de mi pueblo Israel y Judá, ha dicho Jehová, y harélos volver á la tierra que dí á sus padres, y la poseerán.

55. Jeremías 32:3-5

[3] Pues Sedechîas rey de Judá lo había preso, diciendo: ¿Por qué profetizas tú diciendo: Así ha dicho Jehová: He aquí yo entrego esta ciudad en mano del rey de Babilonia, y tomarála, [4] Y Sedechîas rey de Judá no escapará de la mano de los Caldeos, sino que de cierto será entregado en mano del rey de Babilonia, y hablará con él boca á boca, y sus ojos verán sus ojos, [5] Y hará llevar á Sedechîas á Babilonia, y allá estará hasta que yo le visite, dice Jehová: si peleareis con los Caldeos, no os sucederá bien?

56. Jeremías 32:6-7

[6] Y dijo Jeremías: Palabra de Jehová fué á mí, diciendo: [7] He aquí que Hanameel, hijo de Sallum tu tío, viene á ti, diciendo: Cómprame mi heredad que está en Anathoth; porque tú tienes derecho á ella para comprarla.

57. Jeremías 32:13-15

[13] Y dí orden á Baruch delante de ellos, diciendo: [14] Así ha dicho Jehová de los ejércitos, Dios de Israel: Toma estas cartas, esta carta de venta, la sellada, y ésta la carta abierta, y ponlas en un vaso de barro, para que se guarden muchos días. [15] Porque así ha dicho Jehová de los ejércitos, Dios de Israel: Aun se comprarán casas, y heredades, y viñas en esta tierra.

58. Jeremías 32:26-29

[26] Y fué palabra de Jehová á Jeremías, diciendo: [27] He aquí que yo soy Jehová, Dios de toda carne; ¿encubriráseme á mí alguna cosa? [28] Por tanto así ha dicho Jehová: He aquí voy á entregar esta ciudad en mano de los Caldeos, y en mano de Nabucodonosor rey de Babilonia, y la tomará: [29] Y vendrán los Caldeos que combaten esta ciudad, y la pondrán á fuego, y la abrasarán, asimismo las casas sobre cuyas azoteas

ofrecieron perfumes á Baal y derramaron libaciones á dioses ajenos, para provocarme á ira.

59. Jeremías 32:37-41
[37] He aquí que yo los juntaré de todas las tierras á las cuales los eché con mi furor, y con mi enojo y saña grande; y los haré tornar á este lugar, y harélos habitar seguramente, [38] Y me serán por pueblo, y yo seré á ellos por Dios. [39] Y daréles un corazón, y un camino, para que me teman perpetuamente, para que hayan bien ellos, y sus hijos después de ellos. [40] Y haré con ellos pacto eterno, que no tornaré atrás de hacerles bien, y pondré mi temor en el corazón de ellos, para que no se aparten de mí.[41] Y alegraréme con ellos haciéndoles bien, y los plantaré en esta tierra en verdad, de todo mi corazón y de toda mi alma.

60. Jeremías 33:1-3
[1] Y FUÉ palabra de Jehová á Jeremías la segunda vez, estando él aún preso en el patio de la cárcel, diciendo: [2] Así ha dicho Jehová que la hizo, Jehová que la formó para afirmarla; Jehová es su nombre: [3] Clama á mí, y te responderé, y te enseñaré cosas grandes y dificultosas que tú no sabes.

61. Jeremías 33:6-9
[6] He aquí que yo le hago subir sanidad y medicina; y los curaré, y les revelaré abundancia de paz y de verdad. [7] Y haré volver la cautividad de Judá, y la cautividad de Israel, y edificarélos como al principio. [8] Y los limpiaré de toda su maldad con que pecaron contra mí; y perdonaré todos sus pecados con que contra mí pecaron, y con que contra mí se rebelaron. [9] Y seráme á mí por nombre de gozo, de alabanza y de gloria, entre todas las gentes de la tierra, que habrán oído todo el bien que yo les hago; y temerán y temblarán de todo el bien y de toda la paz que yo les haré.

62. Jeremías 33:19 -22
[19] Y fué palabra de Jehová á Jeremías, diciendo:
[20] Así ha dicho Jehová: Si pudieres invalidar mi concierto con el día y mi concierto con la noche, por manera que no haya día ni noche á su tiempo, [21] Podráse también invalidar mi pacto con mi siervo David, para que deje de tener hijo que reine sobre su trono, y con los Levitas y sacerdotes,

mis ministros. [22] Como no puede ser contado el ejército del cielo, ni la arena de la mar se puede medir, así multiplicaré la simiente de David mi siervo, y los Levitas que á mí ministran.

63. Jeremías 33:23-26

[23] Y fué palabra de Jehová á Jeremías, diciendo: [24] ¿No has echado de ver lo que habla este pueblo diciendo: Dos familias que Jehová escogiera ha desechado? y han tenido en poco mi pueblo, hasta no tenerlos más por nación. [25] Así ha dicho Jehová: Si no permaneciere mi concierto con el día y la noche, si yo no he puesto las leyes del cielo y la tierra, [26] También desecharé la simiente de Jacob, y de David mi siervo, para no tomar de su simiente quien sea señor sobre la simiente de Abraham, de Isaac, y de Jacob. Porque haré volver su cautividad, y tendré de ellos misericordia.

64. Jeremías 34:1-5

[1] PALABRA que fué á Jeremías de Jehová, (cuando Nabucodonosor rey de Babilonia, y todo su ejército, y todos los reinos de la tierra del señorío de su mano, y todos los pueblos, peleaban contra Jerusalem, y contra todas sus ciudades,) diciendo: [2] Así ha dicho Jehová Dios de Israel: Ve, y habla á Sedechîas rey de Judá, y dile: Así ha dicho Jehová: He aquí entregaré yo esta ciudad en mano del rey de Babilonia, y la abrasaré con fuego: [3] Y no escaparás tú de su mano, sino que de cierto serás preso, y en su mano serás entregado; y tus ojos verán los ojos del rey de Babilonia, y te hablará boca á boca, y en Babilonia entrarás. [4] Con todo eso, oye palabra de Jehová, Sedechîas rey de Judá: Así ha dicho Jehová de ti: No morirás á cuchillo; [5] En paz morirás, y conforme á las quemas de tus padres, los reyes primeros que fueron antes de ti, así quemarán por ti, y te endecharán diciendo, Ay, señor!; porque yo he hablado la palabra, dice Jehová.

65. Jeremías 34:8-9

[8] Palabra que fué á Jeremías de Jehová, después que Sedechîas hizo concierto con todo el pueblo en Jerusalem, para promulgarles libertad: [9] Que cada uno dejase su siervo, y cada uno su sierva, hebreo y hebrea, libres; que ninguno usase de los Judíos su hermanos como de siervos.

66. Jeremías 35:16-17

[16] Ciertamente los hijos de Jonadab, hijo de Rechâb, tuvieron por firme el mandamiento que les dió su padre; mas este pueblo no me ha obedecido. [17] Por tanto, así ha dicho Jehová Dios de los ejércitos, Dios de Israel: He aquí traeré yo sobre Judá y sobre todos los moradores de Jerusalem todo el mal que contra ellos he hablado: porque les hablé, y no oyeron; llamélos, y no han respondido.

67. Jeremías 36:30-31

[30] Por tanto, así ha dicho Jehová, en orden á Joacim rey de Judá: No tendrá quien se siente sobre el trono de David; y su cuerpo será echado al calor del día y al hielo de la noche. [31] Y visitaré sobre él, y sobre su simiente, y sobre sus siervos, su maldad; y traeré sobre ellos, y sobre los moradores de Jerusalem, y sobre los varones de Judá, todo el mal que les he dicho y no escucharon.

68. Jeremías 37:7

[7] Así ha dicho Jehová Dios de Israel: Diréis así al rey de Judá, que os envió á mí para que me preguntaseis: He aquí que el ejército de Faraón que había salido en vuestro socorro, se volvió á su tierra en Egipto.

69. Jeremías 37:17

[17] El rey Sedechîas envió, y sacóle; y preguntóle el rey escondidamente en su casa, y dijo: ¿Hay palabra de Jehová? Y Jeremías dijo: Hay. Y dijo más: En mano del rey de Babilonia serás entregado.

70. Jeremías 38:2-3

[2] Así ha dicho Jehová: El que se quedare en esta ciudad morirá á cuchillo, ó de hambre, ó de pestilencia; mas el que saliere á los Caldeos vivirá, pues su vida le será por despojo, y vivirá. [3] Así ha dicho Jehová: De cierto será entregada esta ciudad en mano del ejército del rey de Babilonia, y tomarála.

71. Jeremías 38:17-18

[17] Entonces dijo Jeremías á Sedechîas: Así ha dicho Jehová Dios de los ejércitos, Dios de Israel: Si salieres luego á los príncipes del rey de Babilonia, tu alma vivirá, y esta ciudad no será puesta á fuego; y vivirás tú y tu casa: [18] Mas si no salieres á los príncipes del rey de Babilonia, esta ciudad será

entregada en mano de los Caldeos, y la pondrán á fuego, y tú no escaparás de sus manos.

72. Jeremías 39:15-18

[15] Y había sido palabra de Jehová á Jeremías, estando preso en el patio de la cárcel, diciendo: [16] Ve, y habla á Ebed-melec Etiope, diciendo: Así ha dicho Jehová de los ejércitos, Dios de Israel: He aquí traigo yo mis palabras sobre esta ciudad para mal, y no para bien; y vendrán á ser en aquel día á presencia tuya. [17] Mas en aquel día yo te libraré, dice Jehová, y no serás entregado en mano de aquellos de quienes tú temes. [18] Porque ciertamente te libraré, y no caerás á cuchillo, sino que tu vida te será por despojo, porque tuviste confianza en mí, dice Jehová.

73. Jeremías 42:9-10

[9] Y díjoles: Así ha dicho Jehová Dios de Israel, al cual me enviasteis para que hiciese caer vuestros ruegos en su presencia: [10] Si os quedareis quietos en esta tierra, os edificaré, y no os destruiré; os plantaré, y no os arrancaré: porque arrepentido estoy del mal que os he hecho.

74. Jeremías 43:10-12

[10] Y diles: Así ha dicho Jehová de los ejércitos, Dios de Israel: He aquí que yo envío, y tomaré á Nabucodonosor rey de Babilonia, mi siervo, y pondré su trono sobre estas piedras que he escondido, y tenderá su dosel sobre ellas. [11] Y vendrá, y herirá la tierra de Egipto: los que á muerte, á muerte, y los que á cautiverio, á cautiverio, y los que á cuchillo, á cuchillo. [12] Y pondré fuego á las casas de los dioses de Egipto; y las quemará, y á ellos llevará cautivos; y él se vestirá la tierra de Egipto, como el pastor se viste su capa, y saldrá de allá en paz.

75. Jeremías 44:11-14

[11] Por tanto, así ha dicho Jehová de los ejércitos, Dios de Israel: He aquí que yo pongo mi rostro en vosotros para mal, y para destruir á todo Judá. [12] Y tomaré el resto de Judá que pusieron sus rostros para entrar en tierra de Egipto para morar allí, y en tierra de Egipto serán todos consumidos, caerán á cuchillo, serán consumidos de hambre, á cuchillo y hambre morirán desde el más pequeño hasta el mayor; y serán por juramento, y por

espanto, y por maldición, y por oprobio. [13] Pues visitaré á los que moran en tierra de Egipto, como visité á Jerusalem, con cuchillo, y con hambre, y con pestilencia. [14] Y del resto de Judá que entraron en tierra de Egipto para morar allí, no habrá quien escape, ni quien quede vivo, para volver á la tierra de Judá, por la cual suspiran ellos por volver para habitar allí: porque no volverán sino los que escaparen.

76. Jeremías 44:27-28
[27] He aquí que yo velo sobre ellos para mal, y no para bien; y todos los hombres de Judá que están en tierra de Egipto, serán consumidos á cuchillo y de hambre, hasta que perezcan del todo. [28] Y los que escaparen del cuchillo, volverán de tierra de Egipto á tierra de Judá, pocos hombres; sabrán pues todas las reliquias de Judá, que han entrado en Egipto á morar allí la palabra de quién ha de permanecer, si la mía, ó la suya.

77. Jeremías 45:4
[4] Así le has de decir: Así ha dicho Jehová: He aquí que yo destruyo los que edifiqué, y arranco los que planté, y toda esta tierra.

78. Jeremías 47:1-4
[1] PALABRA de Jehová que fué á Jeremías profeta acerca de los Palestinos, antes que Faraón hiriese á Gaza. [2] Así ha dicho Jehová: He aquí que suben aguas del aquilón, y tornaranse en torrente, é inundarán la tierra y su plenitud, ciudades y moradores de ellas; y los hombres clamarán, y aullará todo morador de la tierra. [3] Por el sonido de las uñas de sus fuertes, por el alboroto de sus carros, por el estruendo de sus ruedas, los padres no miraron á los hijos por la flaqueza de las manos; [4] A causa del día que viene para destrucción de todos los Palestinos, para talar á Tiro, y á Sidón, á todo ayudador que quedó vivo: porque Jehová destruirá á los Palestinos, al resto de la isla de Caphtor.

79. Jeremías 48:1-3
[1] ACERCA de Moab. Así ha dicho Jehová de los ejércitos, Dios de Israel: Ay de Nebo! que fué destruída, fué avergonzada; Chîriathaim fué tomada; fué confusa Misgab, y desmayó. [2] No se alabará ya más Moab; contra Hesbón maquinaron mal, diciendo: Venid, y quitémosla de entre las gentes.

También tú, Madmén, serás cortada, espada irá tras ti. [3] Voz de clamor de Horonaim, destrucción y gran quebrantamiento!

80. Jeremías 48:47
[47] Empero haré tornar el cautiverio de Moab en lo postrero de los tiempos, dice Jehová. Hasta aquí es el juicio de Moab.

81. Jeremías 49:1-2
[1] DE los hijos de Ammón. Así ha dicho Jehová: ¿No tiene hijos Israel? ¿No tiene heredero? ¿Por qué tomó como por heredad el rey de ellos á Gad, y su pueblo habitó en sus ciudades? [2] Por tanto, he aquí vienen días, ha dicho Jehová, en que haré oir en Rabba de los hijos de Ammón clamor de guerra; y será puesta en montón de asolamiento, y sus ciudades serán puestas á fuego, é Israel tomará por heredad á los que los tomaron á ellos, ha dicho Jehová.

82. Jeremías 49:7-8
[7] De Edom. Así ha dicho Jehová de los ejércitos: ¿No hay más sabiduría en Temán? ¿ha perecido el consejo en los sabios? ¿corrompióse su sabiduría? [8] Huid, volveos, escondeos en simas para estar, oh moradores de Dedán; porque el quebrantamiento de Esaú traeré sobre él, al tiempo que lo tengo de visitar.

83. Jeremías 49:28-29
[28] De Cedar y de los reinos de Hasor, los cuales hirió Nabucodonosor rey de Babilonia. Así ha dicho Jehová: Levantaos, subid contra Cedar, y destruid los hijos de oriente.
[29] Sus tiendas y su ganados tomarán: sus cortinas, y todos sus vasos, y sus camellos, tomarán para sí; y llamarán contra ellos miedo alrededor.

84. Jeremías 50:1-5
[1] PALABRA que habló Jehová contra Babilonia, contra la tierra de los Caldeos, por mano de Jeremías profeta. [2] Denunciad en las gentes, y haced saber; levantad también bandera: publicad, y no encubráis: decid: Tomada es Babilonia, Bel es confundido, deshecho es Merodach; confundidas son sus esculturas, quebrados son sus ídolos. [3] Porque subió contra ella gente del aquilón, la cual pondrá su tierra en asolamiento, y no habrá ni hombre

ni animal que en ella more: moviéronse, se fueron. [4] En aquellos días y en aquel tiempo, dice Jehová, vendrán los hijos de Israel, ellos y los hijos de Judá juntamente; é irán andando y llorando, y buscarán á Jehová su Dios. [5] Preguntarán por el camino de Sión, hacia donde volverán sus rostros, diciendo: Venid, y juntaos á Jehová con pacto eterno, que jamás se ponga en olvido.

85. Jeremías 50:13

[13] Por la ira de Jehová no será habitada, sino que asolada será toda ella; todo hombre que pasare por Babilonia se asombrará, y silbará sobre todas sus plagas.

86. Jeremías 50:18-20

[18] Por tanto, así ha dicho Jehová de los ejércitos, Dios de Israel: He aquí que yo visito al rey de Babilonia y á su tierra como visité al rey de Asiria. [19] Y volveré á traer á Israel á su morada, y pacerá en el Carmelo y en Basán; y en el monte de Ephraim y de Galaad se hartará su alma.
[20] En aquellos días y en aquel tiempo, dice Jehová, la maldad de Israel será buscada, y no parecerá; y los pecados de Judá, y no se hallarán: porque perdonaré á los que yo hubiere dejado.

87. Jeremías 50:39

[39] Por tanto, allí morarán bestias monteses con lobos, morarán también en ella pollos de avestruz: y no más será poblada para siempre, ni se habitará de generación en generación.

88. Jeremías 50:41-42

[41] He aquí viene un pueblo del aquilón; y una nación grande, y muchos reyes se levantarán de los lados de la tierra. [42] Arco y lanza manejarán; serán crueles, y no tendrán compasión; su voz sonará como la mar, y montarán sobre caballos: apercibirse han como hombre á la pelea, contra ti, oh hija de Babilonia.

89. Jeremías 51:1-2

[1] ASI ha dicho Jehová: He aquí que yo levanto sobre Babilonia, y sobre sus moradores que se levantan contra mí, un viento destruidor. [2] Y enviaré

á Babilonia aventadores que la avienten, y vaciarán su tierra; porque serán contra ella de todas partes en el día del mal.

90. Jeremías 51:25-27

[25] He aquí yo contra ti, oh monte destruidor, dice Jehová, que destruiste toda la tierra; y extenderé mi mano sobre ti, y te haré rodar de las peñas, y te tornaré monte quemado. [26] Y nadie tomará de ti piedra para esquina, ni piedra para cimiento; porque perpetuos asolamientos serás, ha dicho Jehová. [27] Alzad bandera en la tierra, tocad trompeta en las naciones, apercibid gentes contra ella; juntad contra ella los reinos de Ararat, de Minni, y de Aschênaz; señalad contra ella capitán, haced subir caballos como langostas erizadas.

91. Jeremías 51:36-38

[36] Por tanto, así ha dicho Jehová: He aquí que yo juzgo tu causa y haré tu venganza; y secaré su mar, y haré que quede seca su corriente. [37] Y será Babilonia para montones, morada de chacales, espanto y silbo, sin morador. [38] A una rugirán como leones; como cachorros de leones bramarán.

92. Jeremías 51:62

[62] Dirás: Oh Jehová, tú has dicho contra este lugar que lo habías de talar, hasta no quedar en él morador, ni hombre ni animal, sino que para siempre ha de ser asolado.

PROFECÍAS EN LA LAMENTACIÓN: 1

1. Lamentaciones 4:21

[21] Gózate y alégrate, hija de Edom, la que habitas en tierra de Hus: Aun hasta ti pasará el cáliz; embriagarte has, y vomitarás.

PROFECÍAS EN EZEQUIEL: 59

1. Ezequiel 3:7
[7] Mas la casa de Israel no te querrán oir, porque no me quieren oír á mí: porque toda la casa de Israel son tiesos de frente, y duros de corazón.

2. Ezequiel 3:25-26
[25] Y tú, oh hijo del hombre, he aquí que pondrán sobre ti cuerdas, y con ellas te ligarán, y no saldrás entre ellos. [26] Y haré se pegue tu lengua á tu paladar, y estarás mudo, y no serás á ellos varón que reprende: porque son casa rebelde.

3. Ezequiel 4:1-2
[1] Y TU, hijo del hombre, tómate un adobe, y ponlo delante de tí, y diseña sobre él la ciudad de Jerusalem: [2] Y pondrás contra ella cerco, y edificarás contra ella fortaleza, y sacarás contra ella baluarte, y asentarás delante de ella campo, y pondrás contra ella arietes alrededor.

4. Ezequiel 5:1-3
[1] Y TU, hijo del hombre, tómate un cuchillo agudo, una navaja de barbero toma, y hazla pasar sobre tu cabeza y tu barba: tómate después un peso de balanza, y reparte los pelos. [2] Una tercera parte quemarás con fuego en medio de la ciudad, cuando se cumplieren los días del cerco, y tomarás una tercera parte, y herirás con cuchillo alrededor de ella; y una tercera parte esparcirás al viento, y yo desenvainaré espada en pos de ellos. [3] Tomarás también de allí unos pocos por cuenta, y los atarás en el canto de tu ropa.

5. Ezequiel 6:1-7
[1] Y FUÉ á mí palabra de Jehová, diciendo: [2] Hijo del hombre, pon tu rostro hacia los montes de Israel, y profetiza contra ellos. [3] Y dirás: Montes de Israel, oid palabra del Señor Jehová: Así ha dicho el Señor Jehová á los montes y dicho el Señor Jehová á los montes y á los collados, á los arroyos y á los valles: He aquí que yo, yo haré venir sobre vosotros cuchillo, y destruiré vuestros altos. [4] Y vuestros altares serán asolados,

y vuestras imágenes del sol serán quebradas: y haré que caigan vuestros muertos delante de vuestros ídolos. [5] Y pondré los cuerpos muertos de los hijos de Israel delante de sus ídolos; y vuestros huesos esparciré en derredor de vuestros altares. [6] En todas vuestras habitaciones las ciudades serán desiertas, y los altos serán asolados, para que sean asolados y se hagan desiertos vuestros altares; y quebrados serán vuestros ídolos, y cesarán; y vuestras imágenes del sol serán destruídas, y vuestras obras serán desechas. [7] Y los muertos caerán en medio de vosotros; y sabréis que soy Jehová.

6. Ezequiel 6:11-14

[11] Así ha dicho el Señor Jehová: Hiere con tu mano, y huella con tu pie, y di: Ay de los males de la casa de Israel por todas las abominaciones! porque con cuchillo, y con hambre, y con pestilencia caerán. [12] El que estuviere lejos, morirá de pestilencia; y el que estuviere cerca caerá á cuchillo; y el que quedare, y fuere cercado, morirá de hambre: así cumpliré en ellos mi enojo. [13] Y sabréis que yo soy Jehová, cuando sus muertos estarán en medio de sus ídolos, en derredor de sus altares, en todo collado alto, y en todas las cumbres de los montes, y debajo de todo árbol sombrío, y debajo de toda encina espesa, lugares donde dieron olor suave á todos sus ídolos. [14] Y extenderé mi mano sobre ellos, y tornaré la tierra asolada y desierta, más que el desierto hacia Diblath, en todas sus habitaciones: y conocerán que yo soy Jehová.

7. Ezequiel 7:1-4

[1] Y FUÉ á mí palabra de Jehová, diciendo: [2] Y tú, hijo del hombre, así ha dicho el Señor Jehová á la tierra de Israel: El fin, el fin viene sobre los cuatro cantones de la tierra. [3] Ahora será el fin sobre ti, y enviaré sobre ti mi furor, y te juzgaré según tus caminos; y pondré sobre ti todas tus abominaciones. [4] Y mi ojo no te perdonará, ni tendré misericordia; antes pondré sobre ti tus caminos, y en medio de ti estarán tus abominaciones; y sabréis que yo soy Jehová.

8. Ezequiel 7:24

[24] Traeré por tanto los más malos de las naciones, los cuales poseerán sus casas; y haré cesar la soberbia de los poderosos, y sus santuarios serán profanados.

9. Ezequiel 8:18

[18] Pues también yo haré en mi furor; no perdonará mi ojo, ni tendré misericordia, y gritarán á mis oídos con gran voz, y no los oiré.

10. Ezequiel 9:1-11

[1] Y CLAMO en mis oídos con gran voz, diciendo: Los visitadores de la ciudad han llegado, y cada uno trae en su mano su instrumento para destruir. [2] Y he aquí que seis varones venían del camino de la puerta de arriba que está vuelta al aquilón, y cada uno traía en su mano su instrumento para destruir. Y entre ellos había un varón vestido de lienzos, el cual traía á su cintura una escribanía de escribano; y entrados, paráronse junto al altar de bronce. [3] Y la gloria del Dios de Israel se alzó de sobre el querubín sobre el cual había estado, al umbral de la casa: y llamó Jehová al varón vestido de lienzos, que tenía á su cintura la escribanía de escribano. [4] Y díjole Jehová: Pasa por medio de la ciudad, por medio de Jerusalem, y pon una señal en la frente á los hombres que gimen y que claman á causa de todas las abominaciones que se hacen en medio de ella. [5] Y á los otros dijo á mis oídos: Pasad por la ciudad en pos de él, y herid; no perdone vuestro ojo, ni tengáis misericordia. [6] Matad viejos, mozos y vírgenes, niños y mujeres, hasta que no quede ninguno: mas á todo aquel sobre el cual hubiere señal, no llegaréis; y habéis de comenzar desde mi santuario. Comenzaron pues desde los varones ancianos que estaban delante del templo. [7] Y díjoles: Contaminad la casa, y henchid los atrios de muertos: salid. Y salieron, é hirieron en la ciudad. [8] Y aconteció que, habiéndolos herido, yo quedé y postréme sobre mi rostro, y clamé, y dije: Ah, Señor Jehová! ¿has de destruir todo el resto de Israel derramando tu furor sobre Jerusalem? [9] Y díjome: La maldad de la casa de Israel y de Judá es grande sobremanera, pues la tierra está llena de sangres, y la ciudad está llena de perversidad: porque han dicho: Dejado ha Jehová la tierra, y Jehová no ve.

[10] Así pues, yo, mi ojo no perdonará, ni tendré misericordia: el camino de ellos tornaré sobre su cabeza. [11] Y he aquí que el varón vestido de lienzos, que tenía la escribanía á su cintura, respondió una palabra diciendo: Hecho he conforme á todo lo que me mandaste.

11. Ezequiel 11:4-12

[4] Por tanto profetiza contra ellos, profetiza, hijo del hombre. [5] Y cayó sobre mí el espíritu de Jehová, y díjome: Di: Así ha dicho Jehová: Así habéis hablado, oh casa de Israel, y las cosas que suben á vuestro espíritu, yo las he entendido. [6] Habéis multiplicado vuestros muertos en esta ciudad, y habéis henchido de muertos sus calles. [7] Por tanto, así ha dicho el Señor Jehová: Vuestros muertos que habéis puesto en medio de ella, ellos son la carne, y ella es la caldera; mas yo os sacaré á vosotros de en medio de ella. [8] Cuchillo habéis temido, y cuchillo traeré sobre vosotros, dice el Señor Jehová. [9] Y os sacaré de en medio de ella, y os entregaré en manos de extraños, y yo haré juicios en vosotros. [10] A cuchillo caeréis; en el término de Israel os juzgaré, y sabréis que yo soy Jehová. [11] Esta no os será por caldera, ni vosotros seréis en medio de ella la carne: en el término de Israel os tengo de juzgar. [12] Y sabréis que yo soy Jehová: porque no habéis andado en mis ordenanzas, ni habéis hecho mis juicios, sino según los juicios de las gentes que están en vuestros alrededores habéis hecho.

12. Ezequiel 11:14-15

[14] Y fué á mí palabra de Jehová, diciendo: [15] Hijo del hombre, tus hermanos, tus hermanos, los hombres de tu parentesco y toda la casa de Israel, toda ella son aquellos á quienes dijeron los moradores de Jerusalem: Alejaos de Jehová; á nosotros es dada la tierra en posesión.

13. Ezequiel 11:17-21

[17] Di por tanto: Así ha dicho el Señor Jehová: Yo os recogeré de los pueblos, y os allegaré de las tierras en las cuales estáis esparcidos, y os daré la tierra de Israel. [18] Y vendrán allá, y quitarán de ella todas su torpezas, y todas sus abominaciones. [19] Y darles he un corazón, y espíritu nuevo daré en sus entrañas; y quitaré el corazón de piedra de su carne, y daréles corazón de carne; [20] Para que anden en mis ordenanzas, y guarden mis juicios y los cumplan, y me sean por pueblo, y yo sea á ellos por Dios. [21] Mas á aquellos cuyo corazón anda tras el deseo de sus torpezas y de sus abominaciones, yo tornaré su camino sobre sus cabezas, dice el Señor Jehová.

14. Ezequiel 12:1-4

[1] Y FUÉ á mí palabra de Jehová, diciendo: [2] Hijo del hombre, tú habitas en medio de casa rebelde, los cuales tienen ojos para ver, y no ven, tienen oídos para oir, y no oyen; porque son casa rebelde. [3] Por tanto tú, hijo del hombre, hazte aparejos de marcha, y pártete de día delante de sus ojos; y te pasarás de tu lugar á otro lugar á vista de ellos, por si tal vez atienden, porque son casa rebelde. [4] Y sacarás tus aparejos, como aparejos de partida, de día delante de sus ojos: mas tú saldrás por la tarde á vista de ellos, como quien sale para partirse.

15. Ezequiel 12:8-11

[8] Y fué á mi palabra de Jehová por la mañana, diciendo: [9] Hijo del hombre, ¿no te ha dicho la casa de Israel, aquella casa rebelde: ¿Qué haces? [10] Diles: Así ha dicho el Señor Jehová: Al príncipe en Jerusalem es esta carga, y á toda la casa de Israel que está en medio de ellos. [11] Diles: Yo soy vuestra señal: como yo hice, así les harán á ellos: al pasar á otro país irán en cautiverio.

16. Ezequiel 12:17-20

[17] Y fué á mí palabra de Jehová, diciendo: [18] Hijo del hombre, come tu pan con temblor, y bebe tu agua con estremecimiento y con anhelo; [19] Y dirás al pueblo de la tierra: Así ha dicho el Señor Jehová sobre los moradores de Jerusalem, y sobre la tierra de Israel: Su pan comerán con temor, y con espanto beberán su agua; porque su tierra será asolada de su multitud, por la maldad de todos los que en ella moran. [20] Y las ciudades habitadas serán asoladas, y la tierra será desierta; y sabréis que yo soy Jehová.

17. Ezequiel 12:21-25

[21] Y fué á mí palabra de Jehová, diciendo: [22] Hijo del hombre, ¿qué refrán es este que tenéis vosotros en la tierra de Israel, diciendo: Prolongarse han los días, y perecerá toda visión? [23] Diles por tanto: Así ha dicho el Señor Jehová: Haré cesar este refrán, y no repetirán más este dicho en Israel. Diles pues: Se han acercado aquellos días, y la palabra de toda visión. [24] Porque no habrá más alguna visión vana, ni habrá adivinación de lisonjeros en medio de la casa de Israel. [25] Porque yo Jehová hablaré; cumpliráse la palabra que yo hablaré; no se dilatará más:

antes en vuestros días, oh casa rebelde, hablaré palabra, y cumpliréla, dice el Señor Jehová.

18. Ezequiel 12:26-28
[26] Y fué á mí palabra de Jehová, diciendo: [27] Hijo del hombre, he aquí que los de la casa de Israel dicen: La visión que éste ve es para muchos días, y para lejanos tiempos profetiza éste. [28] Diles por tanto: Así ha dicho el Señor Jehová: No se dilatarán más todas mis palabras: cumpliráse la palabra que yo hablaré, dice el Señor Jehová.

19. Ezequiel 13:1-4
[1] Y FUÉ á mí palabra de Jehová, diciendo: [2] Hijo del hombre, profetiza contra los profetas de Israel que profetizan, y di á los que profetizan de su corazón: Oid palabra de Jehová. [3] Así ha dicho el Señor Jehová: Ay de los profetas insensatos, que andan en pos de su propio espíritu, y nada vieron! [4] Como zorras en los desiertos fueron tus profetas, oh Israel.

20. Ezequiel 14:2-5
[2] Y fué á mí palabra de Jehová, diciendo: [3] Hijo del hombre, estos hombres han puesto sus ídolos en su corazón, y establecido el tropiezo de su maldad delante de su rostro: ¿acaso he de ser yo verdaderamente consultado por ellos? [4] Háblales por tanto, y diles: Así ha dicho el Señor Jehová: Cualquier hombre de la casa de Israel que hubiere puesto sus ídolos en su corazón, y establecido el tropiezo de su maldad delante de su rostro, y viniere al profeta, yo Jehová responderé al que viniere en la multitud de sus ídolos; [5] Para tomar á la casa de Israel en su corazón, que se han apartado de mí todos ellos en sus ídolos.

21. Ezequiel 14:12-14
[12] Y fué á mí palabra de Jehová, diciendo: [13] Hijo del hombre, cuando la tierra pecare contra mí rebelándose pérfidamente, y extendiere yo mi mano sobre ella, y le quebrantare el arrimo del pan, y enviare en ella hambre, y talare de ella hombres y bestias; [14] Si estuvieren en medio de ella estos tres varones, Noé, Daniel, y Job, ellos por su justicia librarán su vida, dice el Señor Jehová.

22. Ezequiel 15:1-2,7-8

[1] Y FUÉ á mí palabra de Jehová, diciendo: [2] Hijo del hombre, ¿qué es el palo de la vid más que todo palo? ¿qué es el sarmiento entre los maderos del bosque? Ezequiel

[7] Y pondré mi rostro contra ellos; de fuego salieron, y fuego los consumirá; y sabréis que yo soy Jehová, cuando pusiere mi rostro contra ellos. [8] Y tornaré la tierra en asolamiento, por cuanto cometieron prevaricación, dice el Señor Jehová.

23. Ezequiel 16:35-41

[35] Por tanto, ramera, oye palabra de Jehová: [36] Así ha dicho el Señor Jehová: Por cuanto han sido descubiertas tus vergüenzas, y tu confusión ha sido manifestada á tus enamorados en tus fornicaciones; y á los ídolos de tus abominaciones, y en la sangre de tus hijos, los cuales les diste; [37] Por tanto, he aquí que yo junto todos tus enamorados con los cuales tomaste placer, y todos los que amaste, con todos los que aborreciste; y reuniréos contra ti alrededor, y descubriréles tu vergüenza, y verán toda tu torpeza. [38] Y yo te juzgaré por las leyes de las adúlteras, y de las que derraman sangre; y te daré en sangre de ira y de celo. [39] Y te entregaré en mano de ellos: y destruirán tu alto, y derribarán tus altares, y te harán desnudar de tus ropas, y se llevarán los vasos de tu gloria, y te dejarán desnuda y descubierta. [40] Y harán subir contra ti reunión de gente, y te apedrearán con piedras, y te atravesarán con sus espadas. [41] Y quemarán tus casas á fuego, y harán en ti juicios á ojos de muchas mujeres; y hacerte he cesar de ser ramera, ni tampoco darás más don.

24. Ezequiel 16:53-54

[53] Yo pues haré tornar sus cautivos, los cautivos de Sodoma y de sus hijas, y los cautivos de Samaria y de sus hijas, y los cautivos de tus cautiverios entre ellas, [54] Para que tú lleves tu confusión, y te avergüences de todo lo que has hecho, siéndoles tú motivo de consuelo.

25. Ezequiel 16:59-60

[59] Empero así ha dicho el Señor Jehová: ¿Haré yo contigo como tú hiciste, que menospreciaste el juramento para invalidar el pacto? [60] Antes yo tendré memoria de mi pacto que concerté contigo en los días de tu mocedad, y te confirmaré un pacto sempiterno.

26. Ezequiel 17:6-14

[6] Y brotó, é hízose una vid de mucha rama, baja de estatura, que sus ramas la miraban, y sus raíces estaban debajo de ella: así que se hizo una vid, y arrojó sarmientos, y echó mugrones. [7] Y fué otra grande águila, de grandes alas y de muchas plumas; y he aquí que esta vid juntó cerca de ella sus raíces, y extendió hacia ella sus ramos, para ser regada por ella por los surcos de su plantío. [8] En un buen campo, junto á muchas aguas fué plantada, para que hiciese ramos y llevase fruto, y para que fuese vid robusta. [9] Di: Así ha dicho el Señor Jehová: ¿Será prosperada? ¿No arrancará sus raíces, y destruirá su fruto, y secaráse? Todas las hojas de su lozanía secará, y no con gran brazo, ni con mucha gente, arrancándola de sus raíces. [10] Y he aquí que plantada está ella, ¿será prosperada? ¿No se secará del todo cuando el viento solano la tocare? En los surcos de su verdor se secará.

[11] Y fué á mí palabra de Jehová, diciendo: [12] Di ahora á la casa rebelde: ¿No habéis entendido qué significan estas cosas? Diles: He aquí que el rey de Babilonia vino á Jerusalem, y tomó tu rey y sus príncipes, y llevólos consigo á Babilonia. [13] Tomó también de la simiente del reino, é hizo con él alianza, y trájole á juramento; y tomó los fuertes de la tierra, [14] Para que el reino fuese abatido y no se levantase, sino que guardase su alianza y estuviese en ella.

27. Ezequiel 17:22-23

[22] Así ha dicho el Señor Jehová: Y tomaré yo del cogollo de aquel alto cedro, y pondrélo; del principal de sus renuevos cortaré un tallo, y plantarlo he yo sobre el monte alto y sublime; [23] En el monte alto de Israel lo plantaré, y alzará ramos, y llevará fruto, y haráse magnífico cedro; y habitarán debajo de él todas las aves, toda cosa que vuela habitará á la sombra de sus ramos.

28. Ezequiel 20:33-35

[33] Vivo yo, dice el Señor Jehová, que con mano fuerte, y brazo extendido, y enojo derramado, tengo de reinar sobre vosotros: [34] Y os sacaré de entre los pueblos, y os juntaré de las tierras en que estáis esparcidos, con mano fuerte, y brazo extendido, y enojo derramado: [35] Y os he de traer al desierto de pueblos, y allí litigaré con vosotros cara á cara.

29. Ezequiel 20:45-48

[45] Y fué á mí palabra de Jehová, diciendo: [46] Hijo del hombre, pon tu rostro hacia el mediodía, y derrama tu palabra hacia la parte austral, y profetiza contra el bosque del campo del mediodía. [47] Y dirás al bosque del mediodía: Oye palabra de Jehová: Así ha dicho el Señor Jehová: He aquí que yo enciendo en ti fuego, el cual consumirá en ti todo árbol verde, y todo árbol seco: no se apagará la llama del fuego; y serán quemados en ella todos rostros, desde el mediodía hasta el norte. [48] Y verá toda carne que yo Jehová lo encendí; no se apagará.

30. Ezequiel 21:1-5

[1] Y FUÉ á mí palabra de Jehová, diciendo: [2] Hijo del hombre, pon tu rostro contra Jerusalem, y derrama palabra sobre los santuarios, y profetiza sobre la tierra de Israel; [3] Y dirás á la tierra de Israel: Así ha dicho Jehová: He aquí, que yo contra ti, y sacaré mi espada de su vaina, y talaré de ti al justo y al impío. [4] Y por cuanto he de talar de ti al justo y al impío, por tanto, mi espada saldrá de su vaina contra toda carne, desde el mediodía hasta el aquilón: [5] Y sabrá toda carne que yo Jehová saqué mi espada de su vaina; no volverá más.

31. Ezequiel 21:8-10

[8] Y fué á mí palabra de Jehová, diciendo: [9] Hijo del hombre, profetiza, y di: Así ha dicho el Señor Jehová: Di: La espada, la espada está afilada, y aun acicalada; [10] Para degollar víctimas está afilada, acicalada está para que relumbre. ¿Hemos de alegrarnos? A la vara de mi hijo viene menospreciando todo árbol.

32. Ezequiel 22:17-19

[17] Y fué á mí palabra de Jehová, diciendo: [18] Hijo del hombre, la casa de Israel se me ha tornado en escoria: todos ellos son metal, y estaño, y hierro, y plomo, en medio del horno; escorias de plata se tornaron. [19] Por tanto, así ha dicho el Señor Jehová: Por cuanto todos vosotros os habéis tornado en escorias, por tanto, he aquí que yo os junto en medio de Jerusalem.

33. Ezequiel 23:22-27

[22] Por tanto, Aholibah, así ha dicho el Señor Jehová: He aquí que yo despierto tus amantes contra ti, de los cuales se hartó tu deseo, y yo les haré venir contra ti en derredor; [23] Los de Babilonia, y todos los Caldeos, mayordomos, y príncipes, y capitanes, todos los de Asiria con ellos: mancebos todos ellos de codiciar, capitanes y príncipes, nobles y principales, que montan á caballo todos ellos. [24] Y vendrán sobre ti carros, carretas, y ruedas, y multitud de pueblos. Escudos, y paveses, y capacetes pondrán contra ti en derredor; y yo daré el juicio delante de ellos, y por sus leyes te juzgarán. [25] Y pondré mi celo contra ti, y obrarán contigo con furor; quitarte han tu nariz y tus orejas; y lo que te quedare caerá á cuchillo. Ellos tomarán tus hijos y tus hijas, y tu residuo será consumido por el fuego. [26] Y te desnudarán de tus vestidos, y tomarán los vasos de tu gloria. [27] Y haré cesar de ti tu suciedad, y tu fornicación de la tierra de Egipto: ni más levantarás á ellos tus ojos, ni nunca más te acordarás de Egipto.

34. Ezequiel 23:46

[46] Por lo que así ha dicho el Señor Jehová: Yo haré subir contra ellas compañías, las entregaré á turbación y á rapiña:

35. Ezequiel 24:1-2

[1] Y FUÉ á mí palabra de Jehová en el noveno año, en el mes décimo, á los diez del mes, diciendo: [2] Hijo del hombre, escríbete el nombre de este día: el rey de Babilonia se puso sobre Jerusalem este mismo día.

36. Ezequiel 25:1-5

[1] Y FUÉ á mí palabra de Jehová, diciendo: [2] Hijo del hombre, pon tu rostro hacia los hijos de Ammón, y profetiza sobre ellos. [3] Y dirás á los hijos de Ammón: Oid palabra del Señor Jehová: Así ha dicho el Señor Jehová: Por cuanto dijiste Ea! acerca de mi santuario que fué profanado, y sobre la tierra de Israel que fué asolada, y sobre la casa de Judá, porque fueron en cautiverio; [4] Por tanto, he aquí, yo te entrego á los Orientales por heredad, y pondrán en ti sus apriscos, y colocarán en ti sus tiendas: ellos comerán tus sementeras, y beberán tu leche. [5] Y pondré á Rabba por habitación de camellos, y á los hijos de Ammón por majada de ovejas; y sabréis que yo soy Jehová.

37. Ezequiel 25:8-10

[8] Así ha dicho el Señor Jehová: Por cuanto dijo Moab y Seir: He aquí la casa de Judá es como todas las gentes; [9] Por tanto, he aquí yo abro el lado de Moab desde las ciudades, desde sus ciudades que están en su confín, las tierras deseables de Beth-jesi-moth, y Baal-meón, y Chîriathaim, [10] A los hijos del oriente contra los hijos de Ammón; y entregaréla por heredad para que no haya más memoria de los hijos de Ammón entre las gentes.

38. Ezequiel 25:12-13

[12] Así ha dicho el Señor Jehová: Por lo que hizo Edom tomando venganza de la casa de Judá, pues delinquieron en extremo, y se vengaron de ellos; [13] Por tanto, así ha dicho el Señor Jehová: Yo también extenderé mi mano sobre Edom, y talaré de ella hombres y bestias, y la asolaré: desde Temán y Dedán caerán á cuchillo.

39. Ezequiel 25:15-16

[15] Así ha dicho el Señor Jehová: Por lo que hicieron los Palestinos con venganza, cuando se vengaron con despecho de ánimo, destruyendo por antiguas enemistades; [16] Por tanto, así ha dicho Jehová: He aquí yo extiendo mi mano sobre los Palestinos, y talaré los Ceretheos, y destruiré el resto de la ribera de la mar.

40. Ezequiel 26:1-4

[1] Y ACONTECIO en el undécimo año, en el primero del mes, que fué á mí palabra de Jehová, diciendo: [2] Hijo del hombre, por cuanto dijo Tiro sobre Jerusalem: Ea, bien: quebrantada es la que era puerta de las naciones: á mí se volvió: seré llena; ella desierta: [3] Por tanto, así ha dicho el Señor Jehová: He aquí yo contra ti, oh Tiro, y haré subir contra ti muchas gentes, como la mar hace subir sus ondas. [4] Y demolerán los muros de Tiro, y derribarán sus torres: y raeré de ella su polvo, y la dejaré como una peña lisa.

41. Ezequiel 26:15-16

[15] Así ha dicho el Señor Jehová á Tiro: ¿No se estremecerán las islas al estruendo de tu caída, cuando gritarán los heridos, cuando se hará la matanza en medio de ti? [16] Entonces todos los príncipes de la mar descenderán de sus sillas, y se quitarán sus mantos, y desnudarán sus

bordadas ropas: de espanto se vestirán, sentaránse sobre la tierra, y temblarán á cada momento, y estarán sobre ti atónitos.

42. Ezequiel 28:6-8

[6] Por tanto, así ha dicho el Señor Jehová: Por cuanto pusiste tu corazón como corazón de Dios, [7] Por tanto, he aquí yo traigo sobre ti extraños, los fuertes de las gentes, que desenvainarán su espadas contra la hermosura de tu sabiduría, y ensuciarán tu esplendor. [8] A la huesa te harán descender, y morirás de las muertes de los que mueren en medio de los mares.

43. Ezequiel 28:16-17

[16] A causa de la multitud de tu contratación fuiste lleno de iniquidad, y pecaste: por lo que yo te eché del monte de Dios, y te arrojé de entre las piedras del fuego, oh querubín cubridor. [17] Enalteció se tu corazón á causa de tu hermosura, corrompiste tu sabiduría á causa de tu resplandor: yo te arrojaré por tierra; delante de los reyes te pondré para que miren en ti.

44. Ezequiel 28:23

[23] Y enviaré á ella pestilencia y sangre en sus plazas; y caerán muertos en medio de ella; con espada contra ella alrededor; y sabrán que yo soy Jehová.

45. Ezequiel 28:24

[24] Y nunca más será á la casa de Israel espino que le punce, ni espanto que le dé dolor, en todos los alrededores de los que los menosprecian; y sabrán que yo soy Jehová.

46. Ezequiel 29:3-5

[3] Habla, y di: Así ha dicho el Señor Jehová: He aquí yo contra ti, Faraón rey de Egipto, el gran dragón que yace en medio de sus ríos, el cual dijo: Mío es mi río, y yo me lo hice. [4] Yo pues, pondré anzuelos en tus mejillas, y pegaré los peces de tus ríos á tus escamas, y te sacaré de en medio de tus ríos, y todos los peces de tus ríos saldrán pegados á tus escamas. [5] Y dejaréte en el desierto, á ti y á todos los peces de tus ríos: sobre la haz del campo caerás; no serás recogido, ni serás juntado: á las bestias de la tierra y á las aves del cielo te he dado por comida.

47. Ezequiel 29:19

[19] Por tanto, así ha dicho el Señor Jehová: He aquí que yo doy á Nabucodonosor, rey de Babilonia, la tierra de Egipto; y él tomará su multitud, y cogerá sus despojos, y arrebatará su presa, y habrá paga para su ejército.

48. Ezequiel 30:4-8

[4] Y vendrá espada á Egipto, y habrá miedo en Etiopía, cuando caerán heridos en Egipto; y tomarán su multitud, y serán destruídos sus fundamentos. [5] Etiopía, y Libia, y Lidia, y todo el conjunto de pueblo, y Chûb, y los hijos de la tierra de la liga, caerán con ellos á cuchillo. [6] Así ha dicho Jehová: También caerán los que sostienen á Egipto, y la altivez de su fortaleza caerá: desde Migdol hasta Seveneh caerán en él á cuchillo, dice el Señor Jehová. [7] Y serán asolados entre las tierras asoladas, y sus ciudades serán entre las ciudades desiertas. [8] Y sabrán que yo soy Jehová, cuando pusiere fuego á Egipto, y fueren quebrantados todos sus ayudadores.

49. Ezequiel 30:11-18

[11] El, y con él su pueblo, los más fuertes de las gentes, serán traídos á destruir la tierra: y desenvainarán sus espadas sobre Egipto, y henchirán la tierra de muertos. [12] Y secaré los ríos, y entregaré la tierra en manos de malos, y destruiré la tierra y su plenitud por mano de extranjeros: yo Jehová he hablado. Ezequiel 30:13-18 RVA

[13] Así ha dicho el Señor Jehová: Destruiré también las imágenes, y haré cesar los ídolos de Memphis; y no habrá más príncipe de la tierra de Egipto, y en la tierra de Egipto pondré temor. [14] Y asolaré á Patros, y pondré fuego á Zoán, y haré juicios en No. [15] Y derramaré mi ira sobre Sin, fortaleza de Egipto, y talaré la multitud de No. [16] Y pondré fuego á Egipto; Sin tendrá gran dolor, y No será destrozada, y Memphis tendrá continuas angustias. [17] Los mancebos de Avén y de Pibeseth caerán á cuchillo; y ellas irán en cautiverio. [18] Y en Tehaphnes será cerrado el día, cuando quebrantaré yo allí las barras de Egipto, y cesará en ella la soberbia de su fortaleza: nublado la cubrirá, y los moradores de sus aldeas irán en cautiverio.

50. Ezequiel 30:23-25

[23] Y esparciré los Egipcios entre las gentes, y aventarélos por las tierras. [24] Y fortificaré los brazos del rey de Babilonia, y pondré mi espada en su mano; mas quebraré los brazos de Faraón, y delante de aquél gemirá con gemidos de herido de muerte. [25] Fortificaré pues los brazos del rey de Babilonia, y los brazos de Faraón caerán; y sabrán que yo soy Jehová, cuando yo pusiere mi espada en la mano del rey de Babilonia, y él la extendiere sobre la tierra de Egipto.

51. Ezequiel 31:18

[18] ¿A quién te has comparado así en gloria y en grandeza entre los árboles de Edén? Pues derrribado serás con los árboles de Edén en la tierra baja: entre los incircuncisos yacerás, con los muertos á cuchillo. Este es Faraón y todo su pueblo, dice el Señor Jehová.

52. Ezequiel 32:2

[2] Hijo del hombre, levanta endechas sobre Faraón rey de Egipto, y dile: A leoncillo de gentes eres semejante, y eres como la ballena en los mares: que secabas tus ríos, y enturbiabas las aguas con tus pies, y hollabas sus riberas.

53. Ezequiel 32:17-20

[17] Y aconteció en el año duodécimo, á los quince del mes, que fué á mí palabra de Jehová, diciendo: [18] Hijo del hombre, endecha sobre la multitud de Egipto, y despéñalo á él, y á las villas de las gentes fuertes, en la tierra de los profundos, con los que descienden á la sepultura. [19] Porque eres tan hermoso, desciende, y yace con los incircuncisos. [20] Entre los muertos á cuchillo caerán: al cuchillo es entregado: traedlo á él y á todos sus pueblos.

54. Ezequiel 33:27-28

[27] Les dirás así: Así ha dicho el Señor Jehová: Vivo yo, que los que están en aquellos asolamientos caerán á cuchillo, y al que está sobre la haz del campo entregaré á las bestias que lo devoren; y los que están en las fortalezas y en las cuevas, de pestilencia morirán. [28] Y pondré la tierra en desierto y en soledad, y cesará la soberbia de su fortaleza; y los montes de Israel serán asolados, que no haya quien pase.

55. Ezequiel 34:10

[10] Así ha dicho el Señor Jehová: He aquí, yo á los pastores; y requeriré mis ovejas de su mano, y haréles dejar de apacentar las ovejas: ni los pastores se apacentarán más á sí mismos; pues yo libraré mis ovejas de sus bocas, y no les serán más por comida.

56. Ezequiel 35:3-4

[3] Y dile: Así ha dicho el Señor Jehová: He aquí yo contra ti, oh monte de Seir, y extenderé mi mano contra ti, y te pondré en asolamiento y en soledad. [4] A tus ciudades asolaré, y tú serás asolado; y sabrás que yo soy Jehová.

57. Ezequiel 37:19

[19] Diles: Así ha dicho el Señor Jehová: He aquí, yo tomo el palo de José que está en la mano de Ephraim, y á las tribus de Israel sus compañeros, y pondrélos con él, con el palo de Judá, y haréles un palo, y serán uno en mi mano.

58. Ezequiel 38:4-6

[4] Y yo te quebrantaré, y pondré anzuelos en tus quijadas, y te sacaré á ti, y á todo tu ejército, caballos y caballeros, vestidos de todo todos ellos, grande multitud con paveses y escudos, teniendo todos ellos espadas: [5] Persia, y Etiopía, y Libia con ellos; todos ellos con escudos y almetes: [6] Gomer, y todas sus compañías; la casa de Togarma, á los lados del norte, y todas sus compañías; pueblos muchos contigo.

59. Ezequiel 40:5

[5] Y he aquí, un muro fuera de la casa: y la caña de medir que aquel varón tenía en la mano, era de seis codos, de á codo y palmo: y midió la anchura del edificio de una caña, y la altura, de otra caña.

PROFECÍAS EN DANIEL: 17

1. Daniel 2:31-35

[31] Tú, oh rey, veías, y he aquí una grande imagen. Esta imagen, que era muy grande, y cuya gloria era muy sublime, estaba en pie delante de ti, y su aspecto era terrible. [32] La cabeza de esta imagen era de fino oro; sus pechos y sus brazos, de plata; su vientre y sus muslos, de metal; [33] Sus piernas de hierro; sus pies, en parte de hierro, y en parte de barro cocido. [34] Estabas mirando, hasta que una piedra fué cortada, no con mano, la cual hirió á la imagen en sus pies de hierro y de barro cocido, y los desmenuzó. [35] Entonces fué también desmenuzado el hierro, el barro cocido, el metal, la plata y el oro, y se tornaron como tamo de las eras del verano: y levantólos el viento, y nunca más se les halló lugar. Mas la piedra que hirió á la imagen, fué hecha un gran monte, que hinchió toda la tierra.

2. Daniel 2:38-45

[38] Y todo lo que habitan hijos de hombres, bestias del campo, y aves del cielo, él ha entregado en tu mano, y te ha hecho enseñorear sobre todo: tú eres aquella cabeza de oro. [39] Y después de ti se levantará otro reino menor que tú; y otro tercer reino de metal, el cual se enseñoreará de toda la tierra.
[40] Y el reino cuarto será fuerte como hierro; y como el hierro desmenuza y doma todas las cosas, y como el hierro que quebranta todas estas cosas, desmenuzará y quebrantará. [41] Y lo que viste de los pies y los dedos, en parte de barro cocido de alfarero, y en parte de hierro, el reino será dividido; mas habrá en él algo de fortaleza de hierro, según que viste el hierro mezclado con el tiesto de barro. [42] Y por ser los dedos de los pies en parte de hierro, y en parte de barro cocido, en parte será el reino fuerte, y en parte será frágil. [43] Cuanto á aquello que viste, el hierro mezclado con tiesto de barro, mezcláranse con simiente humana, mas no se pegarán el uno con el otro, como el hierro no se mistura con el tiesto. [44] Y en los días de estos reyes, levantará el Dios del cielo un reino que nunca jamás se corromperá: y no será dejado á otro pueblo este reino; el cual desmenuzará y consumirá todos estos reinos, y él permanecerá para siempre. [45] De la

manera que viste que del monte fué cortada una piedra, no con manos, la cual desmenuzó al hierro, al metal, al tiesto, á la plata, y al oro; el gran Dios ha mostrado al rey lo que ha de acontecer en lo por venir: y el sueño es verdadero, y fiel su declaración.

3. Daniel 3:17
[17] He aquí nuestro Dios á quien honramos, puede librarnos del horno de fuego ardiendo; y de tu mano, oh rey, nos librará.

4. Daniel 4:10-16
[10] Aquestas las visiones de mi cabeza en mi cama: Parecíame que veía un árbol en medio de la tierra, cuya altura era grande. [11] Crecía este árbol, y hacíase fuerte, y su altura llegaba hasta el cielo, y su vista hasta el cabo de toda la tierra.
[12] Su copa era hermosa, y su fruto en abundancia, y para todos había en él mantenimiento. Debajo de él se ponían á la sombra las bestias del campo, y en sus ramas hacían morada las aves del cielo, y manteníase de él toda carne. [13] Veía en las visiones de mi cabeza en mi cama, y he aquí que un vigilante y santo descendía del cielo. [14] Y clamaba fuertemente y decía así: Cortad el árbol, y desmochad sus ramas, derribad su copa, y derramad su fruto: váyanse las bestias que están debajo de él, y las aves de sus ramas. [15] Mas la cepa de sus raíces dejaréis en la tierra, y con atadura de hierro y de metal entre la hierba del campo; y sea mojado con el rocío del cielo, y su parte con las bestias en la hierba de la tierra. [16] Su corazón sea mudado de corazón de hombre, y séale dado corazón de bestia, y pasen sobre él siete tiempos.

5. Daniel 4:20-23
[20] El árbol que viste, que crecía y se hacía fuerte, y que su altura llegaba hasta el cielo, y su vista por toda la tierra; [21] Y cuya copa era hermosa, y su fruto en abundancia, y que para todos había mantenimiento en él; debajo del cual moraban las bestias del campo, y en sus ramas habitaban las aves del cielo, [22] Tú mismo eres, oh rey, que creciste, y te hiciste fuerte, pues creció tu grandeza, y ha llegado hasta el cielo, y tu señorío hasta el cabo de la tierra. [23] Y cuanto á lo que vió el rey, un vigilante y santo que descendía del cielo, y decía: Cortad el árbol y destruidlo: mas la cepa de sus raíces dejaréis en la tierra, y con atadura de hierro y de metal en la hierba

del campo; y sea mojado con el rocío del cielo, y su parte sea con las bestias del campo, hasta que pasen sobre él siete tiempos:

6. Daniel 4:25-26

[25] Que te echarán de entre los hombres, y con las bestias del campo será tu morada, y con hierba del campo te apacentarán como á los bueyes, y con rocío del cielo serás bañado; y siete tiempos pasarán sobre ti, hasta que entiendas que el Altísimo se enseñorea en el reino de los hombres, y que á quien él quisiere lo dará. [26] Y lo que dijeron, que dejasen en la tierra la cepa de las raíces del mismo árbol, significa que tu reino se te quedará firme, luego que entiendas que el señorío es en los cielos.

7. Daniel 4:31-32

[31] Aun estaba la palabra en la boca del rey, cuando cae una voz del cielo: A ti dicen, rey Nabucodonosor; el reino es traspasado de ti: [32] Y de entre los hombres te echan, y con las bestias del campo será tu morada, y como á los bueyes te apacentarán: y siete tiempos pasarán sobre ti, hasta que conozcas que el Altísimo se enseñorea en el reino de los hombres, y á quien él quisiere lo da.

8. Daniel 5:25-28

[25] Y la escritura que esculpió es: MENE, MENE, TEKEL, UPHARSIN. [26] La declaración del negocio es: MENE: Contó Dios tu reino, y halo rematado. [27] TEKEL: Pesado has sido en balanza, y fuiste hallado falto. [28] PERES: Tu reino fué rompido, y es dado á Medos y Persas.

9. Daniel 6:16

[16] Entonces el rey mandó, y trajeron á Daniel, y echáronle en el foso de los leones. Y hablando el rey dijo á Daniel: El Dios tuyo, á quien tú continuamente sirves, él te libre.

10. Daniel 7:2-14

[2] Habló Daniel y dijo: Veía yo en mi visión de noche, y he aquí que los cuatro vientos del cielo combatían en la gran mar. [3] Y cuatro bestias grandes, diferentes la una de la otra, subían de la mar. [4] La primera era como león, y tenía alas de águila. Yo estaba mirando hasta tanto que sus alas fueron arrancadas, y fué quitada de la tierra; y púsose enhiesta sobre

los pies á manera de hombre, y fuéle dado corazón de hombre. [5] Y he aquí otra segunda bestia, semejante á un oso, la cual se puso al un lado, y tenía en su boca tres costillas entre sus dientes; y fuéle dicho así: Levántate, traga carne mucha. [6] Después de esto yo miraba, y he aquí otra, semejante á un tigre, y tenía cuatro alas de ave en sus espaldas: tenía también esta bestia cuatro cabezas; y fuéle dada potestad. [7] Después de esto miraba yo en las visiones de la noche, y he aquí la cuarta bestia, espantosa y terrible, y en grande manera fuerte; la cual tenía unos dientes grandes de hierro: devoraba y desmenuzaba, y las sobras hollaba con sus pies: y era muy diferente de todas las bestias que habían sido antes de ella, y tenía diez cuernos. [8] Estando yo contemplando los cuernos, he aquí que otro cuerno pequeño subía entre ellos, y delante de él fueron arrancados tres cuernos de los primeros; y he aquí, en este cuerno había ojos como ojos de hombre, y una boca que hablaba grandezas. [9] Estuve mirando hasta que fueron puestas sillas: y un Anciano de grande edad se sentó, cuyo vestido era blanco como la nieve, y el pelo de su cabeza como lana limpia; su silla llama de fuego, sus ruedas fuego ardiente.

[10] Un río de fuego procedía y salía de delante de él: millares de millares le servían, y millones de millones asistían delante de él: el Juez se sentó, y los libros se abrieron. [11] Yo entonces miraba á causa de la voz de las grandes palabras que hablaba el cuerno; miraba hasta tanto que mataron la bestia, y su cuerpo fué deshecho, y entregado para ser quemado en el fuego. [12] Habían también quitado á las otras bestias su señorío, y les había sido dada prolongación de vida hasta cierto tiempo. [13] Miraba yo en la visión de la noche, y he aquí en las nubes del cielo como un hijo de hombre que venía, y llegó hasta el Anciano de grande edad, é hiciéronle llegar delante de él. [14] Y fuéle dado señorío, y gloria, y reino; y todos los pueblos, naciones y lenguas le sirvieron; su señorío, señorío eterno, que no será transitorio, y su reino que no se corromperá.

11. Daniel 7:17-27

[17] Estas grandes bestias, las cuales son cuatro, cuatro reyes son, que se levantarán en la tierra. [18] Después tomarán el reino los santos del Altísimo, y poseerán el reino hasta el siglo, y hasta el siglo de los siglos. [19] Entonces tuve deseo de saber la verdad acerca de la cuarta bestia, que tan diferente era de todas las otras, espantosa en gran manera, que tenía

dientes de hierro, y sus uñas de metal, que devoraba y desmenuzaba, y las sobras hollaba con sus pies: [20] Asimismo acerca de los diez cuernos que tenía en su cabeza, y del otro que había subido, de delante del cual habían caído tres: y este mismo cuerno tenía ojos, y boca que hablaba grandezas, y su parecer mayor que el de sus compañeros. [21] Y veía yo que este cuerno hacía guerra contra los santos, y los vencía, [22] Hasta tanto que vino el Anciano de grande edad, y se dió el juicio á los santos del Altísimo; y vino el tiempo, y los santos poseyeron el reino. [23] Dijo así: La cuarta bestia será un cuarto reino en la tierra, el cual será más grande que todos los otros reinos, y á toda la tierra devorará, y la hollará, y la despedazará. [24] Y los diez cuernos significan que de aquel reino se levantarán diez reyes; y tras ellos se levantará otro, el cual será mayor que los primeros, y á tres reyes derribará. [25] Y hablará palabras contra el Altísimo, y á los santos del Altísimo quebrantará, y pensará en mudar los tiempos y la ley: y entregados serán en su mano hasta tiempo, y tiempos, y el medio de un tiempo. [26] Empero se sentará el juez, y quitaránle su señorío, para que sea destruído y arruinado hasta el extremo; [27] Y que el reino, y el señorío, y la majestad de los reinos debajo de todo el cielo, sea dado al pueblo de los santos del Altísimo; cuyo reino es reino eterno, y todos los señoríos le servirán y obedecerán.

12. Daniel 8:3-14

[3] Y alcé mis ojos, y miré, y he aquí un carnero que estaba delante del río, el cual tenía dos cuernos: y aunque eran altos, el uno era más alto que el otro; y el más alto subió á la postre. [4] Vi que el carnero hería con los cuernos al poniente, al norte, y al mediodía, y que ninguna bestia podía parar delante de él, ni había quien escapase de su mano: y hacía conforme á su voluntad, y engrandecíase. [5] Y estando yo considerando, he aquí un macho de cabrío venía de la parte del poniente sobre la haz de toda la tierra, el cual no tocaba la tierra: y tenía aquel macho de cabrío un cuerno notable entre sus ojos: [6] Y vino hasta el carnero que tenía los dos cuernos, al cual había yo visto que estaba delante del río, y corrió contra él con la ira de su fortaleza. [7] Y vilo que llegó junto al carnero, y levantóse contra él, é hiriólo, y quebró sus dos cuernos, porque en el carnero no había fuerzas para parar delante de él: derribólo por tanto en tierra, y hollólo; ni hubo quien librase al carnero de su mano. [8] Y engrandecióse en gran manera

el macho de cabrío; y estando en su mayor fuerza, aquel gran cuerno fué quebrado, y en su lugar subieron otros cuatro maravillosos hacia los cuatro vientos del cielo.

[9] Y del uno de ellos salió un cuerno pequeño, el cual creció mucho al mediodía, y al oriente, y hacia la tierra deseable. [10] Y engrandecióse hasta el ejército del cielo; y parte del ejército y de las estrellas echó por tierra, y las holló. [11] Aun contra el príncipe de la fortaleza se engrandeció, y por él fué quitado el continuo sacrificio, y el lugar de su santuario fué echado por tierra. [12] Y el ejército fué le entregado á causa de la prevaricación sobre el continuo sacrificio: y echó por tierra la verdad, é hizo cuanto quiso, y sucedióle prósperamente. [13] Y oí un santo que hablaba; y otro de los santos dijo á aquél que hablaba: ¿Hasta cuándo durará la visión del continuo sacrificio, y la prevaricación asoladora que pone el santuario y el ejército para ser hollados? [14] Y él me dijo: Hasta dos mil y trescientos días de tarde y mañana; y el santuario será purificado.

13. Daniel 8:17

[17] Vino luego cerca de donde yo estaba; y con su venida me asombré, y caí sobre mi rostro. Empero él me dijo: Entiende, hijo del hombre, porque al tiempo se cumplirá la visión.

14. Daniel 8:20-25

[20] Aquel carnero que viste, que tenía cuernos, son los reyes de Media y de Persia. [21] Y el macho cabrío es el rey de Javán: y el cuerno grande que tenía entre sus ojos es el rey primero. [22] Y que fué quebrado y sucedieron cuatro en su lugar, significa que cuatro reinos sucederán de la nación, mas no en la fortaleza de él. [23] Y al cabo del imperio de éstos, cuando se cumplirán los prevaricadores, levantaráse un rey altivo de rostro, y entendido en dudas. [24] Y su poder se fortalecerá, mas no con fuerza suya, y destruirá maravillosamente, y prosperará; y hará arbitrariamente, y destruirá fuertes y al pueblo de los santos. [25] Y con su sagacidad hará prosperar el engaño en su mano; y en su corazón se engrandecerá, y con paz destruirá á muchos: y contra el príncipe de los príncipes se levantará; mas sin mano será quebrantado.

15. Daniel 9:24-27

[24] Setenta semanas están determinadas sobre tu pueblo y sobre tu santa ciudad, para acabar la prevaricación, y concluir el pecado, y expiar la iniquidad; y para traer la justicia de los siglos, y sellar la visión y la profecía, y ungir al Santo de los santos. [25] Sepas pues y entiendas, que desde la salida de la palabra para restaurar y edificar á Jerusalem hasta el Mesías Príncipe, habrá siete semanas, y sesenta y dos semanas; tornaráse á edificar la plaza y el muro en tiempos angustiosos. [26] Y después de las sesenta y dos semanas se quitará la vida al Mesías, y no por sí: y el pueblo de un príncipe que ha de venir, destruirá á la ciudad y el santuario; con inundación será el fin de ella, y hasta el fin de la guerra será talada con asolamientos. [27] Y en otra semana confirmará el pacto á muchos, y á la mitad de la semana hará cesar el sacrificio y la ofrenda: después con la muchedumbre de las abominaciones será el desolar, y esto hasta una entera consumación; y derramaráse la ya determinada sobre el pueblo asolado.

16. Daniel 10:14

[14] Soy pues venido para hacerte saber lo que ha de venir á tu pueblo en los postreros días; porque la visión es aún para días;

17. Daniel 11:2-45

[2] Y ahora yo te mostraré la verdad. He aquí que aun habrá tres reyes en Persia, y el cuarto se hará de grandes riquezas más que todos; y fortificándose con sus riquezas, despertará á todos contra el reino de Javán. [3] Levantaráse luego un rey valiente, el cual se enseñoreará sobre gran dominio, y hará su voluntad. [4] Pero cuando estará enseñoreado, será quebrantado su reino, y repartido por los cuatro vientos del cielo; y no á sus descendientes, ni según el señorío con que él se enseñoreó: porque su reino será arrancado, y para otros fuera de aquellos. [5] Y haráse fuerte el rey del mediodía: mas uno de los príncipes de aquél le sobrepujará, y se hará poderoso; su señorío será grande señorío. [6] Y al cabo de años se concertarán, y la hija del rey del mediodía vendrá al rey del norte para hacer los conciertos. Empero ella no podrá retener la fuerza del brazo: ni permanecerá él, ni su brazo; porque será entregada ella, y los que la habían traído, asimismo su hijo, y los que estaban de parte de ella en aquel tiempo. [7] Mas del renuevo de sus raíces se levantará uno sobre su silla, y vendrá con ejército, y entrará en la fortaleza

del rey del norte, y hará en ellos á su arbitrio, y predominará. [8] Y aun los dioses de ellos, con sus príncipes, con sus vasos preciosos de plata y de oro, llevará cautivos á Egipto: y por años se mantendrá él contra el rey del norte. [9] Así entrará en el reino el rey del mediodía, y volverá á su tierra. [10] Mas los hijos de aquél se airarán y reunirán multitud de grandes ejércitos: y vendrá á gran priesa, é inundará, y pasará, y tornará, y llegará con ira hasta su fortaleza. [11] Por lo cual se enfurecerá el rey del mediodía, y saldrá, y peleará con el mismo rey del norte; y pondrá en campo gran multitud, y toda aquella multitud será entregada en su mano. [12] Y la multitud se ensoberbecerá, elevaráse su corazón, y derribará muchos millares; mas no prevalecerá. [13] Y el rey del norte volverá á poner en campo mayor multitud que primero, y á cabo del tiempo de años vendrá á gran priesa con grande ejército y con muchas riquezas. [14] Y en aquellos tiempos se levantarán muchos contra el rey del mediodía; é hijos de disipadores de tu pueblo se levantarán para confirmar la profecía, y caerán. [15] Vendrá pues el rey del norte, y fundará baluartes, y tomará la ciudad fuerte; y los brazos del mediodía no podrán permanecer, ni su pueblo escogido, ni habrá fortaleza que pueda resistir. [16] Y el que vendrá contra él, hará á su voluntad, ni habrá quien se le pueda parar delante; y estará en la tierra deseable, la cual será consumida en su poder. [17] Pondrá luego su rostro para venir con el poder de todo su reino; y hará con aquél cosas rectas, y darále una hija de mujeres para trastornarla: mas no estará ni será por él. [18] Volverá después su rostro á las islas, y tomará muchas; mas un príncipe le hará parar su afrenta, y aun tornará sobre él su oprobio. [19] Luego volverá su rostro á las fortalezas de su tierra: mas tropezará y caerá, y no parecerá más.

[20] Entonces sucederá en su silla uno que hará pasar exactor por la gloria del reino; mas en pocos días será quebrantado, no en enojo, ni en batalla. [21] Y sucederá en su lugar un vil, al cual no darán la honra del reino: vendrá empero con paz, y tomará el reino con halagos. [22] Y con los brazos de inundación serán inundados delante de él, y serán quebrantados; y aun también el príncipe del pacto. [23] Y después de los conciertos con él, él hará engaño, y subirá, y saldrá vencedor con poca gente. [24] Estando la provincia en paz y en abundancia, entrará y hará lo que no hicieron sus padres, ni los padres de sus padres; presa, y despojos, y riquezas repartirá á sus soldados; y contra las fortalezas formará sus designios: y esto por tiempo.

[25] Y despertará sus fuerzas y su corazón contra el rey del mediodía con grande ejército: y el rey del mediodía se moverá á la guerra con grande y muy fuerte ejército; mas no prevalecerá, porque le harán traición. [26] Aun los que comerán su pan, le quebrantarán; y su ejército será destruído, y caerán muchos muertos. [27] Y el corazón de estos dos reyes será para hacer mal, y en una misma mesa tratarán mentira: mas no servirá de nada, porque el plazo aun no es llegado. [28] Y volveráse á su tierra con grande riqueza, y su corazón será contra el pacto santo: hará pues, y volveráse á su tierra. [29] Al tiempo señalado tornará al mediodía; mas no será la postrera venida como la primera. [30] Porque vendrán contra él naves de Chîttim, y él se contristará, y se volverá, y enojaráse contra el pacto santo, y hará: volveráse pues, y pensará en los que habrán desamparado el santo pacto. [31] Y serán puestos brazos de su parte; y contaminarán el santuario de fortaleza, y quitarán el continuo sacrificio, y pondrán la abominación espantosa. [32] Y con lisonjas hará pecar á los violadores del pacto: mas el pueblo que conoce á su Dios, se esforzará, y hará. [33] Y los sabios del pueblo darán sabiduría á muchos: y caerán á cuchillo y á fuego, en cautividad y despojo, por días. [34] Y en su caer serán ayudados de pequeño socorro: y muchos se juntarán á ellos con lisonjas. [35] Y algunos de los sabios caerán para ser purgados, y limpiados, y emblanquecidos, hasta el tiempo determinado: porque aun para esto hay plazo. [36] Y el rey hará á su voluntad; y se ensoberbecerá, y se engrandecerá sobre todo dios: y contra el Dios de los dioses hablará maravillas, y será prosperado, hasta que sea consumada la ira: porque hecha está determinación. [37] Y del Dios de sus padres no se cuidará, ni del amor de las mujeres: ni se cuidará de dios alguno, porque sobre todo se engrandecerá. [38] Mas honrará en su lugar al dios Mauzim, dios que sus padres no conocieron: honrarálo con oro, y plata, y piedras preciosas, y con cosas de gran precio. [39] Y con el dios ajeno que conocerá, hará á los baluartes de Mauzim crecer en gloria: y harálos enseñorear sobre muchos, y por interés repartirá la tierra. [40] Empero al cabo del tiempo el rey del mediodía se acorneará con él; y el rey del norte levantará contra él como tempestad, con carros y gente de á caballo, y muchos navíos; y entrará por las tierras, é inundará, y pasará. [41] Y vendrá á la tierra deseable, y muchas provincias caerán; mas éstas escaparán de su mano: Edom, y Moab, y lo primero de los hijos de Ammón. [42] Asimismo extenderá su mano á las otras tierras, y no escapará el país

de Egipto. [43] Y se apoderará de los tesoros de oro y plata, y de todas las cosas preciosas de Egipto, de Libia, y Etiopía por donde pasará. [44] Mas nuevas de oriente y del norte lo espantarán; y saldrá con grande ira para destruir y matar muchos. [45] Y plantará la tiendas de su palacio entre los mares, en el monte deseable del santuario; y vendrá hasta su fin, y no tendrá quien le ayude.

PROFECÍAS EN OSEAS: 18

1. Oseas 1:4

[4] Y díjole Jehová: Ponle por nombre Jezreel; porque de aquí á poco yo visitaré las sangres de Jezreel sobre la casa de Jehú, y haré cesar el reino de la casa de Israel.

2. Oseas 1:6

[6] Y concibió aún, y parió una hija. Y díjole Dios: Ponle por nombre Lo-ruhama: porque no más tendré misericordia de la casa de Israel, sino que los quitaré del todo.

3. Oseas 1:9

[9] Y dijo Dios: Ponle por nombre Lo-ammi: porque vosotros no sois mi pueblo, ni yo seré vuestro Dios.

4. Oseas 1:10-11

[10] Con todo será el número de los hijos de Israel como la arena de la mar, que ni se puede medir ni contar. Y será, que donde se les ha dicho: Vosotros no sois mi pueblo, les será dicho: Sois hijos del Dios viviente.
[11] Y los hijos de Judá y de Israel serán congregados en uno, y levantarán para sí una cabeza, y subirán de la tierra: porque el día de Jezreel será grande.

5. Oseas 3:5

[5] Después volverán los hijos de Israel, y buscarán á Jehová su Dios, y á David su rey; y temerán á Jehová y á su bondad en el fin de los días.

6. Oseas 4:3-5

[3] Por lo cual, se enlutará la tierra, y extenuaráse todo morador de ella, con las bestias del campo, y las aves del cielo: y aun los peces de la mar fallecerán. [4] Ciertamente hombre no contienda ni reprenda á hombre, porque tu pueblo es como los que resisten al sacerdote. [5] Caerás por tanto en el día, y caerá también contigo el profeta de noche; y á tu madre talaré.

7. Oseas 5:6-7

[6] Con sus ovejas y con sus vacas andarán buscando á Jehová, y no le hallarán; apartóse de ellos. [7] Contra Jehová prevaricaron, porque hijos extraños han engendrado: ahora los devorará un mes con sus heredades.

8. Oseas 5:9

[9] Ephraim será asolado el día del castigo: en las tribus de Israel hice conocer verdad.

9. Oseas 7:12

[12] Cuando fueren, extenderé sobre ellos mi red, hacerlos he caer como aves del cielo; castigarélos conforme á lo que se ha oído en sus congregaciones.

10. Oseas 8:1-3

[1] PON á tu boca trompeta. Vendrá como águila contra la casa de Jehová, porque traspasaron mi pacto, y se rebelaron contra mi ley. [2] A mí clamará Israel: Dios mío, te hemos conocido. [3] Israel desamparó el bien: enemigo lo perseguirá.

11. Oseas 9:3-4

[3] No quedarán en la tierra de Jehová, sino que volverá Ephraim á Egipto, y á Asiria, donde comerán vianda inmunda. [4] No derramarán vino á Jehová, ni él tomará contento en sus sacrificios; como pan de enlutados le serán á ellos: todos los que comieren de él, serán inmundos. Será pues el pan de ellos para si mismos; no entrará en la casa de Jehová.

12. Oseas 11:5-6

[5] No tornará á tierra de Egipto, antes el mismo Assur será su rey, porque no se quisieron convertir. [6] Y caerá espada sobre sus ciudades, y consumirá sus aldeas; consumirálas á causa de sus consejos.

13. Oseas 11:9-10

[9] No ejecutaré el furor de mi ira, no volveré para destruir á Ephraim: porque Dios soy, y no hombre; el Santo en medio de ti: y no entraré en la ciudad. [10] En pos de Jehová caminarán: él bramará como león: cual león rugirá él de cierto, y los hijos se moverán azorados del occidente.

14. Oseas 12:2

[2] Pleito tiene Jehová con Judá para visitar á Jacob conforme á sus caminos: pagarále conforme á sus obras.

15. Oseas 12:14

[14] Enojado ha Ephraim á Dios con amarguras; por tanto, sus sangres se derramarán sobre él, y su Señor le pagará su oprobio.

16. Oseas 13:3

[3] Por tanto serán como la niebla de la mañana, y como el rocío de la madrugada que se pasa; como el tamo que la tempestad arroja de la era, y como el humo que de la chimenea sale.

17. Oseas 13:7-10

[7] Por tanto, yo seré para ellos como león; como un leopardo en el camino los espiaré. [8] Como oso que ha perdido los hijos los encontraré, y romperé las telas de su corazón, y allí los devoraré como león: bestia del campo los despedazará. [9] Te perdiste, oh Israel, mas en mí está tu ayuda. [10] ¿Dónde está tu rey, para que te guarde con todas tus ciudades? ¿y tus jueces, de los cuales dijiste: Dame rey y príncipes?

18. Oseas 13:14

[14] De la mano del sepulcro los redimiré, librarélos de la muerte. Oh muerte, yo seré tu muerte; y seré tu destrucción, oh sepulcro; arrepentimiento será escondido de mis ojos.

PROFECÍAS EN JOEL: 5

1. Joel 1:4

[4] Lo que quedó de la oruga comió la langosta, y lo que quedó de la langosta comió el pulgón; y el revoltón comió lo que del pulgón había quedado.

2. Joel 1:15

[15] Ay del día! porque cercano está el día de Jehová, y vendrá como destrucción por el Todopoderoso.

3. Joel 2:32

[32] Y será que cualquiera que invocare el nombre de Jehová, será salvo: porque en el monte de Sión y en Jerusalem habrá salvación, como Jehová ha dicho, y en los que quedaren, á los cuales Jehová habrá llamado.

4. Joel 3:1-2

[1] PORQUE he aquí que en aquellos días, y en aquel tiempo en que haré tornar la cautividad de Judá y de Jerusalem, [2] Juntaré todas las gentes, y harélas descender al valle de Josaphat, y allí entraré en juicio con ellos á causa de mi pueblo, y de Israel mi heredad, á los cuales esparcieron entre las naciones, y partieron mi tierra:

5. Joel 3:17-21

[17] Y conoceréis que yo soy Jehová vuestro Dios, que habito en Sión, monte de mi santidad: y será Jerusalem santa, y extraños no pasarán más por ella. [18] Y será en aquel tiempo, que los montes destilarán mosto, y los collados fluirán leche, y por todos los arroyos de Judá correrán aguas: y saldrá una fuente de la casa de Jehová, y regará el valle de Sittim. [19] Egipto será destruído, y Edom será vuelto en asolado desierto, por la injuria hecha á los hijos de Judá: porque derramaron en su tierra la sangre inocente. [20] Mas Judá para siempre será habitada, y Jerusalem en generación y generación. [21] Y limpiaré la sangre de los que no limpié; y Jehová morará en Sión.

PROFECÍAS EN AMOS: 13

1. Amós 1:2

[2] Y dijo: Jehová bramará desde Sión, y dará su voz desde Jerusalem; y las estancias de los pastores se enlutarán, y secaráse la cumbre del Carmelo.

2. Amós 3:11-12

[11] Por tanto, el Señor Jehová ha dicho así: Un enemigo habrá aún por todos lados de la tierra, y derribará de ti tu fortaleza, y tus palacios serán saqueados. [12] Así ha dicho Jehová: De la manera que el pastor libra de la boca del león dos piernas, ó la punta de una oreja, así escaparán los hijos de Israel que moran en Samaria en el rincón de la cama, y al canto del lecho.

3. Amós 4:2-3

[2] El Señor Jehová juró por su santidad: He aquí, vienen días sobre vosotros en que os llevará en anzuelos, y á vuestros descendientes en barquillos de pescador. [3] Y saldrán por los portillos la una en pos de la otra, y seréis echadas del palacio, dice Jehová.

4. Amós 5:1-6

[1] OID esta palabra, porque yo levanto endecha sobre vosotros, casa de Israel. [2] Cayó la virgen de Israel, no más podrá levantarse; dejada fué sobre su tierra, no hay quien la levante. [3] Porque así ha dicho el Señor Jehová: La ciudad que sacaba mil, quedará con ciento; y la que sacaba ciento, quedará con diez, en la casa de Israel. [4] Empero así dice Jehová á la casa de Israel: Buscadme, y viviréis; [5] Y no busquéis á Beth-el ni entreis en Gilgal, ni paséis á Beer-seba: porque Gilgal será llevada en cautiverio, y Beth-el será deshecha. [6] Buscad á Jehová, y vivid; no sea que hienda, como fuego, á la casa de José, y la consuma, sin haber en Beth-el quien lo apague.

5. Amós 5:11-13

[11] Por tanto, pues que vejáis al pobre y recibís de él carga de trigo; edificasteis casas de sillares, mas no las habitaréis; plantasteis hermosas viñas, mas no beberéis el vino de ellas. [12] Porque sabido he vuestras

muchas rebeliones, y vuestros grandes pecados: que afligen al justo, y reciben cohecho, y á los pobres en la puerta hacen perder su causa.

[13] Por tanto, el prudente en tal tiempo calla, porque el tiempo es malo.

6. Amós 5:16-17

[16] Por tanto, así ha dicho Jehová Dios de los ejércitos, el Señor: En todas las plazas habrá llanto, y en todas las calles dirán, Ay! ay! y al labrador llamarán á lloro, y á endecha á los que endechar supieren. [17] Y en todas las viñas habrá llanto; porque pasaré por medio de ti, dice Jehová.

7. Amós 5:27

[27] Hareos pues trasportar más allá de Damasco, ha dicho Jehová, cuyo nombre es Dios de los ejércitos.

8. Amós 7:1

[1] ASI me ha mostrado el Señor Jehová: y he aquí, él criaba langostas al principio que comenzaba á crecer el heno tardío; y he aquí, era el heno tardío después de las siegas del rey.

9. Amós 7:11

[11] Porque así ha dicho Amós: Jeroboam morirá á cuchillo, é Israel pasará de su tierra en cautiverio.

10. Amós 7:16-17

[16] Ahora pues, oye palabra de Jehová. Tú dices: No profetices contra Israel, ni hables contra la casa de Isaac: [17] Por tanto, así ha dicho Jehová: Tu mujer fornicará en la ciudad, y tus hijos y tus hijas caerán á cuchillo, y tu tierra será partida por suertes; y tú morirás en tierra inmunda, é Israel será traspasado de su tierra.

11. Amós 8:7-10

[7] Jehová juró por la gloria de Jacob: No me olvidaré para siempre de todas sus obras. [8] ¿No se ha de estremecer la tierra sobre esto? ¿Y todo habitador de ella no llorará? y subirá toda como un río, y será arrojada, y hundiráse como el río de Egipto. [9] Y acaecerá en aquel día, dice el Señor Jehová, que haré se ponga el sol al mediodía, y la tierra cubriré de tinieblas en el día claro. [10] Y tornaré vuestras fiestas en lloro, y todos vuestros cantares

en endechas; y haré poner saco sobre todos lomos, y peladura sobre toda cabeza; y tornaréla como en llanto de unigénito, y su postrimería como día amargo.

12. Amós 9:1

[1] VI al Señor que estaba sobre el altar, y dijo: Hiere el umbral, y estremézcanse las puertas: y córtales en piezas la cabeza de todos; y el postrero de ellos mataré á cuchillo: no habrá de ellos quien se fugue, ni quien escape.

13. Amós 9:8-9

[8] He aquí los ojos del Señor Jehová están contra el reino pecador, y yo lo asolaré de la haz de la tierra: mas no destruiré del todo la casa de Jacob, dice Jehová. [9] Porque he aquí yo mandaré, y haré que la casa de Israel sea zarandeada entre todas las gentes, como se zarandea el grano en un harnero, y no cae un granito en la tierra.

PROFECÍAS EN ABDÍAS: 3

1. Abdías 1:4

[4] Si te encaramares como águila, y si entre las estrellas pusieres tu nido, de ahí te derribaré, dice Jehová.

2. Abdías 1:7

[7] Hasta el término te hicieron llegar todos tus aliados; te han engañado tus pacíficos, prevalecieron contra ti; los que comían tu pan, pusieron el lazo debajo de ti: no hay en él entendimiento.

3. Abdías 1:15-21

[15] Porque cercano está el día de Jehová sobre todas las gentes: como tú hiciste se hará contigo: tu galardón volverá sobre tu cabeza. [16] De la manera que vosotros bebisteis en mi santo monte, beberán, todas las gentes de continuo: beberán, y engullirán, y serán como si no hubieran

sido. [17] Mas en el monte de Sión habrá salvamento, y será santidad, y la casa de Jacob, poseerá sus posesiones. [18] Y la casa de Jacob será fuego, y la casa de José será llama, y la casa de Esaú estopa, y los quemarán, y los consumirán; ni aun reliquia quedará en la casa de Esaú, porque Jehová lo habló. [19] Y los del mediodía poseerán el monte de Esaú, y los llanos de los Palestinos; poseerán también los campos de Ephraim, y los campos de Samaria; y Benjamín á Galaad. [20] Y los cautivos de aqueste ejército de los hijos de Israel poseerán lo de los Cananeos hasta Sarepta; y los cautivos de Jerusalem, que están en Sepharad, poseerán las ciudades del mediodía. [21] Y vendrán salvadores al monte de Sión para juzgar al monte de Esaú; y el reino será de Jehová.

PROFECÍAS EN JONÁS: 1

1. Jonás 3:4
[4] Y comenzó Jonás á entrar por la ciudad, camino de un día, y pregonaba diciendo: De aquí á cuarenta días Nínive será destruida.

PROFECÍAS EN MIQUEAS: 9

1. Miqueas 1:2-4
[2] Oid, pueblos todos: está atenta, tierra, y todo lo que en ella hay: y el Señor Jehová, el Señor desde su santo templo sea testigo contra vosotros. [3] Porque he aquí, Jehová sale de su lugar, y descenderá, y hollará sobre las alturas de la tierra. [4] Y debajo de él se derretirán los montes, y los valles se hendirán como la cera delante del fuego, como las aguas que corren por un precipicio.

2. Miqueas 1:6-8
[6] Pondré pues á Samaria en majanos de heredad, en tierra de viñas; y derramaré sus piedras por el valle, y descubriré sus fundamentos. [7] Y todas

sus estatuas serán despedazadas, y todos sus dones serán quemados en fuego, y asolaré todos sus ídolos; porque de dones de rameras los juntó, y á dones de rameras volverán. [8] Por tanto lamentaré y aullaré, y andaré despojado y desnudo; haré gemido como de chacales, y lamento como de avestruces.

3. Miqueas 2:3-4

[3] Por tanto, así ha dicho Jehová: He aquí, yo pienso sobre esta familia un mal, del cual no sacaréis vuestros cuellos, ni andaréis erguidos; porque el tiempo será malo. [4] En aquel tiempo se levantará sobre vosotros refrán, y se endechará endecha de lametación, diciendo: Del todo fuimos destruídos; ha cambiado la parte de mi pueblo. Cómo nos quitó nuestros campos! dió, repartiólos á otros.

4. Miqueas 2:10

[10] Levantaos, y andad, que no es ésta la holganza; porque está contaminada, corrompióse, y de grande corrupción.

5. Miqueas 3:6-7

[6] Por tanto, de la profecía se os hará noche, y oscuridad del adivinar; y sobre los profetas se pondrá el sol, y el día se entenebrecerá sobre ellos. [7] Y serán avergonzados los profetas, y confundiránse los adivinos; y ellos todos cubrirán su labio, porque no hay respuesta de Dios.

6. Miqueas 3:12

[12] Por tanto, á causa de vosotros será Sión arada como campo, y Jerusalem será majanos, y el monte de la casa como cumbres de breñal.

7. Miqueas 4:1-9

[1] Y ACONTECERA en los postreros tiempos, que el monte de la casa de Jehová será constituído por cabecera de montes, y más alto que los collados, y correrán á él pueblos. [2] Y vendrán muchas gentes, y dirán: Venid, y subamos al monte de Jehová, y á la casa del Dios de Jacob; y enseñarános en sus caminos, y andaremos por sus veredas: porque de Sión saldrá la ley, y de Jerusalem la palabra de Jehová. [3] Y juzgará entre muchos pueblos, y corregirá fuertes gentes hasta muy lejos: y martillarán sus espadas para azadones, y sus lanzas para hoces: no alzará espada gente contra gente, ni más se ensayarán para la guerra. [4] Y cada uno se sentará debajo de su vid y

debajo de su higuera, y no habrá quien amedrente: porque la boca de Jehová de los ejércitos lo ha hablado. [5] Bien que todos los pueblos anduvieron cada uno en el nombre de sus dioses, nosotros con todo andaremos en el nombre de Jehová nuestro Dios para siempre y eternalmente. [6] En aquel día, dice Jehová, juntaré la coja, y recogeré la amontada, y á la que afligí: [7] Y pondré á la coja para sucesión, y á la descarriada para nación robusta: y Jehová reinará sobre ellos en el monte de Sión desde ahora para siempre. [8] Y tú, oh torre del rebaño, la fortaleza de la hija de Sión vendrá hasta ti: y el señorío primero, el reino vendrá á la hija de Jerusalem. [9] Ahora ¿por qué gritas tanto? ¿No hay rey en ti? ¿Pereció tu consejero, que te ha tomado dolor como de mujer de parto?

[10] Duélete y gime, hija de Sión como mujer de parto; porque ahora saldrás de la ciudad, y morarás en el campo, y llegarás hasta Babilonia: allí serás librada, allí te redimirá Jehová de la mano de tus enemigos. [11] Ahora empero se han juntado muchas gentes contra ti, y dicen: Sea profanada, y vean nuestros ojos su deseo sobre Sión. [12] Mas ellos no conocieron los pensamientos de Jehová, ni entendieron su consejo: por lo cual los juntó como gavillas en la era.

8. Miqueas 5:1-10

[1] REUNETE ahora en bandas, oh hija de bandas: nos han sitiado: con vara herirán sobre la quijada al juez de Israel. [2] Mas tú, Beth-lehem Ephrata, pequeña para ser en los millares de Judá, de ti me saldrá el que será Señor en Israel; y sus salidas son desde el principio, desde los días del siglo. [3] Empero los dejará hasta el tiempo que para la que ha de parir; y el resto de sus hermanos se tornará con los hijos de Israel. [4] Y estará, y apacentará con fortaleza de Jehová, con grandeza del nombre de Jehová su Dios: y asentarán; porque ahora será engrandecido hasta los fines de la tierra. [5] Y éste será nuestra paz. Cuando Assur viniere á nuestra tierra, y cuando pisare nuestros palacios, entonces levantaremos contra él siete pastores, y ocho hombres principales; [6] Y comerán la tierra de Assur á cuchillo, y la tierra de Nimrod con sus espadas: y nos librará del Asirio, cuando viniere contra nuestra tierra y hollare nuestros términos. [7] Y será el residuo de Jacob en medio de muchos pueblos, como el rocío de Jehová, como las lluvias sobre la hierba, las cuales no esperan varón, ni aguardan á hijos de hombres. [8] Asimismo será el resto de Jacob entre las gentes, en

medio de muchos pueblos, como el león entre las bestias de la montaña, como el cachorro del león entre las manadas de las ovejas, el cual si pasare, y hollare, y arrebatare, no hay quien escape. [9] Tu mano se alzará sobre tus enemigos, y todos tus adversarios serán talados. [10] Y acontecerá en aquel día, dice Jehová, que haré matar tus caballos de en medio de ti, y haré destruir tus carros.

[11] Haré también destruir las ciudades de tu tierra, y arruinaré todas tus fortalezas. [12] Asimismo destruiré de tu mano las hechicerías, y no se hallarán en ti agoreros. [13] Y haré destruir tus esculturas y tus imágenes de en medio de ti, y nunca más te inclinarás á la obra de tus manos; [14] Y arrancaré tus bosques de en medio de ti, y destruiré tus ciudades. [15] Y con ira y con furor haré venganza en las gentes que no escucharon.

9. Miqueas 6:13-15
[13] Por eso yo también te enflaqueceré hiriéndote, asolándote por tus pecados. [14] Tú comerás, y no te hartarás; y tu abatimiento será en medio de ti: tú cogerás, mas no salvarás; y lo que salvares, lo entregaré yo á la espada. [15] Tú sembrarás, mas no segarás: pisarás aceitunas, mas no te ungirás con el aceite; y mosto, mas no beberás el vino.

PROFECÍAS EN NAHUM: 3

1. Nahúm 1:2
[2] Dios celoso y vengador es Jehová; vengador es Jehová, y Señor de ira; Jehová, que se venga de sus adversarios, y que guarda enojo para sus enemigos.

2. Nahúm 1:10
[10] Porque como espinas entretegidas, mientras se embriagarán los borrachos, serán consumidos como las estopas llenas de sequedad.

3. Nahúm 1:15
[15] He aquí sobre los montes los pies del que trae buenas nuevas, del que pregona la paz. Celebra, oh Judá, tus fiestas, cumple tus votos: porque nunca más pasará por ti el malvado; pereció del todo.

PROFECÍAS EN HABACUC: 3

1. Habacuc 1:5-11

[5] Mirad en las gentes, y ved, y maravillaos pasmosamente; porque obra será hecha en vuestros días, que aun cuando se os contare, no la creeréis. [6] Porque he aquí, yo levanto los Caldeos, gente amarga y presurosa, que camina por la anchura de la tierra para poseer las habitaciones ajenas. [7] Espantosa es y terrible: de ella misma saldrá su derecho y su grandeza. [8] Y serán sus caballos más ligeros que tigres, y más agudos que lobos de tarde; y sus jinetes se multiplicarán: vendrán de lejos sus caballeros, y volarán como águilas que se apresuran á la comida. [9] Toda ella vendrá á la presa: delante su sus caras viento solano; y juntará cautivos como arena. [10] Y escarnecerá de los reyes, y de los príncipes hará burla: reiráse de toda fortaleza, y amontonará polvo, y la tomará. [11] Luego mudará espíritu, y pasará adelante, y ofenderá atribuyendo esta su potencia á su dios.

2. Habacuc 2:2-3

[2] Y Jehová me respondió, y dijo: Escribe la visión, y declárala en tablas, para que corra el que leyere en ella. [3] Aunque la visión tardará aún por tiempo, mas al fin hablará, y no mentirá: aunque se tardare, espéralo, que sin duda vendrá; no tardará.

3. Habacuc 2:14

[14] Porque la tierra será llena de conocimiento de la gloria de Jehová, como las aguas cubren la mar.

PROFECÍAS EN SOFONIAS: 4

1. Sofonías 1:2-6

[2] Destruiré del todo todas las cosas de sobre la haz de la tierra, dice Jehová. [3] Destruiré los hombres y las bestias; destruiré las aves del cielo,

y los peces de la mar, y las piedras de tropiezo con los impíos; y talaré los hombres de sobre la haz de la tierra, dice Jehová. [4] Y extenderé mi mano sobre Judá, y sobre todos los moradores de Jerusalem, y exterminaré de este lugar el remanente de Baal, y el nombre de los Chemarim con los sacerdotes; [5] Y á los que se inclinan sobre los terrados al ejército del cielo; y á los que se inclinan jurando por Jehová y jurando por su rey; [6] Y á los que tornan atrás de en pos de Jehová; y á los que no buscaron á Jehová, ni preguntaron por él.

2. Sofonías 2:6-7
[6] Y será la parte de la mar por moradas de cabañas de pastores, y corrales de ovejas. [7] Y será aquella parte para el resto de la casa de Judá; allí apacentarán: en las casas de Ascalón dormirán á la noche; porque Jehová su Dios los visitará, y tornará sus cautivos.

3. Sofonías 2:9-14
[9] Por tanto, vivo yo, dice Jehová de los ejércitos, Dios de Israel, que Moab será como Sodoma, y los hijos de Ammon como Gomorra; campo de ortigas, y mina de sal, y asolamiento perpetuo: el resto de mi pueblo los saqueará, y el resto de mi gente los heredará. [10] Esto les vendrá por su soberbia, porque afrentaron, y se engrandecieron contra el pueblo de Jehová de los ejércitos. Sofonías 2:11-14 RVA
[11] Terrible será Jehová contra ellos, porque enervará á todos los dioses de la tierra; y cada uno desde su lugar se inclinará á él, todas las islas de las gentes. [12] Vosotros también los de Etiopía seréis muertos con mi espada. [13] Y extenderá su mano sobre el aquilón, y destruirá al Assur, y pondrá á Nínive en asolamiento, y en secadal como un desierto. [14] Y rebaños de ganado harán en ella majada, todas las bestias de las gentes; el onocrótalo también y el erizo dormirán en sus umbrales: su voz cantará en las ventanas; asolación será en las puertas, porque su enmaderamiento de cedro será descubierto.

4. Sofonías 3:8-11
[8] Por tanto, esperadme, dice Jehová, al día que me levantaré al despojo: porque mi determinación es reunir las gentes, juntar los reinos, para derramar sobre ellos mi enojo, todo el furor de mi ira; porque del fuego de mi celo será consumida toda la tierra. [9] Por entonces volveré yo á los

pueblos el labio limpio, para que todos invoquen el nombre de Jehová, para que de un consentimiento le sirvan. [10] De esa parte de los ríos de Etiopía, mis suplicantes, la hija de mis esparcidos, me traerán ofrenda. [11] En aquel día no serás avergonzada por ninguna de tus obras con que te rebelaste contra mí; porque entonces quitaré de en medio de ti los que se alegran en tu soberbia, y nunca más te ensoberbecerás del monte de mi santidad.

PROFECÍAS EN HAGEO: 3

1. Hageo 2:6-9

[6] Porque así dice Jehová de los ejércitos: De aquí á poco aun haré yo temblar los cielos y la tierra, y la mar y la seca: [7] Y haré temblar á todas las gentes, y vendrá el Deseado de todas las gentes; y henchiré esta casa de gloria, ha dicho Jehová de los ejércitos. [8] Mía es la plata, y mío el oro, dice Jehová de los ejércitos. [9] La gloria de aquesta casa postrera será mayor que la de la primera, ha dicho Jehová de los ejércitos; y daré paz en este lugar, dice Jehová de los ejércitos.

2. Hageo 2:18-19

[18] Pues poned ahora vuestro corazón desde este día en adelante, desde el día veinticuatro del noveno mes, desde el día que se echó el cimiento al templo de Jehová; poned vuestro corazón. [19] ¿Aun no está la simiente en el granero? ni la vid, ni la higuera, ni el granado, ni el árbol de la oliva ha todavía florecido: mas desde aqueste día daré bendición.

3. Hageo 2:21 -23

[21] Habla á Zorobabel, gobernador de Judá, diciendo: Yo haré temblar los cielos y la tierra; [22] Y trastornaré el trono de los reinos, y destruiré la fuerza del reino de las gentes; y trastornaré el carro, y los que en él suben; y vendrán abajo los caballos, y los que en ellos montan, cada cual por la espada de su hermano. [23] En aquel día, dice Jehová de los ejércitos, te tomaré, oh Zorobabel, hijo de Sealtiel, siervo mío, dice Jehová, y ponerte he como anillo de sellar: porque yo te escogí, dice Jehová de los ejércitos.

PROFECÍAS EN ZACARIAS: 15

1. Zacarías 1:16

[16] Por tanto, así ha dicho Jehová: Yo me he tornado á Jerusalem con miseraciones; en ella será edificada mi casa, dice Jehová de los ejércitos, y la plomada será tendida sobre Jerusalem.

2. Zacarías 1:18-19

[18] Después alcé mis ojos, y miré, y he aquí cuatro cuernos. [19] Y dije al ángel que hablaba conmigo: ¿Qué son éstos? Y respondióme: Estos son los cuernos que aventaron á Judá, á Israel, y á Jerusalem.

3. Zacarías 1:20 -21

[20] Mostróme luego Jehová cuatro carpinteros. [21] Y yo dije: ¿Qué vienen éstos á hacer? Y respondióme, diciendo: Estos son los cuernos que aventaron á Judá, tanto que ninguno alzó su cabeza; mas éstos han venido para hacerlos temblar, para derribar los cuernos de las gentes, que alzaron el cuerno sobre la tierra de Judá para aventarla.

4. Zacarías 2:1-5

[1] ALCÉ después mis ojos, y miré y he aquí un varón que tenía en su mano un cordel de medir. [2] Y díjele: ¿A dónde vas? Y él me respondió: A medir á Jerusalem, para ver cuánta es su anchura, y cuánta su longitud. [3] Y he aquí, salía aquel ángel que hablaba conmigo, y otro ángel le salió al encuentro, [4] Y díjole: Corre, habla á este mozo, diciendo: Sin muros será habitada Jerusalem á causa de la multitud de los hombres, y de las bestias en medio de ella. [5] Yo seré para ella, dice Jehová, muro de fuego en derredor, y seré por gloria en medio de ella.

5. Zacarías 2:11-12

[11] Y uniránse muchas gentes á Jehová en aquel día, y me serán por pueblo, y moraré en medio de ti; y entonces conocerás que Jehová de los ejércitos me ha enviado á ti. [12] Y Jehová poseerá á Judá su heredad en la tierra santa, y escogerá aún á Jerusalem.

6. Zacarías 3:9-10

[9] Porque he aquí aquella piedra que puse delante de Josué; sobre esta única piedra hay siete ojos: he aquí, yo grabaré su escultura, dice Jehová de los ejércitos, y quitaré el pecado de la tierra en un día. [10] En aquel día, dice Jehová de los ejércitos, cada uno de vosotros llamará á su compañero debajo de la vid, y debajo de la higuera.

7. Zacarías 4:7

[7] ¿Quién eres tú, oh gran monte? Delante de Zorobabel serás reducido á llanura: él sacará la primera piedra con aclamaciones de Gracia, gracia á ella.

8. Zacarías 6:15

[15] Y los que están lejos vendrán y edificarán en el templo de Jehová, y conoceréis que Jehová de los ejércitos me ha enviado á vosotros. Y será esto, si oyereis obedientes la voz de Jehová vuestro Dios.

9. Zacarías 8:3-5

[3] Así dice Jehová: Yo he restituído á Sión, y moraré en medio de Jerusalem: y Jerusalem se llamará Ciudad de Verdad, y el monte de Jehová de los ejércitos, Monte de Santidad. [4] Así ha dicho Jehová de los ejércitos: Aun han de morar viejos y viejas en las plazas de Jerusalem, y cada cual con bordón en su mano por la multitud de los días. [5] Y las calles de la ciudad serán llenas de muchachos y muchachas, que jugarán en las calles.

10. Zacarías 8:11-13

[11] Mas ahora no lo haré con el resto de este pueblo como en aquellos días pasados, dice Jehová de los ejércitos. [12] Porque habrá simiente de paz; la vid dará su fruto, y dará su producto la tierra, y los cielos darán su rocío; y haré que el resto de este pueblo posea todo esto. [13] Y será que como fuisteis maldición entre las gentes, oh casa de Judá y casa de Israel, así os salvaré, y seréis bendición. No temáis, mas esfuércense vuestras manos.

11. Zacarías 8:19-23

[19] Así ha dicho Jehová de los ejércitos: El ayuno del cuarto mes, y el ayuno del quinto, y el ayuno del séptimo, y el ayuno del décimo, se tornarán á la casa de Judá en gozo y alegría, y en festivas solemnidades.

Amad pues verdad y paz. [20] Así ha dicho Jehová de los ejércitos: Aun vendrán pueblos, y moradores de muchas ciudades; [21] Y vendrán los moradores de la una á la otra, y dirán: Vamos á implorar el favor de Jehová, y á buscar á Jehová de los ejércitos. Yo también iré.

[22] Y vendrán muchos pueblos y fuertes naciones á buscar á Jehová de los ejércitos en Jerusalem, y á implorar el favor de Jehová. [23] Así ha dicho Jehová de los ejércitos: En aquellos días acontecerá que diez hombres de todas las lenguas de las gentes, trabarán de la falda de un Judío, diciendo: Iremos con vosotros, porque hemos oído que Dios está con vosotros.

12. Zacarías 9:1

[1] CARGA de la palabra de Jehová contra tierra de Hadrach, y de Damasco su reposo: porque á Jehová están vueltos los ojos de los hombres, y de todas las tribus de Israel.

13. Zacarías 10:1

[1] PEDID á Jehová lluvia en la sazón tardía: Jehová hará relámpagos, y os dará lluvia abundante, y hierba en el campo á cada uno

14. Zacarías 12:1-14

[1] CARGA de la palabra de Jehová acerca de Israel. Jehová, que extiende los cielos, y funda la tierra, y forma el espíritu del hombre dentro de él, ha dicho: [2] He aquí, yo pongo á Jerusalem por vaso de temblor á todos los pueblos de alrededor cuando estén en el sitio contra Judá y contra Jerusalem. [3] Y será en aquel día, que yo pondré á Jerusalem por piedra pesada á todos los pueblos: todos los que se la cargaren, serán despedazados, bien que todas las gentes de la tierra se juntarán contra ella. [4] En aquel día, dice Jehová, heriré con aturdimiento á todo caballo, y con locura al que en él sube; mas sobre la casa de Judá abriré mis ojos, y á todo caballo de los pueblos heriré con ceguera. [5] Y los capitanes de Judá dirán en su corazón: Mi fuerza son los moradores de Jerusalem en Jehová de los ejércitos su Dios. [6] En aquel día pondré los capitanes de Judá como un brasero de fuego en leña, y como una hacha de fuego en gavillas; y consumirán á diestra y á siniestra todos los pueblos alrededor: y Jerusalem será otra vez habitada en su lugar, en Jerusalem. [7] Y librará Jehová las tiendas de Judá primero, porque la gloria de la casa de David y del morador de Jerusalem no se

engrandezca sobre Judá. [8] En aquel día Jehová defenderá al morador de Jerusalem: y el que entre ellos fuere flaco, en aquel tiempo será como David; y la casa de David como ángeles, como el ángel de Jehová delante de ellos. [9] Y será que en aquel día yo procuraré quebrantar todas las gentes que vinieren contra Jerusalem. [10] Y derramaré sobre la casa de David, y sobre los moradores de Jerusalem, espíritu de gracia y de oración; y mirarán á mí, á quien traspasaron, y harán llanto sobre él, como llanto sobre unigénito, afligiéndose sobre él como quien se aflige sobre primogénito. [11] En aquel día habrá gran llanto en Jerusalem, como el llanto de Adadrimón en el valle de Megiddo. [12] Y la tierra lamentará, cada linaje de por sí; el linaje de la casa de David por sí, y sus mujeres por sí; el linaje de la casa de Nathán por sí, y sus mujeres por sí; [13] El linaje de la casa de Leví por sí, y sus mujeres por sí; el linaje de Simei por sí, y sus mujeres por sí; [14] Todos los otros linajes, los linajes por sí, y sus mujeres por sí.

15. Zacarías 13:7-9

[7] Levántate, oh espada, sobre el pastor, y sobre el hombre compañero mío, dice Jehová de los ejércitos. Hiere al pastor, y se derramarán las ovejas: mas tornaré mi mano sobre los chiquitos. [8] Y acontecerá en toda la tierra, dice Jehová, que las dos partes serán taladas en ella, y se perderán; mas la tercera quedará en ella. [9] Y meteré en el fuego la tercera parte, y los fundiré como se funde la plata, y probarélos como se prueba el oro. El invocará mi nombre, y yo le oiré, y diré: Pueblo mío: y él dirá: Jehová es mi Dios.

PROFECÍAS EN MALAQUÍAS: 5

1. Malaquías 1:4-5

[4] Cuando Edom dijere: Nos hemos empobrecido, mas tornemos á edificar lo arruinado; así ha dicho Jehová de los ejércitos: Ellos edificarán, y yo destruiré: y les llamarán Provincia de impiedad, y, Pueblo contra quien Jehová se airó para siempre. [5] Y vuestros ojos lo verán, y diréis: Sea Jehová engrandecido sobre la provincia de Israel.

2. Malaquías 1:11

[11] Porque desde donde el sol nace hasta donde se pone, es grande mi nombre entre las gentes; y en todo lugar se ofrece á mi nombre perfume, y presente limpio: porque grande es mi nombre entre las gentes, dice Jehová de los ejércitos.

3. Malaquías 2:2-3

[2] Si no oyereis, y si no acordareis dar gloria á mi nombre, ha dicho Jehová de los ejércitos, enviaré maldición sobre vosotros, y maldeciré vuestras bendiciones; y aun las he maldecido, porque no lo ponéis en vuestro corazón. [3] He aquí, yo os daño la sementera, y esparciré el estiércol sobre vuestros rostros, el estiércol de vuestras solemnidades, y con él seréis removidos.

4. Malaquías 3:1

[1] HE aquí, yo envío mi mensajero, el cual preparará el camino delante de mí: y luego vendrá á su templo el Señor á quien vosotros buscáis, y el ángel del pacto, á quien deseáis vosotros. He aquí viene, ha dicho Jehová de los ejércitos.

5. Malaquías 3:17-18

[17] Y serán para mí especial tesoro, ha dicho Jehová de los ejércitos, en el día que yo tengo de hacer: y perdonarélos como el hombre que perdona á su hijo que le sirve. [18] Entonces os tornaréis, y echaréis de ver la diferencia entre el justo y el malo, entre el que sirve á Dios y el que no le sirve.

PROFECÍAS EN EL NUEVO TESTAMENTO

PROFECIAS EN SAN MATEO: 43

1. Mateo 1:21-23
[21] Y parirá un hijo, y llamarás su nombre JESUS, porque él salvará á su pueblo de sus pecados. [22] Todo esto aconteció para que se cumpliese lo que fué dicho por el Señor, por el profeta que dijo: [23] He aquí la virgen concebirá y parirá un hijo, Y llamarás su nombre Emmanuel, que declarado, es: Con nosotros Dios.

2. Mateo 2:6
[6] Y tú, Bethlehem, de tierra de Judá, No eres muy pequeña entre los príncipes de Judá; Porque de ti saldrá un guiador, Que apacentará á mi pueblo Israel.

3. Mateo 2:13
[13] Y partidos ellos, he aquí el ángel del Señor aparece en sueños á José, diciendo: Levántate, y toma al niño y á su madre, y huye á Egipto, y estáte allá hasta que yo te lo diga; porque ha de acontecer, que Herodes buscará al niño para matarlo.

4. Mateo 2:15
[15] Y estuvo allá hasta la muerte de Herodes: para que se cumpliese lo que fué dicho por el Señor, por el profeta que dijo: De Egipto llamé á mi Hijo.

5. Mateo 2:18
[18] Voz fué oída en Ramá, Grande lamentación, lloro y gemido: Rachêl que llora sus hijos, Y no quiso ser consolada, porque perecieron.

6. Mateo 2:23

[23] Y vino, y habitó en la ciudad que se llama Nazaret: para que se cumpliese lo que fué dicho por los profetas, que había de ser llamado Nazareno.

7. Mateo 3:3

[3] Porque éste es aquel del cual fué dicho por el profeta Isaías, que dijo: Voz de uno que clama en el desierto: Aparejad el camino del Señor, Enderezad sus veredas.

8. Mateo 4:14 -16

[14] Para que se cumpliese lo que fué dicho por el profeta Isaías, que dijo: [15] La tierra de Zabulón, y la tierra de Nephtalim, Camino de la mar, de la otra parte del Jordán, Galilea de los Gentiles; [16] El pueblo asentado en tinieblas, Vió gran luz; Y á los sentados en región y sombra de muerte, Luz les esclareció.

9. Mateo 8:17

[17] Para que se cumpliese lo que fué dicho por el profeta Isaías, que dijo: El mismo tomó nuestras enfermedades, y llevó nuestras dolencias.

10. Mateo 9:15

[15] Y Jesús les dijo: ¿Pueden los que son de bodas tener luto entre tanto que el esposo está con ellos? mas vendrán días cuando el esposo será quitado de ellos, y entonces ayunarán.

11. Mateo 10:15-26

[15] De cierto os digo, que el castigo será más tolerable á la tierra de los de Sodoma y de los de Gomorra en el día del juicio, que á aquella ciudad. [16] He aquí, yo os envío como á ovejas en medio de lobos: sed pues prudentes como serpientes, y sencillos como palomas. [17] Y guardaos de los hombres: porque os entregarán en concilios, y en sus sinagogas os azotarán; [18] Y aun á príncipes y á reyes seréis llevados por causa de mí, por testimonio á ellos y á los Gentiles. [19] Mas cuando os entregaren, no os apuréis por cómo ó qué hablaréis; porque en aquella hora os será dado qué habéis de hablar. [20] Porque no sois vosotros los que habláis, sino el Espíritu de vuestro Padre que habla en vosotros. [21] Y el hermano entregará al

hermano á la muerte, y el padre al hijo; y los hijos se levantarán contra los padres, y los harán morir. [22] Y seréis aborrecidos de todos por mi nombre; mas el que soportare hasta el fin, éste será salvo. [23] Mas cuando os persiguieren en esta ciudad, huid á la otra: porque de cierto os digo, que no acabaréis de andar todas las ciudades de Israel, que no venga el Hijo del hombre. [24] El discípulo no es más que su maestro, ni el siervo más que su señor. [25] Bástale al discípulo ser como su maestro, y al siervo como su señor. Si al padre de la familia llamaron Beelzebub, ¿cuánto más á los de su casa?

[26] Así que, no los temáis; porque nada hay encubierto, que no haya de ser manifestado; ni oculto, que no haya de saberse.

12. Mateo 10:32-33

[32] Cualquiera pues que me confesare delante de los hombres, le confesaré yo también delante de mi Padre que está en los cielos. [33] Y cualquiera que me negare delante de los hombres, le negaré yo también delante de mi Padre que está en los cielos.

13. Mateo 12:17-18

[17] Para que se cumpliese lo que estaba dicho por el profeta Isaías, que dijo: [18] He aquí mi siervo, al cual he escogido; Mi Amado, en el cual se agrada mi alma: Pondré mi Espíritu sobre él Y á los Gentiles anunciará juicio.

14. Mateo 12:36-37

[36] Mas yo os digo, que toda palabra ociosa que hablaren los hombres, de ella darán cuenta en el día del juicio; [37] Porque por tus palabras serás justificado, y por tus palabras serás condenado.

15. Mateo 12:39-40

[39] Y él respondió, y les dijo: La generación mala y adulterina demanda señal; mas señal no le será dada, sino la señal de Jonás profeta. [40] Porque como estuvo Jonás en el vientre de la ballena tres días y tres noches, así estará el Hijo del hombre en el corazón de la tierra tres días y tres noches.

16. Mateo 13:14

[14] De manera que se cumple en ellos la profecía de Isaías, que dice: De oído oiréis, y no entenderéis; Y viendo veréis, y no miraréis.

17. Mateo 13:35

[35] Para que se cumpliese lo que fué dicho por el profeta, que dijo: Abriré en parábolas mi boca; Rebosaré cosas escondidas desde la fundación del mundo.

18. Mateo 16:18-19

[18] Mas yo también te digo, que tú eres Pedro, y sobre esta piedra edificaré mi iglesia; y las puertas del infierno no prevalecerán contra ella. [19] Y á ti daré las llaves del reino de los cielos; y todo lo que ligares en la tierra será ligado en los cielos; y todo lo que desatares en la tierra será desatado en los cielos.

19. Mateo 16:21

[21] Desde aquel tiempo comenzó Jesús á declarar á sus discípulos que le convenía ir á Jerusalem, y padecer mucho de los ancianos, y de los príncipes de los sacerdotes, y de los escribas; y ser muerto, y resucitar al tercer día.

20. Mateo 16:27

[27] Porque el Hijo del hombre vendrá en la gloria de su Padre con sus ángeles, y entonces pagará á cada uno conforme á sus obras.

21. Mateo 17:11

[11] Y respondiendo Jesús, les dijo: á la verdad, Elías vendrá primero, y restituirá todas las cosas.

22. Mateo 17:22-23

[22] Y estando ellos en Galilea, Jesús les dijo: El Hijo del hombre será entregado en manos de hombres, [23] Y le matarán; mas al tercer día resucitará. Y ellos se entristecieron en gran manera.

23. Mateo 19:28-30

[28] Y Jesús les dijo: De cierto os digo, que vosotros que me habéis seguido, en la regeneración, cuando se sentará el Hijo del hombre en el trono de su gloria, vosotros también os sentaréis sobre doce tronos, para juzgar á las doce tribus de Israel. [29] Y cualquiera que dejare casas, ó hermanos, ó hermanas, ó padre, ó madre, ó mujer, ó hijos, ó tierras, por mi nombre, recibirá cien veces tanto, y heredará la vida eterna. [30] Mas muchos primeros serán postreros, y postreros primeros.

24. Mateo 20:18-19

[18] He aquí subimos á Jerusalem, y el Hijo del hombre será entregado á los príncipes de los sacerdotes y á los escribas, y le condenarán á muerte; [19] Y le entregarán á los Gentiles para que le escarnezcan, y azoten, y crucifiquen; mas al tercer día resucitará.

25. Mateo 20:23

[23] Y él les dice: A la verdad mi vaso beberéis, y del bautismo de que yo soy bautizado, seréis bautizados; mas el sentaros á mi mano derecha y á mi izquierda, no es mío lo, sino á aquellos para quienes está aparejado de mi Padre.

26. Mateo 21:2-3

[2] Diciéndoles: Id á la aldea que está delante de vosotros, y luego hallaréis una asna atada, y un pollino con ella: desatad la, y traédme los. [3] Y si alguno os dijere algo, decid: El Señor los ha menester. Y luego los dejará.

27. Mateo 21:4-5

[4] Y todo esto fué hecho, para que se cumpliese lo que fué dicho por el profeta, que dijo: [5] Decid á la hija de Sión: He aquí, tu Rey viene á ti, Manso, y sentado sobre una asna, Y sobre un pollino, hijo de animal de yugo.

28. Mateo 21:9

[9] Y las gentes que iban delante, y las que iban detrás, aclamaban diciendo: Hosanna al Hijo de David! Bendito el que viene en el nombre del Señor! Hosanna en las alturas!

29. Mateo 21:42-43

[42] Díceles Jesús: ¿Nunca leísteis en las Escrituras: La piedra que desecharon los que edificaban, Esta fué hecha por cabeza de esquina: Por el Señor es hecho esto, Y es cosa maravillosa en nuestros ojos? [43] Por tanto os digo, que el reino de Dios será quitado de vosotros, y será dado á gente que haga los frutos de él.

30. Mateo 22:44

[44] Dijo el Señor á mi Señor: Siéntate á mi diestra, Entre tanto que pongo tus enemigos por estrado de tus pies?

31. Mateo 23:34-36

[34] Por tanto, he aquí, yo envío á vosotros profetas, y sabios, y escribas: y de ellos, á unos mataréis y crucificaréis, y á otros de ellos azotaréis en vuestras sinagogas, y perseguiréis de ciudad en ciudad: [35] Para que venga sobre vosotros toda la sangre justa que se ha derramado sobre la tierra, desde la sangre de Abel el justo, hasta la sangre de Zacarías, hijo de Barachîas, al cual matasteis entre el templo y el altar.
[36] De cierto os digo que todo esto vendrá sobre esta generación.

32. Mateo 24:2

[2] Y respondiendo él, les dijo: ¿Veis todo esto? de cierto os digo, que no será dejada aquí piedra sobre piedra, que no sea destruída.

33. Mateo 24:4-14

[4] Y respondiendo Jesús, les dijo: Mirad que nadie os engañe. [5] Porque vendrán muchos en mi nombre, diciendo: Yo soy el Cristo; y á muchos engañarán. [6] Y oiréis guerras, y rumores de guerras: mirad que no os turbéis; porque es menester que todo esto acontezca; mas aún no es el fin. [7] Porque se levantará nación contra nación, y reino contra reino; y habrá pestilencias, y hambres, y terremotos por los lugares. [8] Y todas estas cosas, principio de dolores. [9] Entonces os entregarán para ser afligidos, y os matarán; y seréis aborrecidos de todas las gentes por causa de mi nombre. [10] Y muchos entonces serán escandalizados; y se entregarán unos á otros, y unos á otros se aborrecerán. [11] Y muchos falsos profetas se levantarán y engañarán á muchos. [12] Y por haberse multiplicado la maldad, la caridad de muchos se resfriará. [13] Mas el que perseverare hasta el fin, éste será salvo. [14] Y será predicado este evangelio del reino en todo el mundo, por testimonio á todos los Gentiles; y entonces vendrá el fin.

34. Mateo 26:2

[2] Sabéis que dentro de dos días se hace la pascua, y el Hijo del hombre es entregado para ser crucificado.

35. Mateo 26:12-13

[12] Porque echando este ungüento sobre mi cuerpo, para sepultarme lo ha hecho. [13] De cierto os digo, que donde quiera que este evangelio fuere predicado en todo el mundo, también será dicho para memoria de ella, lo que ésta ha hecho.

36. Mateo 26:21

[21] Y comiendo ellos, dijo: De cierto os digo, que uno de vosotros me ha de entregar.

37. Mateo 26:26 -29

[26] Y comiendo ellos, tomó Jesús el pan, y bendijo, y lo partió, y dió á sus discípulos, y dijo: Tomad, comed. esto es mi cuerpo.
[27] Y tomando el vaso, y hechas gracias, les dió, diciendo: Bebed de él todos; [28] Porque esto es mi sangre del nuevo pacto, la cual es derramada por muchos para remisión de los pecados. [29] Y os digo, que desde ahora no beberé más de este fruto de la vid, hasta aquel día, cuando lo tengo de beber nuevo con vosotros en el reino de mi Padre.

38. Mateo 26:31-32

[31] Entonces Jesús les dice: Todos vosotros seréis escandalizados en mí esta noche; porque escrito está: Heriré al Pastor, y las ovejas de la manada serán dispersas. [32] Mas después que haya resucitado, iré delante de vosotros á Galilea.

39. Mateo 26:34

[34] Jesús le dice: De cierto te digo que esta noche, antes que el gallo cante, me negarás tres veces.

40. Mateo 26:45-46

[45] Entonces vino á sus discípulos y díceles: Dormid ya, y descansad: he aquí ha llegado la hora, y el Hijo del hombre es entregado en manos de pecadores. [46] Levantaos, vamos: he aquí ha llegado el que me ha entregado.

41. Mateo 26:64

[64] Jesús le dijo: Tú lo has dicho: y aun os digo, que desde ahora habéis de ver al Hijo de los hombres sentado á la diestra de la potencia de Dios, y que viene en las nubes del cielo.

42. Mateo 27:9-10

[9] Entonces se cumplió lo que fué dicho por el profeta Jeremías, que dijo: Y tomaron las treinta piezas de plata, precio del apreciado, que fué apreciado por los hijos de Israel; [10] Y las dieron para el campo del alfarero, como me ordenó el Señor.

43. Mateo 27:34

[34] Le dieron á beber vinagre mezclado con hiel: y gustando, no quiso beber lo

PROFECÍAS EN SAN MARCOS: 36

1. Marcos 1:2

[2] Como está escrito en Isaías el profeta: He aquí yo envío á mi mensajero delante de tu faz, Que apareje tu camino delante de ti.

2. Marcos 1:3

[3] Voz del que clama en el desierto: Aparejad el camino del Señor; Enderezad sus veredas.

3. Marcos 1:7

[7] Y predicaba, diciendo: Viene tras mí el que es más poderoso que yo, al cual no soy digno de desatar encorvado la correa de sus zapatos.

4. Marcos 2:20

[20] Mas vendrán días, cuando el esposo les será quitado, y entonces en aquellos días ayunarán.

5. Marcos 4:12

[12] Para que viendo, vean y no echen de ver; y oyendo, oigan y no entiendan: porque no se conviertan, y les sean perdonados los pecados.

6. Marcos 6:11

[11] Y todos aquellos que no os recibieren ni os oyeren, saliendo de allí, sacudid el polvo que está debajo de vuestros pies, en testimonio á ellos. De cierto os digo que más tolerable será el castigo de los de Sodoma y Gomorra el día del juicio, que el de aquella ciudad.

7. Marcos 8:31

[31] Y comenzó á enseñarles, que convenía que el Hijo del hombre padeciese mucho, y ser reprobado de los ancianos, y de los príncipes de los sacerdotes, y de los escribas, y ser muerto, y resucitar después de tres días.

8. Marcos 9:1

[1] TAMBIÉN les dijo: De cierto os digo que hay algunos de los que están aquí, que no gustarán la muerte hasta que hayan visto el reino de Dios que viene con potencia.

9. Marcos 9:9

[9] Y descendiendo ellos del monte, les mandó que á nadie dijesen lo que habían visto, sino cuando el Hijo del hombre hubiese resucitado de los muertos.

10. Marcos 9:12

[12] Y respondiendo él, les dijo: Elías á la verdad, viniendo antes, restituirá todas las cosas: y como está escrito del Hijo del hombre, que padezca mucho y sea tenido en nada.

11. Marcos 9:31

[31] Porque enseñaba á sus discípulos, y les decía: El Hijo del hombre será entregado en manos de hombres, y le matarán; mas muerto él, resucitará al tercer día.

12. Marcos 9:43-48

[43] Y si tu mano te escandalizare, córtala: mejor te es entrar á la vida manco, que teniendo dos manos ir á la Gehenna, al fuego que no puede ser apagado; [44] Donde su gusano no muere, y el fuego nunca se apaga. [45] Y si tu pie te fuere ocasión de caer, córtalo: mejor te es entrar á la vida cojo, que teniendo dos pies ser echado en la Gehenna, al fuego que no puede ser apagado; [46] Donde el gusano de ellos no muere, y el fuego nunca se apaga. [47] Y si tu ojo te fuere ocasión de caer, sácalo: mejor te es entrar al reino de Dios con un ojo, que teniendo dos ojos ser echado á la Gehenna; [48] Donde el gusano de ellos no muere, y el fuego nunca se apaga.

13. Marcos 10:29-30

[29] Y respondiendo Jesús, dijo: De cierto os digo, que no hay ninguno que haya dejado casa, ó hermanos, ó hermanas, ó padre, ó madre, ó mujer, ó hijos, ó heredades, por causa de mí y del evangelio, [30] Que no reciba cien tantos ahora en este tiempo, casas, y hermanos, y hermanas, y madres, é hijos, y heredades, con persecuciones; y en el siglo venidero la vida eterna.

14. Marcos 10:33-34

[33] He aquí subimos á Jerusalem, y el Hijo del hombre será entregado á los príncipes de los sacerdotes, y á los escribas, y le condenarán á muerte, y le entregarán á los Gentiles: [34] Y le escarnecerán, y le azotarán, y escupirán en él, y le matarán; mas al tercer día resucitará.

15. Marcos 10:39-40

[39] Y ellos dijeron: Podemos. Y Jesús les dijo: A la verdad, del vaso que yo bebo, beberéis; y del bautismo de que soy bautizado, seréis bautizados. [40] Mas que os sentéis á mi diestra y á mi siniestra, no es mío darlo, sino á quienes está aparejado.

16. Marcos 10:45

[45] Porque el Hijo del hombre tampoco vino para ser servido, mas para servir, y dar su vida en rescate por muchos.

17. Marcos 11:2-3

[2] Y les dice: Id al lugar que está delante de vosotros, y luego entrados en él, hallaréis un pollino atado, sobre el cual ningún hombre ha subido;

desatadlo y traedlo. [3] Y si alguien os dijere: ¿Por qué hacéis eso? decid que el Señor lo ha menester: y luego lo enviará acá.

18. Marcos 11:17

[17] Y les enseñaba diciendo: ¿No está escrito que mi casa, casa de oración será llamada por todas las gentes? Mas vosotros la habéis hecho cueva de ladrones.

19. Marcos 11:23

[23] Porque de cierto os digo que cualquiera que dijere á este monte: Quítate, y échate en la mar, y no dudare en su corazón, mas creyere que será hecho lo que dice, lo que dijere le será hecho.

20. Marcos 12:10-11

[10] ¿Ni aun esta Escritura habéis leído: La piedra que desecharon los que edificaban, Esta es puesta por cabeza de esquina; [11] Por el Señor es hecho esto, Y es cosa maravillosa en nuestros ojos?

21. Marcos 12:24-27

[24] Entonces respondiendo Jesús, les dice: ¿No erráis por eso, porque no sabéis las Escrituras, ni la potencia de Dios? [25] Porque cuando resucitarán de los muertos, ni se casarán, ni serán dados en casamiento, mas son como los ángeles que están en los cielos. [26] Y de que los muertos hayan de resucitar, ¿no habéis leído en el libro de Moisés cómo le habló Dios en la zarza, diciendo: Yo soy el Dios de Abraham, y el Dios de Isaac, y el Dios de Jacob? [27] No es Dios de muertos, mas Dios de vivos; así que vosotros mucho erráis.

22. Marcos 12:36-37

[36] Porque el mismo David dijo por el Espíritu Santo: Dijo el Señor á mi Señor: Siéntate á mi diestra, Hasta que ponga tus enemigos por estrado de tus pies. [37] Luego llamándole el mismo David Señor, ¿de dónde, pues, es su hijo? Y los que eran del común del pueblo le oían de buena gana.

23. Marcos 12:40

[40] Que devoran las casas de las viudas, y por pretexto hacen largas oraciones. Estos recibirán mayor juicio.

24. Marcos 13:2

[2] Y Jesús respondiendo, le dijo: ¿Ves estos grandes edificios? no quedará piedra sobre piedra que no sea derribada.

25. Marcos 13:5-13

[5] Y Jesús respondiéndoles, comenzó á decir: Mirad, que nadie os engañe; [6] Porque vendrán muchos en mi nombre, diciendo: Yo soy el Cristo; y engañaran á muchos. [7] Mas cuando oyereis de guerras y de rumores de guerras no os turbéis, porque conviene hacerse así; mas aun no será el fin. [8] Porque se levantará nación contra nación, y reino contra reino; y habrá terremotos en muchos lugares, y habrá hambres y alborotos; principios de dolores serán estos. [9] Mas vosotros mirad por vosotros: porque os entregarán en los concilios, y en sinagogas seréis azotados: y delante de presidentes y de reyes seréis llamados por causa de mí, en testimonio á ellos. [10] Y á todas las gentes conviene que el evangelio sea predicado antes. [11] Y cuando os trajeren para entregaros, no premeditéis qué habéis de decir, ni lo penséis: mas lo que os fuere dado en aquella hora, eso hablad; porque no sois vosotros los que habláis, sino el Espíritu Santo. [12] Y entregará á la muerte el hermano al hermano, y el padre al hijo: y se levantarán los hijos contra los padres, y los matarán.

[13] Y seréis aborrecidos de todos por mi nombre: mas el que perseverare hasta el fin, éste será salvo.

26. Marcos 14:8-9

[8] Esta ha hecho lo que podía; porque se ha anticipado á ungir mi cuerpo para la sepultura. [9] De cierto os digo que donde quiera que fuere predicado este evangelio en todo el mundo, también esto que ha hecho ésta, será dicho para memoria de ella.

27. Marcos 14:13-14

[13] Y envía dos de sus discípulos, y les dice: Id á la ciudad, y os encontrará un hombre que lleva un cántaro de agua; seguidle; [14] Y donde entrare, decid al señor de la casa: El Maestro dice: ¿Dónde está el aposento donde he de comer la pascua con mis discípulos?

28. Marcos 14:18

[18] Y como se sentaron á la mesa y comiesen, dice Jesús: De cierto os digo que uno de vosotros, que come conmigo, me ha de entregar.

29. Marcos 14:20

[20] Y él respondiendo les dijo: Es uno de los doce que moja conmigo en el plato.

30. Marcos 14:22-25

[22] Y estando ellos comiendo, tomó Jesús pan, y bendiciendo, partió y les dió, y dijo: Tomad, esto es mi cuerpo. [23] Y tomando el vaso, habiendo hecho gracias, les dió: y bebieron de él todos. [24] Y les dice: Esto es mi sangre del nuevo pacto, que por muchos es derramada. [25] De cierto os digo que no beberé más del fruto de la vid, hasta aquel día cundo lo beberé nuevo en el reino de Dios.

31. Marcos 14:27-28

[27] Jesús entonces les dice: Todos seréis escandalizados en mí esta noche; porque escrito está: Heriré al pastor, y serán derramadas las ovejas. [28] Mas después que haya resucitado, iré delante de vosotros á Galilea.

32. Marcos 14:30

[30] Y le dice Jesús: De cierto te digo que tú, hoy, en esta noche, antes que el gallo haya cantado dos veces, me negarás tres veces.

33. Marcos 14:40-42

[40] Y vuelto, los halló otra vez durmiendo, porque los ojos de ellos estaban cargados; y no sabían qué responderle. [41] Y vino la tercera vez, y les dice: Dormid ya y descansad: basta, la hora es venida; he aquí, el Hijo del hombre es entregado en manos de los pecadores. [42] Levantaos, vamos: he aquí, el que me entrega está cerca.

34. Marcos 14:62

[62] Y Jesús le dijo: Yo soy; y veréis al Hijo del hombre sentado á la diestra de la potencia de Dios, y viniendo en las nubes del cielo.

35. Marcos 15:28

[28] Y se cumplió la Escritura, que dice: Y con los inicuos fué contado.

36. Marcos 15:34-36

[34] Y á la hora de nona, exclamó Jesús á gran voz, diciendo: Eloi, Eloi, ¿lama sabachthani? que declarado, quiere decir: Dios mío, Díos mío, ¿por qué me has desamparado? [35] Y oyéndole unos de los que estaban allí, decían: He aquí, llama á Elías. [36] Y corrió uno, y empapando una esponja en vinagre, y poniéndola en una caña, le dió á beber, diciendo: Dejad, veamos si vendrá Elías á quitarle.

PROFECÍAS EN SAN LUCAS: 50

1. Lucas 1:13-17

[13] Mas el ángel le dijo: Zacarías, no temas; porque tu oración ha sido oída, y tu mujer Elisabet te parirá un hijo, y llamarás su nombre Juan. [14] Y tendrás gozo y alegría, y muchos se gozarán de su nacimiento. [15] Porque será grande delante de Dios, y no beberá vino ni sidra; y será lleno del Espíritu Santo, aun desde el seno de su madre. [16] Y á muchos de los hijos de Israel convertirá al Señor Dios de ellos. [17] Porque él irá delante de él con el espíritu y virtud de Elías, para convertir los corazones de los padres á los hijos, y los rebeldes á la prudencia de los justos, para aparejar al Señor un pueblo apercibido.

2. Lucas 1:20

[20] Y he aquí estarás mudo y no podrás hablar, hasta el día que esto sea hecho, por cuanto no creíste á mis palabras, las cuales se cumplirán á su tiempo.

3. Lucas 1:28

[28] Y entrando el ángel á donde estaba, dijo, Salve, muy favorecida! el Señor es contigo: bendita tú entre las mujeres.

4. Lucas 1:30-33

[30] Entonces el ángel le dijo: María, no temas, porque has hallado gracia cerca de Dios. [31] Y he aquí, concebirás en tu seno, y parirás un hijo, y llamarás su nombre JESUS. [32] Este será grande, y será llamado Hijo del Altísimo: y le dará el Señor Dios el trono de David su padre: [33] Y reinará en la casa de Jacob por siempre; y de su reino no habrá fin.

5. Lucas 1:35

[35] Y respondiendo el ángel le dijo: El Espíritu Santo vendrá sobre ti, y la virtud del Altísimo te hará sombra; por lo cual también lo Santo que nacerá, será llamado Hijo de Dios.

6. Lucas 1:42-46

[42] Y exclamó á gran voz, y dijo. Bendita tú entre las mujeres, y bendito el fruto de tu vientre. [43] ¿Y de dónde esto á mí, que la madre de mi Señor venga á mí? [44] Porque he aquí, como llegó la voz de tu salutación á mis oídos, la criatura saltó de alegría en mi vientre. [45] Y bienaventurada la que creyó, porque se cumplirán las cosas que le fueron dichas de parte del Señor. [46] Entonces María dijo: engrandece mi alma al Señor;

7. Lucas 1:67-75

[67] Y Zacarías su padre fué lleno de Espíritu Santo, y profetizó, diciendo: [68] Bendito el Señor Dios de Israel, Que ha visitado y hecho redención á su pueblo,
[69] Y nos alzó un cuerno de salvación En la casa de David su siervo,
[70] Como habló por boca de sus santos profetas que fueron desde el principio: [71] Salvación de nuestros enemigos, y de mano de todos los que nos aborrecieron; [72] Para hacer misericordia con nuestros padres, Y acordándose de su santo pacto; [73] Del juramento que juró á Abraham nuestro padre, Que nos había de dar, [74] Que sin temor librados de nuestros enemigos, Le serviríamos [75] En santidad y en justicia delante de él, todos los días nuestros.

8. Lucas 2:10-12

[10] Mas el ángel les dijo: No temáis; porque he aquí os doy nuevas de gran gozo, que será para todo el pueblo: [11] Que os ha nacido hoy, en la ciudad

de David, un Salvador, que es CRISTO el Señor. [12] Y esto os será por señal: hallaréis al niño envuelto en pañales, echado en un pesebre.

9. Lucas 2:26
[26] Y había recibido respuesta del Espíritu Santo, que no vería la muerte antes que viese al Cristo del Señor.

10. Lucas 2:28-32
[28] Entonces él le tomó en sus brazos, y bendijo á Dios, y dijo: [29] Ahora despides, Señor, á tu siervo, Conforme á tu palabra, en paz; [30] Porque han visto mis ojos tu salvación, [31] La cual has aparejado en presencia de todos los pueblos; [32] Luz para ser revelada á los Gentiles, Y la gloria de tu pueblo Israel.

11. Lucas 2:34-35
[34] Y los bendijo Simeón, y dijo á su madre María: He aquí, éste es puesto para caída y para levantamiento de muchos en Israel; y para señal á la que será contradicho; [35] Y una espada traspasará tu alma de ti misma, para que sean manifestados los pensamientos de muchos corazones.

12. Lucas 3:4-6
[4] Como está escrito en el libro de las palabras del profeta Isaías que dice: Voz del que clama en el desierto: Aparejad el camino del Señor, Haced derechas sus sendas. [5] Todo valle se henchirá, Y bajaráse todo monte y collado; Y los caminos torcidos serán enderezados, Y los caminos ásperos allanados; [6] Y verá toda carne la salvación de Dios.

13. Lucas 3:9
[9] Y ya también el hacha está puesta á la raíz de los árboles: todo árbol pues que no hace buen fruto, es cortado, y echado en el fuego.

14. Lucas 3:16-17
[16] Respondió Juan, diciendo á todos: Yo, á la verdad, os bautizo en agua; mas viene quien es más poderoso que yo, de quien no soy digno de desatar la correa de sus zapatos: él os bautizará en Espíritu Santo y fuego; [17] Cuyo bieldo está en su mano, y limpiará su era, y juntará el trigo en su alfolí, y la paja quemará en fuego que nunca se apagará.

15. Lucas 4:17-19

[17] Y fuéle dado el libro del profeta Isaías; y como abrió el libro, halló el lugar donde estaba escrito: [18] El Espíritu del Señor es sobre mí, Por cuanto me ha ungido para dar buenas nuevas á los pobres: Me ha enviado para sanar á los quebrantados de corazón; Para pregonar á los cautivos libertad, Y á los ciegos vista; Para poner en libertad á los quebrantados: [19] Para predicar el año agradable del Señor.

16. Lucas 5:10

[10] Y asimismo á Jacobo y á Juan, hijos de Zebedeo, que eran compañeros de Simón. Y Jesús dijo á Simón: No temas: desde ahora pescarás hombres.

17. Lucas 6:20-26

[20] Y alzando él los ojos á sus discípulos, decía: Bienaventurados vosotros los pobres; porque vuestro es el reino de Dios. [21] Bienaventurados los que ahora tenéis hambre; porque seréis saciados. Bienaventurados los que ahora lloráis, porque reiréis. [22] Bienaventurados seréis, cuando los hombres os aborrecieren, y cuando os apartaren de sí, y os denostaren, y desecharen vuestro nombre como malo, por el Hijo del hombre. [23] Gozaos en aquel día, y alegraos; porque he aquí vuestro galardón es grande en los cielos; porque así hacían sus padres á los profetas. [24] Mas ay de vosotros, ricos! porque tenéis vuestro consuelo.

[25] Ay de vosotros, los que estáis hartos! porque tendréis hambre. Ay de vosotros, los que ahora reís! porque lamentaréis y lloraréis. [26] Ay de vosotros, cuando todos los hombres dijeren bien de vosotros! porque así hacían sus padres á los falsos profetas.

18. Lucas 7:27

[27] Este es de quien está escrito: He aquí, envío mi mensajero delante de tu faz, El cual aparejará tu camino delante de ti.

19. Lucas 9:22

[22] Diciendo: Es necesario que el Hijo del hombre padezca muchas cosas, y sea desechado de los ancianos, y de los príncipes de los sacerdotes, y de los escribas, y que sea muerto, y resucite al tercer día.

20. Lucas 9:24

[24] Porque cualquiera que quisiere salvar su vida, la perderá; y cualquiera que perdiere su vida por causa de mí, éste la salvará.

21. Lucas 9:44

[44] Poned vosotros en vuestros oídos estas palabras; porque ha de acontecer que el Hijo del hombre será entregado en manos de hombres.

22. Lucas 10:12

[12] Y os digo que los de Sodoma tendrán más remisión aquel día, que aquella ciudad.

23. Lucas 11:29-30

[29] Y juntándose las gentes á él, comenzó á decir: Esta generación mala es: señal busca, mas señal no le será dada, sino la señal de Jonás. [30] Porque como Jonás fué señal á los Ninivitas, así también será el Hijo del hombre á esta generación.

24. Lucas 11:48-49

[48] De cierto dais testimonio que consentís en los hechos de vuestros padres; porque á la verdad ellos los mataron, mas vosotros edificáis sus sepulcros. [49] Por tanto, la sabiduría de Dios también dijo: Enviaré á ellos profetas y apóstoles; y de ellos á unos matarán y á otros perseguirán;

25. Lucas 12:8-10

[8] Y os digo que todo aquel que me confesare delante de los hombres, también el Hijo del hombre le confesará delante de los ángeles de Dios; [9] Mas el que me negare delante de los hombres, será negado delante de los ángeles de Dios. [10] Y todo aquel que dice palabra contra el Hijo del hombre, le será perdonado; mas al que blasfemare contra el Espíritu Santo, no le será perdonado.

26. Lucas 13:3

[3] No, os digo; antes si no os arrepintiereis, todos pereceréis igualmente.

27. Lucas 13:5

[5] No, os digo; antes si no os arrepintiereis, todos pereceréis asimismo.

28. Lucas 13:24

[24] Porfiad á entrar por la puerta angosta; porque os digo que muchos procurarán entrar, y no podrán.

29. Lucas 13:32

[32] Y les dijo: Id, y decid á aquella zorra: He aquí, echo fuera demonios y acabo sanidades hoy y mañana, y al tercer día soy consumado.

30. Lucas 14:14

[14] Y serás bienaventurado; porque no te pueden retribuir; mas te será recompensado en la resurrección de los justos.

31. Lucas 17:22

[22] Y dijo á sus discípulos: Tiempo vendrá, cuando desearéis ver uno de los días del Hijo del hombre, y no lo veréis.

32. Lucas 18:29

[29] Y él les dijo: De cierto os digo, que nadie hay que haya dejado casa, padres, ó hermanos, ó mujer, ó hijos, por el reino de Dios,

33. Lucas 19:30-31

[30] Diciendo: Id á la aldea de enfrente; en la cual como entrareis, hallaréis un pollino atado, en el que ningún hombre se ha sentado jamás; desatadlo, y traedlo. [31] Y si alguien os preguntare, ¿por qué lo desatáis? le responderéis así: Porque el Señor lo ha menester.

34. Lucas 19:38

[38] Diciendo: Bendito el rey que viene en el nombre del Señor: paz en el cielo, y gloria en lo altísimo!

35. Lucas 19:46

[46] Diciéndoles: Escrito está: Mi casa, casa de oración es; mas vosotros la habéis hecho cueva de ladrones.

36. Lucas 20:17-18

[17] Mas él mirándolos, dice: ¿Qué pues es lo que está escrito: La piedra que condenaron los edificadores, Esta fué por cabeza de esquina? [18]

Cualquiera que cayere sobre aquella piedra, será quebrantado; mas sobre el que la piedra cayere, le desmenuzará.

37. Lucas 20:42
[42] Y el mismo David dice en el libro de los Salmos: Dijo el Señor á mi Señor: Siéntate á mi diestra,

38. Lucas 20:47
[47] Que devoran las casas de las viudas, poniendo por pretexto la larga oración: éstos recibirán mayor condenación.

39. Lucas 21:6
[6] Estas cosas que veis, días vendrán que no quedará piedra sobre piedra que no sea destruída.

40. Lucas 21:8-11
[8] El entonces dijo: Mirad, no seáis engañados; porque vendrán muchos en mi nombre, diciendo: Yo soy; y, el tiempo está cerca: por tanto, no vayáis en pos de ellos. [9] Empero cuando oyereis guerras y sediciones, no os espantéis; porque es necesario que estas cosas acontezcan primero: mas no luego será el fin. [10] Entonces les dijo: Se levantará gente contra gente, y reino contra reino; [11] Y habrá grandes terremotos, y en varios lugares hambres y pestilencias: y habrá espantos y grandes señales del cielo.

41. Lucas 22:10
[10] Y él les dijo: He aquí cuando entrareis en la ciudad, os encontrará un hombre que lleva un cántaro de agua: seguidle hasta la casa donde entrare,

42. Lucas 22:15-16
[15] Y les dijo: En gran manera he deseado comer con vosotros esta pascua antes que padezca; [16] Porque os digo que no comeré más de ella, hasta que se cumpla en el reino de Dios.

43. Lucas 22:29-30
[29] Yo pues os ordeno un reino, como mi Padre me lo ordenó á mí, [30] Para que comáis y bebáis en mi mesa en mi reino, y os sentéis sobre tronos juzgando á las doce tribus de Israel.

44. Lucas 22:31-32

[31] Dijo también el Señor: Simón, Simón, he aquí Satanás os ha pedido para zarandaros como á trigo; [32] Mas yo he rogado por ti que tu fe no falte: y tú, una vez vuelto, confirma á tus hermanos.

45. Lucas 22:34

[34] Y él dijo: Pedro, te digo que el gallo no cantará hoy antes que tú niegues tres veces que me conoces.

46. Lucas 22:37

[37] Porque os digo, que es necesario que se cumpla todavía en mí aquello que está escrito: Y con los malos fué contado: porque lo que está escrito de mí, cumplimiento tiene.

47. Lucas 23:28-30

[28] Mas Jesús, vuelto á ellas, les dice: Hijas de Jerusalem, no me lloréis á mí, mas llorad por vosotras mismas, y por vuestros hijos. [29] Porque he aquí vendrán días en que dirán: Bienaventuradas las estériles, y los vientres que no engendraron, y los pechos que no criaron. [30] Entonces comenzarán á decir á los montes: Caed sobre nosotros: y á los collados: Cubridnos.

48. Lucas 23:43

[43] Entonces Jesús le dijo: De cierto te digo, que hoy estarás conmigo en el paraíso.

49. Lucas 24:7

[7] Diciendo: Es menester que el Hijo del hombre sea entregado en manos de hombres pecadores, y que sea crucificado, y resucite al tercer día.

50. Lucas 24:49

[49] Y he aquí, yo enviaré la promesa de mi Padre sobre vosotros: mas vosotros asentad en la ciudad de Jerusalem, hasta que seáis investidos de potencia de lo alto.

PROFECÍAS EN SAN JUAN: 54

1. Juan 1:23
[23] Dijo: Yo soy la voz del que clama en el desierto: Enderezad el camino del Señor, como dijo Isaías profeta.

2. Juan 1:29-33
[29] El siguiente día ve Juan á Jesús que venía á él, y dice: He aquí el Cordero de Dios, que quita el pecado del mundo. [30] Este es del que dije: Tras mí viene un varón, el cual es antes de mí: porque era primero que yo. [31] Y yo no le conocía; más para que fuese manifestado á Israel, por eso vine yo bautizando con agua. [32] Y Juan dió testimonio, diciendo: Vi al Espíritu que descendía del cielo como paloma, y reposó sobre él. [33] Y yo no le conocía; mas el que me envió á bautizar con agua, aquél me dijo: Sobre quien vieres descender el Espíritu, y que reposa sobre él, éste es el que bautiza con Espíritu Santo.

3. Juan 1:50-51
[50] Respondió Jesús y díjole: ¿Porque te dije, te vi debajo de la higuera, crees? cosas mayores que éstas verás. [51] Y dícele: De cierto, de cierto os digo: De aquí adelante veréis el cielo abierto, y los ángeles de Dios que suben y descienden sobre el Hijo del hombre.

4. Juan 2:17
[17] Entonces se acordaron sus discípulos que está escrito: El celo de tu casa me comió.

5. Juan 2:19
[19] Respondió Jesús, y díjoles: Destruid este templo, y en tres días lo levantaré.

6. Juan 3:14-15
[14] Y como Moisés levantó la serpiente en el desierto, así es necesario que el Hijo del hombre sea levantado; [15] Para que todo aquel que en él creyere, no se pierda, sino que tenga vida eterna.

7. Juan 3:30-31

[30] A él conviene crecer, mas á mí menguar. [31] El que de arriba viene, sobre todos es: el que es de la tierra, terreno es, y cosas terrenas habla: el que viene del cielo, sobre todos es.

8. Juan 4:21-24

[21] Dícele Jesús: Mujer, créeme, que la hora viene, cuando ni en este monte, ni en Jerusalem adoraréis al Padre. [22] Vosotros adoráis lo que no sabéis; nosotros adoramos lo que sabemos: porque la salud viene de los Judíos. [23] Mas la hora viene, y ahora es, cuando los verdaderos adoradores adorarán al Padre en espíritu y en verdad; porque también el Padre tales adoradores busca que adoren. [24] Dios es Espíritu; y los que le adoran, en espíritu y en verdad es necesario que adoren.

9. Juan 4:50

[50] Dícele Jesús: Ve, tu hijo vive. Y el hombre creyó á la palabra que Jesús le dijo, y se fué.

10. Juan 5:20

20] Porque el Padre ama al Hijo, y le muestra todas las cosas que él hace; y mayores obras que éstas le mostrará, de suerte que vosotros os maravilléis.

11. Juan 5:25

[25] De cierto, de cierto os digo: Vendrá hora, y ahora es, cuando los muertos oirán la voz del Hijo de Dios: y los que oyeren vivirán.

12. Juan 5:28-29

[28] No os maravilléis de esto; porque vendrá hora, cuando todos los que están en los sepulcros oirán su voz; [29] Y los que hicieron bien, saldrán á resurrección de vida; mas los que hicieron mal, á resurrección de condenación.

13. Juan 5:43

[43] Yo he venido en nombre de mi Padre, y no me recibís: si otro viniere en su propio nombre, á aquél recibiréis.

14. Juan 6:35

[35] Y Jesús les dijo: Yo soy el pan de vida: el que á mí viene, nunca tendrá hambre; y el que en mí cree, no tendrá sed jamás.

15. Juan 6:37

[37] Todo lo que el Padre me da, vendrá á mí; y al que á mí viene, no le hecho fuera.

16. Juan 6:39-40

[39] Y esta es la voluntad del que me envió, del Padre: Que todo lo que me diere, no pierda de ello, sino que lo resucite en el día postrero. [40] Y esta es la voluntad del que me ha enviado: Que todo aquel que ve al Hijo, y cree en él, tenga vida eterna: y yo le resucitaré en el día postrero.

17. Juan 6:44-45

[44] Ninguno puede venir á mí, si el Padre que me envió no le trajere; y yo le resucitaré en el día postrero. [45] Escrito está en los profetas: Y serán todos enseñados de Dios. Así que, todo aquel que oyó del Padre, y aprendió, viene á mí.

.....................Ref Jeremías 31:34 RVA

[34] Y no enseñará más ninguno á su prójimo, ni ninguno á su hermano, diciendo: Conoce á Jehová: porque todos me conocerán, desde el más pequeño de ellos hasta el más grande, dice Jehová: porque perdonaré la maldad de ellos, y no me acordaré más de su pecado.

18. Juan 6:50-51

[50] Este es el pan que desciende del cielo, para que el que de él comiere, no muera. [51] Yo soy el pan vivo que he descendido del cielo: si alguno comiere de este pan, vivirá para siempre; y el pan que yo daré es mi carne, la cual yo daré por la vida del mundo.

19. Juan 6:53-54

[53] Y Jesús les dijo: De cierto, de cierto os digo: Si no comiereis la carne del Hijo del hombre, y bebiereis su sangre, no tendréis vida en vosotros. [54] El que come mi carne y bebe mi sangre, tiene vida eterna: y yo le resucitaré en el día postrero.

20. Juan 6:62

[62] ¿Pues qué, si viereis al Hijo del hombre que sube donde estaba primero?

21. Juan 7:33-34

[33] Y Jesús dijo: Aun un poco de tiempo estaré con vosotros, é iré al que me envió. [34] Me buscaréis, y no me hallaréis; y donde yo estaré, vosotros no podréis venir.

22. Juan 7:42

[42] ¿No dice la Escritura, que de la simiente de David, y de la aldea de Bethlehem, de donde era David, vendrá el Cristo?............Ref....
Jeremías 23:5
[5] He aquí que vienen los días, dice Jehová, y despertaré á David renuevo justo, y reinará Rey, el cual será dichoso, y hará juicio y justicia en la tierra.

23. Juan 8:21

[21] Y díjoles otra vez Jesús: Yo me voy, y me buscaréis, mas en vuestro pecado moriréis: á donde yo voy, vosotros no podéis venir.

24. Juan 10:14-18

[14] Yo soy el buen pastor; y conozco mis ovejas, y las mías me conocen. [15] Como el Padre me conoce, y yo conozco al Padre; y pongo mi vida por las ovejas. [16] También tengo otras ovejas que no son de este redil; aquéllas también me conviene traer, y oirán mi voz; y habrá un rebaño, y un pastor. [17] Por eso me ama el Padre, porque yo pongo mi vida, para volverla á tomar. [18] Nadie me la quita, mas yo la pongo de mí mismo. Tengo poder para ponerla, y tengo poder para volverla á tomar. Este mandamiento recibí de mi Padre.

25. Juan 11:51-52

[51] Mas esto no lo dijo de sí mismo; sino que, como era el sumo pontífice de aquel año, profetizó que Jesús había de morir por la nación: [52] Y no solamente por aquella nación, mas también para que juntase en uno los hijos de Dios que estaban derramados.

26. Juan 12:13

[13] Tomaron ramos de palmas, y salieron á recibirle, y clamaban: Hosanna, Bendito el que viene en el nombre del Señor, el Rey de Israel!

27. Juan 12:15

[15] No temas, hija de Sión: he aquí tu Rey viene, sentado sobre un pollino de asna.

28. Juan 12:23-24

[23] Entonces Jesús les respondió, diciendo: La hora viene en que el Hijo del hombre ha de ser glorificado. [24] De cierto, de cierto os digo, que si el grano de trigo no cae en la tierra y muere, él solo queda; mas si muriere, mucho fruto lleva.

29. Juan 12:31-32

[31] Ahora es el juicio de este mundo: ahora el príncipe de este mundo será echado fuera. [32] Y yo, si fuere levantado de la tierra, á todos traeré á mí mismo.

30. Juan 12:38

[38] Para que se cumpliese el dicho que dijo el profeta Isaías: ¿Señor, quién ha creído á nuestro dicho? ¿Y el brazo del Señor, á quién es revelado?..........
Ref...Isaías 53:1

[1] ¿QUIÉN ha creído á nuestro anuncio? ¿y sobre quién se ha manifestado el brazo de Jehová?

31. Juan 12:40

[40] Cegó los ojos de ellos, y endureció su corazón; Porque no vean con los ojos, y entiendan de corazón, Y se conviertan, Y yo los sane.........Ref...
Isaías 6:9-10

[9] Y dijo: Anda, y di á este pueblo: Oid bien, y no entendáis; ved por cierto, mas no comprendáis. [10] Engruesa el corazón de aqueste pueblo, y agrava sus oídos, y ciega sus ojos; porque no vea con sus ojos, ni oiga con sus oídos, ni su corazón entienda, ni se convierta, y haya para él sanidad.

32. Juan 12:48

[48] El que me desecha, y no recibe mis palabras, tiene quien le juzgue: la palabra que he hablado, ella le juzgará en el día postrero.

33. Juan 13:18

[18] No hablo de todos vosotros: yo sé los que he elegido: mas para que se cumpla la Escritura: El que come pan conmigo, levantó contra mí su calcañar.

34. Juan 13:21

[21] Como hubo dicho Jesús esto, fué conmovido en el espíritu, y protestó, y dijo: De cierto, de cierto os digo, que uno de vosotros me ha de entregar.

35. Juan 13:26

[26] Respondió Jesús: Aquél es, á quien yo diere el pan mojado. Y mojando el pan, diólo á Judas Iscariote, hijo de Simón.

36. Juan 13:31-33

[31] Entonces como él salió, dijo Jesús: Ahora es glorificado el Hijo del hombre, y Dios es glorificado en él. [32] Si Dios es glorificado en él, Dios también le glorificará en sí mismo, y luego le glorificará. [33] Hijitos, aun un poco estoy con vosotros. Me buscaréis; mas, como dije á los Judíos: Donde yo voy, vosotros no podéis venir; así digo á vosotros ahora.

37. Juan 13:36

[36] Dícele Simón Pedro: Señor, ¿adónde vas? Respondióle Jesús: Donde yo voy, no me puedes ahora seguir; mas me seguirás después.

38. Juan 13:38

[38] Respondióle Jesús: ¿Tu alma pondrás por mí? De cierto, de cierto te digo: No cantará el gallo, sin que me hayas negado tres veces.

39. Juan 14:1-3

[1] NO se turbe vuestro corazón; creéis en Dios, creed también en mí. [2] En la casa de mi Padre muchas moradas hay: de otra manera os lo hubiera dicho: voy, pues, á preparar lugar para vosotros. [3] Y si me fuere, y os

aparejare lugar, vendré otra vez, y os tomaré á mí mismo: para que donde yo estoy, vosotros también estéis.

40. Juan 14:16-21

[16] Y yo rogaré al Padre, y os dará otro Consolador, para que esté con vosotros para siempre: [17] Al Espíritu de verdad, al cual el mundo no puede recibir, porque no le ve, ni le conoce: mas vosotros le conocéis; porque está con vosotros, y será en vosotros. [18] No os dejaré huérfanos: vendré á vosotros. [19] Aun un poquito, y el mundo no me verá más; empero vosotros me veréis; porque yo vivo, y vosotros también viviréis. [20] En aquel día vosotros conoceréis que yo estoy en mi Padre, y vosotros en mí, y yo en vosotros. [21] El que tiene mis mandamientos, y los guarda, aquél es el que me ama; y el que me ama, será amado de mi Padre, y yo le amaré, y me manifestaré á él.

41. Juan 14:23-26

[23] Respondió Jesús, y díjole: El que me ama, mi palabra guardará; y mi Padre le amará, y vendremos á él, y haremos con él morada. [24] El que no me ama, no guarda mis palabras: y la palabra que habéis oído, no es mía, sino del Padre que me envió. [25] Estas cosas os he hablado estando con vosotros. [26] Mas el Consolador, el Espíritu Santo, al cual el Padre enviará en mi nombre, él os enseñará todas las cosas, y os recordará todas las cosas que os he dicho.

42. Juan 14:28

[28] Habéis oído cómo yo os he dicho: Voy, y vengo á vosotros. Si me amaseis, ciertamente os gozaríais, porque he dicho que voy al Padre: porque el Padre mayor es que yo.

43. Juan 15:18

[18] Si el mundo os aborrece, sabed que á mí me aborreció antes que á vosotros.

44. Juan 15:25-27

[25] Mas para que se cumpla la palabra que está escrita en su ley: Que sin causa me aborrecieron. [26] Empero cuando viniere el Consolador, el cual yo os enviaré del Padre, el Espíritu de verdad, el cual procede del Padre,

él dará testimonio de mí. [27] Y vosotros daréis testimonio, porque estáis conmigo desde el principio.

45. Juan 16:1-16
[1] ESTAS cosas os he hablado, para que no os escandalicéis. [2] Os echarán de los sinagogas; y aun viene la hora, cuando cualquiera que os matare, pensará que hace servició á Dios. [3] Y estas cosas os harán, porque no conocen al Padre ni á mí. [4] Mas os he dicho esto, para que cuando aquella hora viniere, os acordeis que yo os lo había dicho. Esto empero no os lo dije al principio, porque yo estaba con vosotros. [5] Mas ahora voy al que me envió; y ninguno de vosotros me pregunta: ¿Adónde vas? [6] Antes, porque os he hablado estas cosas, tristeza ha henchido vuestro corazón. [7] Empero yo os digo la verdad: Os es necesario que yo vaya: porque si yo no fuese, el Consolador no vendría á vosotros; mas si yo fuere, os le enviaré. [8] Y cuando él viniere redargüirá al mundo de pecado, y de justicia, y de juicio: [9] De pecado ciertamente, por cuanto no creen en mí; [10] Y de justicia, por cuanto voy al Padre, y no me veréis más; [11] Y de juicio, por cuanto el príncipe de este mundo es juzgado. [12] Aun tengo muchas cosas que deciros, mas ahora no las podéis llevar. [13] Pero cuando viniere aquel Espíritu de verdad, él os guiará á toda verdad; porque no hablará de sí mismo, sino que hablará todo lo que oyere, y os hará saber las cosas que han de venir.
[14] El me glorificará: porque tomará de lo mío, y os lo hará saber. [15] Todo lo que tiene el Padre, mío es: por eso dije que tomará de lo mío, y os lo hará saber. [16] Un poquito, y no me veréis; y otra vez un poquito, y me veréis: porque yo voy al Padre.

46. Juan 16:19-20
[19] Y conoció Jesús que le querían preguntar, y díjoles: ¿Preguntáis entre vosotros de esto que dije: Un poquito, y no me veréis, y otra vez un poquito, y me veréis? [20] De cierto, de cierto os digo, que vosotros lloraréis y lamentaréis, y el mundo se alegrará: empero aunque vosotros estaréis tristes, vuestra tristeza se tornará en gozo.

47. Juan 16:32
[32] He aquí, la hora viene, y ha venido, que seréis esparcidos cada uno por su parte, y me dejaréis solo: mas no estoy solo, porque el Padre está conmigo.

48. Juan 17:12

[12] Cuando estaba con ellos en el mundo, yo los guardaba en tu nombre; á los que me diste, yo los guardé, y ninguno de ellos se perdió, sino el hijo de perdición; para que la Escritura se cumpliese.

49. Juan 18:9

[9] Para que se cumpliese la palabra que había dicho: De los que me diste, ninguno de ellos perdí.

50. Juan 19:24

[24] Y dijeron entre ellos: No la partamos, sino echemos suertes sobre ella, de quién será; para que se cumpliese la Escritura, que dice: Partieron para sí mis vestidos, Y sobre mi vestidura echaron suertes. Y los soldados hicieron esto......Ref...Salmos 22:18[18] Partieron entre sí mis vestidos, Y sobre mi ropa echaron suertes.

51. Juan 19:28

[28] Después de esto, sabiendo Jesús que todas las cosas eran ya cumplidas, para que la Escritura se cumpliese, dijo: Sed tengo.

52. Juan 19:36-37

[36] Porque estas cosas fueron hechas para que se cumpliese la Escritura: Hueso no quebrantaréis de él. [37] Y también otra Escritura dice: Mirarán al que traspasaron......Ref...... Salmos 34:20
[20] El guarda todos sus huesos; Ni uno de ellos será quebrantado.

53. Juan 20:9

[9] Porque aun no sabían la Escritura, que era necesario que él resucitase de los muertos.

54. Juan 20:17

[17] Dícele Jesús: No me toques: porque aun no he subido á mi Padre: mas ve á mis hermanos, y diles: Subo á mi Padre y á vuestro Padre, á mi Dios y á vuestro Dios.

55. Juan 21:18

[18] De cierto, de cierto te digo: Cuando eras más mozo, te ceñías, é ibas donde querías; mas cuando ya fueres viejo, extenderás tus manos, y te ceñirá otro, y te llevará á donde no quieras.

PROFECÍAS EN HECHOS DE LOS APÓSTOLES: 32

---

1. Hechos 1:5

[5] Porque Juan á la verdad bautizó con agua, mas vosotros seréis bautizados con el Espíritu Santo no muchos días después de estos.

2. Hechos 1:8

[8] Mas recibiréis la virtud del Espíritu Santo que vendrá sobre vosotros; y me seréis testigos en Jerusalem, en toda Judea, y Samaria, y hasta lo último de la tierra.

3. Hechos 1:11

[11] Los cuales también les dijeron: Varones Galileos, ¿qué estáis mirando al cielo? este mismo Jesús que ha sido tomado desde vosotros arriba en el cielo, así vendrá como le habéis visto ir al cielo.

4. Hechos 1:20

[20] Porque está escrito en el libro de los salmos: Sea hecha desierta su habitación, Y no haya quien more en ella; y: Tome otro su obispado.

5. Hechos 2:16-21

[16] Mas esto es lo que fué dicho por el profeta Joel: [17] Y será en los postreros días, dice Dios, Derramaré de mi Espíritu sobre toda carne, Y vuestros hijos y vuestras hijas profetizarán; Y vuestros mancebos verán visiones, Y vuestros viejos soñarán sueños: [18] Y de cierto sobre mis siervos y sobre mis siervas en aquellos días Derramaré de mi Espíritu, y profetizarán. [19] Y daré prodigios arriba en el cielo, Y señales abajo en la

tierra, Sangre y fuego y vapor de humo: [20] El sol se volverá en tinieblas, Y la luna en sangre, Antes que venga el día del Señor, Grande y manifiesto; [21] Y será que todo aquel que invocare el nombre del Señor, será salvo.

6. Hechos 2:25-27
[25] Porque David dice de él: Veía al Señor siempre delante de mí: Porque está á mi diestra, no seré conmovido. [26] Por lo cual mi corazón se alegró, y gozóse mi lengua; Y aun mi carne descansará en esperanza; [27] Que no dejarás mi alma en el infierno, Ni darás á tu Santo que vea corrupción.

7. Hechos 2:30-31
[30] Empero siendo profeta, y sabiendo que con juramento le había Dios jurado que del fruto de su lomo, cuanto á la carne, levantaría al Cristo que se sentaría sobre su trono; [31] Viéndolo antes, habló de la resurrección de Cristo, que su alma no fué dejada en el infierno, ni su carne vió corrupción.

8. Hechos 2:34-35
[34] Porque David no subió á los cielos; empero él dice: Dijo el Señor á mi Señor: Siéntate á mi diestra, [35] Hasta que ponga á tus enemigos por estrado de tus pies.

9. Hechos 3:22-23
[22] Porque Moisés dijo á los padres: El Señor vuestro Dios os levantará profeta de vuestros hermanos, como yo; á él oiréis en todas las cosas que os hablare. [23] Y será, que cualquiera alma que no oyere á aquel profeta, será desarraigada del pueblo.

10. Hechos 3:25
[25] Vosotros sois los hijos de los profetas, y del pacto que Dios concertó con nuestros padres, diciendo á Abraham: Y en tu simiente serán benditas todas las familias de la tierra.

11. Hechos 4:11
[11] Este es la piedra reprobada de vosotros los edificadores, la cual es puesta por cabeza del ángulo.

12. Hechos 4:25

[25] Que por boca de David, tu siervo, dijiste: ¿Por qué han bramado las gentes, Y los pueblos han pensado cosas vanas?

13. Hechos 7:6-7

[6] Y hablóle Dios así: Que su simiente sería extranjera en tierra ajena, y que los reducirían á servidumbre y maltratarían, por cuatrocientos años. [7] Mas yo juzgaré, dijo Dios, la nación á la cual serán siervos: y después de esto saldrán y me servirán en este lugar.

14. Hechos 7:37

[37] Este es el Moisés, el cual dijo á los hijos de Israel: Profeta os levantará el Señor Dios vuestro de vuestros hermanos, como yo; á él oiréis..........
Ref...... Deuteronomio 18:15
[15] Profeta de en medio de ti, de tus hermanos, como yo, te levantará Jehová tu Dios: á él oiréis:

15. Hechos 8:32-33

[32] Y el lugar de la Escritura que leía, era éste: Como oveja á la muerte fué llevado; Y como cordero mudo delante del que le trasquila, Así no abrió su boca: [33] En su humillación su juicio fué quitado: Mas su generación, ¿quién la contará? Porque es quitada de la tierra su vida.

16. Hechos 9:15-16

[15] Y le dijo el Señor: Ve: porque instrumento escogido me es éste, para que lleve mi nombre en presencia de los Gentiles, y de reyes, y de los hijos de Israel: [16] Porque yo le mostraré cuánto le sea menester que padezca por mi nombre.

17. Hechos 11:28

[28] Y levantándose uno de ellos, llamado Agabo, daba á entender por Espíritu, que había de haber una grande hambre en toda la tierra habitada: la cual hubo en tiempo de Claudio.

18. Hechos 13:33-35

[33] La cual Dios ha cumplido á los hijos de ellos, á nosotros, resucitando á Jesús: como también en el salmo segundo está escrito: Mi hijo eres tú, yo

te he engendrado hoy. [34] Y que le levantó de los muertos para nunca más volver á corrupción, así lo dijo: Os daré las misericordias fieles de David. [35] Por eso dice también en otro lugar: No permitirás que tu Santo vea corrupción.

19. Hechos 13:47
[47] Porque así nos ha mandado el Señor, diciendo: Te he puesto para luz de los Gentiles, Para que seas salud hasta lo postrero de la tierra.

20. Hechos 15:16-17
[16] Después de esto volveré Y restauraré la habitación de David, que estaba caída; Y repararé sus ruinas, Y la volveré á levantar; [17] Para que el resto de los hombres busque al Señor, Y todos los Gentiles, sobre los cuales es llamado mi nombre, Dice el Señor, que hace todas estas cosas.

21. Hechos 17:31
[31] Por cuanto ha establecido un día, en el cual ha de juzgar al mundo con justicia, por aquel varón al cual determinó; dando fe á todos con haberle levantado de los muertos.

22. Hechos 20:29-30
[29] Porque yo sé que después de mi partida entrarán en medio de vosotros lobos rapaces, que no perdonarán al ganado; [30] Y de vosotros mismos se levantarán hombres que hablen cosas perversas, para llevar discípulos tras sí.

23. Hechos 21:11
[11] Y venido á nosotros, tomó el cinto de Pablo, y atándose los pies y las manos, dijo: Esto dice el Espíritu Santo: Así atarán los Judíos en Jerusalem al varón cuyo es este cinto, y le entregarán en manos de los Gentiles.

24. Hechos 22:10
[10] Y dije: ¿Qué haré, Señor? Y el Señor me dijo: Levántate, y ve á Damasco, y allí te será dicho todo lo que te está señalado hacer.

25. Hechos 23:3
[3] Entonces Pablo le dijo: Herirte ha Dios, pared blanqueada: ¿y estás tú sentado para juzgarme conforme á la ley, y contra la ley me mandas herir?

26. Hechos 23:11

[11] Y la noche siguiente, presentándosele el Señor, le dijo: Confía, Pablo; que como has testificado de mí en Jerusalem, así es menester testifiques también en Roma.

27. Hechos 26:16-18

[16] Mas levántate, y ponte sobre tus pies; porque para esto te he aparecido, para ponerte por ministro y testigo de las cosas que has visto, y de aquellas en que apareceré á ti: [17] Librándote del pueblo y de los Gentiles, á los cuales ahora te envío, [18] Para que abras sus ojos, para que se conviertan de las tinieblas á la luz, y de la potestad de Satanás á Dios; para que reciban, por la fe que es en mí, remisión de pecados y suerte entre los santificados.

28. Hechos 26:23

[23] Que Cristo había de padecer, y ser el primero de la resurrección de los muertos, para anunciar luz al pueblo y á los Gentiles.

29. Hechos 27:10

[10] Diciéndoles: Varones, veo que con trabajo y mucho daño, no sólo de la cargazón y de la nave, mas aun de nuestras personas, habrá de ser la navegación.

30. Hechos 27:22

[22] Mas ahora os amonesto que tengáis buen ánimo; porque ninguna pérdida habrá de persona de vosotros, sino solamente de la nave.

31. Hechos 27:34

[34] Por tanto, os ruego que comáis por vuestra salud: que ni aun un cabello de la cabeza de ninguno de vosotros perecerá.

32. Hechos 28:26-27

[26] Diciendo: Ve á este pueblo, y di les: De oído oiréis, y no entenderéis; Y viendo veréis, y no percibiréis: [27] Porque el corazón de este pueblo se ha engrosado, Y de los oídos oyeron pesadamente, Y sus ojos taparon; Porque no vean con los ojos, Y oigan con los oídos, Y entiendan de corazón, Y se conviertan, Y yo los sane.

PROFECÍAS EN ROMANOS: 17

1. Romanos 8:17
[17] Y si hijos, también herederos; herederos de Dios, y coherederos de Cristo; si empero padecemos juntamente con él, para que juntamente con él seamos glorificados.

2. Romanos 8:36
[36] Como está escrito: Por causa de ti somos muertos todo el tiempo: Somos estimados como ovejas de matadero.

3. Romanos 9:7
[7] Ni por ser simiente de Abraham, son todos hijos; mas: En Isaac te será llamada simiente.

4. Romanos 9:25-28
[25] Como también en Oseas dice: Llamaré al que no era mi pueblo, pueblo mío; Y á la no amada, amada. [26] Y será, que en el lugar donde les fué dicho: Vosotros no sois pueblo mío: Allí serán llamados hijos del Dios viviente.
[27] También Isaías clama tocante á Israel: Si fuere el número de los hijos de Israel como la arena de la mar, las reliquias serán salvas: [28] Porque palabra consumadora y abreviadora en justicia, porque palabra abreviada, hará el Señor sobre la tierra.

5. Romanos 9:33
[33] Como está escrito: He aquí pongo en Sión piedra de tropiezo, y piedra de caída; Y aquel que creyere en ella, no será avergonzado.

6. Romanos 10:15
[15] ¿Y cómo predicarán si no fueren enviados? Como está escrito: Cuán hermosos son los pies de los que anuncian el evangelio de la paz, de los que anuncian el evangelio de los bienes!.........Ref......Isaías 52:7
[7] Cuán hermosos son sobre los montes los pies del que trae alegres nuevas, del que publica la paz, del que trae nuevas del bien, del que publica salud, del que dice á Sión: Tu Dios reina!

7. Romanos 10:16

[16] Mas no todos obedecen al evangelio; pues Isaías dice: Señor, ¿quién ha creído á nuestro anuncio? .... Ref........Isaías 53:1

[1] ¿QUIÉN ha creído á nuestro anuncio? ¿y sobre quién se ha manifestado el brazo de Jehová?

8. Romanos 10:19

[19] Mas digo: ¿No ha conocido esto Israel? Primeramente Moisés dice: Yo os provocaré á celos con gente que no es mía; Con gente insensata os provocaré á ira.

9. Romanos 10:20

[20] E Isaías determinadamente dice: Fuí hallado de los que no me buscaban; Manifestéme á los que no preguntaban por mí.

10. Romanos 11:8

[8] Como está escrito: Dióles Dios espíritu de remordimiento, ojos con que no vean, y oídos con que no oigan, hasta el día de hoy.

11. Romanos 11:9-10

[9] Y David dice: Séales vuelta su mesa en lazo, y en red, Y en tropezadero, y en paga: [10] Sus ojos sean obscurecidos para que no vean, Y agóbiales siempre el espinazo.

12. Romanos 14:10-12

[10] Mas tú ¿por qué juzgas á tu hermano? ó tú también, ¿por qué menosprecias á tu hermano? porque todos hemos de estar ante el tribunal de Cristo. [11] Porque escrito está: Vivo yo, dice el Señor, que á mí se doblará toda rodilla, Y toda lengua confesará á Dios.
[12] De manera que, cada uno de nosotros dará á Dios razón de sí.

13. Romanos 15:3

[3] Porque Cristo no se agradó á sí mismo; antes bien, como está escrito: Los vituperios de los que te vituperan, cayeron sobre mí..........Ref....... Salmos 69:9

[9] Porque me consumió el celo de tu casa; Y los denuestos de los que te vituperaban, cayeron sobre mí.

14. Romanos 15:9

[9] Y para que los Gentiles glorifiquen á Dios por la misericordia; como está escrito: Por tanto yo te confesaré entre los Gentiles, Y cantaré á tu nombre. ....Ref......Salmos 18:49 RVA

[49] Por tanto yo te confesaré entre las gentes, oh Jehová, Y cantaré á tu nombre.

15. Romanos 15:10-12

[10] Y otra vez dice: Alegraos, Gentiles, con su pueblo. [11] Y otra vez: Alabad al Señor todos los Gentiles, Y magnificadle, todos los pueblos. [12] Y otra vez, dice Isaías: Estará la raíz de Jessé, Y el que se levantará á regir los Gentiles: Los Gentiles esperarán en él.

16. Romanos 15:21

[21] Sino, como esta escrito: A los que no fué anunciado de él, verán: Y los que no oyeron, entenderán.......Ref......Isaías 52:15

[15] Empero él rociará muchas gentes: los reyes cerrarán sobre él sus bocas; porque verán lo que nunca les fué contado, y entenderán lo que jamás habían oído.

17. Romanos 16:20

[20] Y el Dios de paz quebrantará presto á Satanás debajo de vuestros pies. la gracia del Señor nuestro Jesucristo sea con vosotros.

PROFECÍAS EN LOS PRIMEROS CORINTIOS: 12

---

1. Corintios 1:7-8

[7] De tal manera que nada os falte en ningún don, esperando la manifestación de nuestro Señor Jesucristo: [8] El cual también os confirmará hasta el fin, para que seáis sin falta en el día de nuestro Señor Jesucristo.

2. 1 Corintios 1:19-20

[19] Porque está escrito: Destruiré la sabiduría de los sabios, Y desecharé la inteligencia de los entendidos. [20] ¿Qué es del sabio? ¿qué del escriba? ¿qué del escudriñador de este siglo? ¿no ha enloquecido Dios la sabiduría del mundo?.........Ref......Isaías 29:14

[14] Por tanto, he aquí que nuevamente excitaré yo la admiración de este pueblo con un prodigio grande y espantoso; porque perecerá la sabiduría de sus sabios, y se desvanecerá la prudencia de sus prudentes.........Ref......Isaías 33:18

[18] Tu corazón imaginará el espanto, y dirá: ¿Qué es del escriba? ¿qué del pesador? ¿qué del que pone en lista las casas más insignes?

3. 1 Corintios 1:31

[31] Para que, como está escrito: El que se gloría, gloríese en el Señor. ....Ref.......Jeremías 9:23

[23] Así dijo Jehová: No se alabe el sabio en su sabiduría, ni en su valentía se alabe el valiente, ni el rico se alabe en sus riquezas.

4. 1 Corintios 2:9

[9] Antes, como está escrito: Cosas que ojo no vió, ni oreja oyó, Ni han subido en corazón de hombre, Son las que ha Dios preparado para aquellos que le aman.......Ref.........Isaías 64:4

[4] Ni nunca oyeron, ni oídos percibieron, ni ojo ha visto Dios fuera de ti, que hiciese por el que en él espera.

5. 1 Corintios 3:12-13

[12] Y si alguno edificare sobre este fundamento oro, plata, piedras preciosas, madera, heno, hojarasca; [13] La obra de cada uno será manifestada: porque el día la declarará; porque por el fuego será manifestada; y la obra de cada uno cuál sea, el fuego hará la prueba.

6. 1 Corintios 4:5

[5] Así que, no juzguéis nada antes de tiempo, hasta que venga el Señor, el cual también aclarará lo oculto de las tinieblas, y manifestará los intentos de los corazones: y entonces cada uno tendrá de Dios la alabanza.

7. 1 Corintios 4:8

[8] Ya estáis hartos, ya estáis ricos, sin nosotros reináis; y ojalá reinéis, para que nosotros reinemos también juntamente con vosotros.

8. 1 Corintios 6:2

[2] ¿O no sabéis que los santos han de juzgar al mundo? Y si el mundo ha de ser juzgado por vosotros, ¿sois indignos de juzgar cosas muy pequeñas?

9. 1 Corintios 6:9-10

[9] ¿No sabéis que los injustos no poseerán el reino de Dios? No erréis, que ni los fornicarios, ni los idólatras, ni los adúlteros, ni los afeminados, ni los que se echan con varones, [10] Ni los ladrones, ni los avaros, ni los borrachos, ni los maldicientes, ni los robadores, heredarán el reino de Dios.

10. 1 Corintios 13:8

[8] La caridad nunca deja de ser: mas las profecías se han de acabar, y cesarán las lenguas, y la ciencia ha de ser quitada;

11. 1 Corintios 14:21

[21] En la ley está escrito: En otras lenguas y en otros labios hablaré á este pueblo; y ni aun así me oirán, dice el Señor.

12. 1 Corintios 15:21-22

[21] Porque por cuanto la muerte entró por un hombre, también por un hombre la resurrección de los muertos. [22] Porque así como en Adam todos mueren, así también en Cristo todos serán vivificados.

PROFECÍAS EN EL SEGUNDO CORINTIOS: 6

1. 2 Corintios 1:14
[14] Como también en parte habéis conocido que somos vuestra gloria, así como también vosotros la nuestra, para el día del Señor Jesús.

2. 2 Corintios 3:16
[16] Mas cuando se convirtieren al Señor, el velo se quitará.

3. 2 Corintios 4:14
[14] Estando ciertos que el que levantó al Señor Jesús, á nosotros también nos levantará por Jesús, y nos pondrá con vosotros.

4. 2 Corintios 5:10
[10] Porque es menester que todos nosotros parezcamos ante el tribunal de Cristo, para que cada uno reciba según lo que hubiere hecho por medio del cuerpo, ora sea bueno ó malo.

5. 2 Corintios 6:16-17
[16] ¿Y qué concierto el templo de Dios con los ídolos? porque vosotros sois el templo del Dios viviente, como Dios dijo: Habitaré y andaré en ellos; y seré el Dios de ellos, y ellos serán mi pueblo. [17] Por lo cual Salid de en medio de ellos, y apartaos, dice el Señor, Y no toquéis lo inmundo; Y yo os recibiré,

6. 2 Corintios 9:9-10
[9] Como está escrito: Derramó, dió á los pobres; Su justicia permanece para siempre. [10] Y el que da simiente al que siembra, también dará pan para comer, y multiplicará vuestra sementera, y aumentará los crecimientos de los frutos de vuestra justicia;

PROFECÍAS EN GALÁCEOS: 6

1. Gálatas 3:8
[8] Y viendo antes la Escritura que Dios por la fe había de justificar á los Gentiles, evangelizó antes á Abraham, diciendo: En ti serán benditas todas las naciones.

2. Gálatas 3:11-12
[11] Mas por cuanto por la ley ninguno se justifica para con Dios, queda manifiesto: Que el justo por la fe vivirá. [12] La ley también no es de la fe; sino, El hombre que los hiciere, vivirá en ellos.

3. Gálatas 3:13-14
[13] Cristo nos redimió de la maldición de la ley, hecho por nosotros maldición; (porque está escrito: Maldito cualquiera que es colgado en madero:) [14] Para que la bendición de Abraham fuese sobre los Gentiles en Cristo Jesús; para que por la fe recibamos la promesa del Espíritu.........
Ref......Deuteronomio 21:23
[23] No estará su cuerpo por la noche en el madero, mas sin falta lo enterrarás el mismo día, porque maldición de Dios es el colgado: y no contaminarás tu tierra, que Jehová tu Dios te da por heredad.

4. Gálatas 3:16
[16] A Abraham fueron hechas las promesas, y á su simiente. No dice: Y á las simientes, como de muchos; sino como de uno: Y á tu simiente, la cual es Cristo.

5. Gálatas 5:21
[21] Envidias, homicidios, borracheras, banqueteos, y cosas semejantes á éstas: de las cuales os denuncio, como ya os he anunciado, que los que hacen tales cosas no heredarán el reino de Dios.

6. Gálatas 6:7
[7] No os engañeis: Dios no puede ser burlado: que todo lo que el hombre sembrare, eso también segará.

PROFECÍAS EN EFESIOS: 8

1. Efesios 1:10-11

[10] De reunir todas las cosas en Cristo, en la dispensación del cumplimiento de los tiempos, así las que están en los cielos, como las que están en la tierra: [11] En él digo, en quien asimismo tuvimos suerte, habiendo sido predestinados conforme al propósito del que hace todas las cosas según el consejo de su voluntad,

2. Efesios 1:21-23

[21] Sobre todo principado, y potestad, y potencia, y señorío, y todo nombre que se nombra, no sólo en este siglo, mas aun en el venidero: [22] Y sometió todas las cosas debajo de sus pies, y diólo por cabeza sobre todas las cosas á la iglesia, [23] La cual es su cuerpo, la plenitud de Aquel que hinche todas las cosas en todos.

3. Efesios 2:7

[7] Para mostrar en los siglos venideros las abundantes riquezas de su gracia en su bondad para con nosotros en Cristo Jesús.

4. Efesios 3:20-21

[20] Y á Aquel que es poderoso para hacer todas las cosas mucho más abundantemente de lo que pedimos ó entendemos, por la potencia que obra en nosotros, [21] A él sea gloria en la iglesia por Cristo Jesús, por todas edades del siglo de los siglos. Amén.

5. Efesios 4:8

[8] Por lo cual dice: Subiendo á lo alto, llevó cautiva la cautividad, Y dió dones á los hombres.........Ref......Salmos 68:18
[18] Subiste á lo alto, cautivaste la cautividad, Tomaste dones para los hombres, Y también para los rebeldes, para que habite entre ellos JAH Dios.

6. Efesios 4:12-16

[12] Para perfección de los santos, para la obra del ministerio, para edificación del cuerpo de Cristo; [13] Hasta que todos lleguemos á la

unidad de la fe y del conocimiento del Hijo de Dios, á un varón perfecto, á la medida de la edad de la plenitud de Cristo: [14] Que ya no seamos niños fluctuantes, y llevados por doquiera de todo viento de doctrina, por estratagema de hombres que, para engañar, emplean con astucia los artificios del error:

[15] Antes siguiendo la verdad en amor, crezcamos en todas cosas en aquel que es la cabeza, a saber, Cristo; [16] Del cual, todo el cuerpo compuesto y bien ligado entre sí por todas las junturas de su alimento, que recibe según la operación, cada miembro conforme á su medida toma aumento de cuerpo edificándose en amor.

7. Efesios 5:5
[5] Porque sabéis esto, que ningún fornicario, ó inmundo, ó avaro, que es servidor de ídolos, tiene herencia en el reino de Cristo y de Dios.

8. Efesios 5:27
[27] Para presentársela gloriosa para sí, una iglesia que no tuviese mancha ni arruga, ni cosa semejante; sino que fuese santa y sin mancha.

PROFECÍAS EN FILIPINAS: 3

1. Filipenses 1:6-7
[6] Estando confiado de esto, que el que comenzó en vosotros la buena obra, la perfeccionará hasta el día de Jesucristo; [7] Como me es justo sentir esto de todos vosotros, por cuanto os tengo en el corazón; y en mis prisiones, y en la defensa y confirmación del evangelio, sois todos vosotros compañeros de mi gracia.

2. Filipenses 2:10-11
[10] Para que en el nombre de Jesús se doble toda rodilla de los que están en los cielos, y de los que en la tierra, y de los que debajo de la tierra; [11] Y toda lengua confiese que Jesucristo es el Señor, á la gloria de Dios Padre.

3. Filipenses 3:21

[21] El cual transformará el cuerpo de nuestra bajeza, para ser semejante al cuerpo de su gloria, por la operación con la cual puede también sujetar á sí todas las cosas.

PROFECÍAS EN COLOSSIANOS: 2

1. Colosenses 3:4

[4] Cuando Cristo, vuestra vida, se manifestare, entonces vosotros también seréis manifestados con él en gloria.

2. Colosenses 3:24

[24] Sabiendo que del Señor recibiréis la compensación de la herencia: porque al Señor Cristo servís.

PROFECÍAS EN LOS PRIMEROS TEASALONIANOS: 2

1. 1 Tesalonicenses 1:10

[10] Y esperar á su Hijo de los cielos, al cual resucitó de los muertos; á Jesús, el cual nos libró de la ira que ha de venir.

2. 1 Tesalonicenses 2:19

[19] Porque ¿cuál es nuestra esperanza, ó gozo, ó corona de que me gloríe? ¿No sois vosotros, delante de nuestro Señor Jesucristo en su venida?

PROFECÍAS EN EL SECUNDO TEASALONIANOS: 2

1. 2 Tesalonicenses 1:7-10

[7] Y á vosotros, que sois atribulados, dar reposo con nosotros, cuando se manifestará el Señor Jesús del cielo con los ángeles de su potencia, [8] En llama de fuego, para dar el pago á los que no conocieron á Dios, ni obedecen al evangelio de nuestro Señor Jesucristo; [9] Los cuales serán castigados de eterna perdición por la presencia del Señor, y por la gloria de su potencia, [10] Cuando viniere para ser glorificado en sus santos, y á hacerse admirable en aquel día en todos los que creyeron: (por cuanto nuestro testimonio ha sido creído entre vosotros.)

2. 2 Tesalonicenses 2:1-2

[1] EMPERO os rogamos, hermanos, cuanto á la venida de nuestro Señor Jesucristo, y nuestro recogimiento á él, [2] Que no os mováis fácilmente de vuestro sentimiento, ni os conturbéis ni por espíritu, ni por palabra, ni por carta como nuestra, como que el día del Señor esté cerca.

PROFECÍAS EN LOS PRIMEROS TIMOTEO: 2

1. 1 Timoteo 4:1-3

[1] EMPERO el Espíritu dice manifiestamente, que en los venideros tiempos alguno apostatarán de la fe escuchando á espíritus de error y á doctrinas de demonios; [2] Que con hipocresía hablarán mentira, teniendo cauterizada la conciencia. [3] Que prohibirán casarse, y mandarán abstenerse de las viandas que Dios crió para que con hacimiento de gracias participasen de ellas los fieles, y los que han conocido la verdad.

2. 1 Timoteo 6:14-16

[14] Que guardes el mandamiento sin mácula ni reprensión, hasta la aparición de nuestro Señor Jesucristo: [15] La cual á su tiempo mostrará el Bienaventurado y solo Poderoso, Rey de reyes, y Señor de señores; [16] Quien sólo tiene inmortalidad, que habita en luz inaccesible; á quien ninguno de los hombres ha visto ni puede ver: al cual sea la honra y el imperio sempiterno. Amén.

PROFECÍAS EN SEGUNDO TIMOTEO: 7

1. 2 Timoteo 2:11-13

[11] Es palabra fiel: Que si somos muertos con él, también viviremos con él: [12] Si sufrimos, también reinaremos con él: si negáremos, él también nos negará: [13] Si fuéremos infieles, él permanece fiel: no se puede negar á sí mismo.

2. 2 Timoteo 3:1-5

[1] ESTO también sepas, que en los postreros días vendrán tiempos peligrosos: [2] Que habrá hombres amadores de sí mismos, avaros, vanagloriosos, soberbios, detractores, desobedientes á los padres, ingratos, sin santidad, [3] Sin afecto, desleales, calumniadores, destemplados, crueles, aborrecedores de lo bueno, [4] Traidores, arrebatados, hinchados, amadores de los deleites más que de Dios; [5] Teniendo apariencia de piedad, mas habiendo negado la eficacia de ella: y á éstos evita.

3. 2 Timoteo 3:12

[12] Y también todos los que quieren vivir píamente en Cristo Jesús, padecerán persecución.

4. 2 Timoteo 4:1-2

[1] REQUIERO yo pues delante de Dios, y del Señor Jesucristo, que ha de juzgar á los vivos y los muertos en su manifestación y en su reino. [2] Que prediques la palabra; que instes á tiempo y fuera de tiempo; redarguye, reprende; exhorta con toda paciencia y doctrina.

5. 2 Timoteo 4:3

[3] Porque vendrá tiempo cuando ni sufrirán la sana doctrina; antes, teniendo comezón de oir, se amotonarán maestros conforme á sus concupiscencias,

6. 2 Timoteo 4:8

[8] Por lo demás, me está guardada la corona de justicia, la cual me dará el Señor, juez justo, en aquel día; y no sólo á mí, sino también á todos los que aman su venida.

2 Timoteo 4:18

[18] Y el Señor me librará de toda obra mala, y me preservará para su reino celestial: al cual sea gloria por los siglos de los siglos. Amén.

PROFECÍAS EN TITO: 1

---

1. Tito 2:13-14

[13] Esperando aquella esperanza bienaventurada, y la manifestación gloriosa del gran Dios y Salvador nuestro Jesucristo. [14] Que se dió á sí mismo por nosotros para redimirnos de toda iniquidad, y limpiar para sí un pueblo propio, celoso de buenas obras.

PROFECÍAS EN HEBREOS: 19

---

1. Hebreos 1:5-6

[5] Porque ¿á cuál de los ángeles dijo Dios jamás: Mi hijo eres tú, Hoy yo te he engendrado? Y otra vez: Yo seré á él Padre, Y él me será á mí hijo? [6] Y otra vez, cuando introduce al Primogénito en la tierra, dice: Y adórenle todos los ángeles de Dios.........Ref......Salmos 27:1-14

[1] Salmo de David. JEHOVA es mi luz y mi salvación: ¿de quién temeré? Jehová es la fortaleza de mi vida: ¿de quién he de atemorizarme? [2]

Cuando se allegaron contra mí los malignos, mis angustiadores y mis enemigos, Para comer mis carnes, ellos tropezaron y cayeron. [3] Aunque se asiente campo contra mí, No temerá mi corazón: Aunque contra mí se levante guerra, Yo en esto confío. [4] Una cosa he demandado á Jehová, ésta buscaré: Que esté yo en la casa de Jehová todos los días de mi vida, Para contemplar la hermosura de Jehová, y para inquirir en su templo. [5] Porque él me esconderá en su tabernáculo en el día del mal; Ocultaráme en lo reservado de su pabellón; Pondráme en alto sobre una roca. [6] Y luego ensalzará mi cabeza sobre mis enemigos en derredor de mí: Y yo sacrificaré en su tabernáculo sacrificios de júbilo: Cantaré y salmearé á Jehová. [7] Oye, oh Jehová, mi voz con que á ti clamo; Y ten misericordia de mí, respóndeme. [8] Mi corazón ha dicho de ti: Buscad mi rostro. Tu rostro buscaré, oh Jehová. [9] No escondas tu rostro de mí, No apartes con ira á tu siervo: Mi ayuda has sido; No me dejes y no me desampares, Dios de mi salud. [10] Aunque mi padre y mi madre me dejaran, Jehová con todo me recogerá. [11] Enséñame, oh Jehová, tu camino, Y guíame por senda de rectitud, A causa de mis enemigos.

[12] No me entregues á la voluntad de mis enemigos; Porque se han levantado contra mí testigos falsos, y los que respiran crueldad. [13] Hubiera yo desmayado, si no creyese que tengo de ver la bondad de Jehová En la tierra de los vivientes. [14] Aguarda á Jehová; Esfuérzate, y aliéntese tu corazón: Sí, espera á Jehová.

2 Samuel 7:14

[14] Yo le seré á él padre, y él me será á mí hijo. Y si él hiciere mal, yo le castigaré con vara de hombres, y con azotes de hijos de hombres;

2. Hebreos 1:8

[8] Mas al hijo: Tu trono, oh Dios, por el siglo del siglo; Vara de equidad la vara de tu reino;

3. Hebreos 1:10-11

[10] Y: Tú, oh Señor, en el principio fundaste la tierra; Y los cielos son obras de tus manos: [11] Ellos perecerán, mas tú eres permanente; Y todos ellos se envejecerán como una vestidura;

4. Hebreos 1:13

[13] Pues, ¿á cuál de los ángeles dijo jamás: Siéntate á mi diestra, Hasta que ponga á tus enemigos por estrado de tus pies?

5. Hebreos 2:6

[6] Testificó empero uno en cierto lugar, diciendo: ¿Qué es el hombre, que te acuerdas de él? ¿O el hijo del hombre, que le visitas?

6. Hebreos 2:12-13

[12] Diciendo: Anunciaré á mis hermanos tu nombre, En medio de la congregación te alabaré. [13] Y otra vez: Yo confiaré en él. Y otra vez: He aquí, yo y los hijos que me dió Dios.

7. Hebreos 3:7-11

[7] Por lo cual, como dice el Espíritu Santo: Si oyereis hoy su voz, [8] No endurezcáis vuestros corazones Como en la provocación, en el día de la tentación en el desierto, [9] Donde me tentaron vuestros padres; me probaron, Y vieron mis obras cuarenta años. [10] A causa de lo cual me enemisté con esta generación, Y dije: Siempre divagan ellos de corazón, Y no han conocido mis caminos. [11] Juré, pues, en mi ira: No entrarán en mi reposo.........Ref......Salmos 95:8-11

[8] No endurezcáis vuestro corazón como en Meriba, Como el día de Masa en el desierto; [9] Donde me tentaron vuestros padres, Probáronme, y vieron mi obra. [10] Cuarenta años estuve disgustado con la nación, Y dije: Pueblo es que divaga de corazón, Y no han conocido mis caminos. [11] Por tanto juré en mi furor Que no entrarían en mi reposo.

8. Hebreos 4:7

[7] Determina otra vez un cierto día, diciendo por David: Hoy, después de tanto tiempo; como está dicho: Si oyereis su voz hoy, No endurezcáis vuestros corazones.

9. Hebreos 5:5

[5] Así también Cristo no se glorificó á sí mismo haciéndose Pontífice, mas el que le dijo: Tú eres mi Hijo, Yo te he engendrado hoy;

10. Hebreos 5:6

[6] Como también dice en otro lugar: Tú eres sacerdote eternamente, Según el orden de Melchîsedec.

11. Hebreos 6:14

[14] Diciendo: De cierto te bendeciré bendiciendo, y multiplicando te multiplicaré.

12. Hebreos 8:8

[8] Porque reprendiéndolos dice: He aquí vienen días, dice el Señor, Y consumaré para con la casa de Israel y para con la casa de Judá un nuevo pacto;

13. Hebreos 10:5-6

[5] Por lo cual, entrando en el mundo, dice: sacrificio y presente no quisiste; Mas me apropiaste cuerpo: [6] Holocaustos y expiaciones por el pecado no te agradaron.

14. Hebreos 10:16-17

[16] Y este es el pacto que haré con ellos Después de aquellos días, dice el Señor: Daré mis leyes en sus corazones, Y en sus almas las escribiré: [17] Añade: Y nunca más me acordaré de sus pecados é iniquidades.

15. Hebreos 10:26-27

[26] Porque si pecáremos voluntariamente después de haber recibido el conocimiento de la verdad, ya no queda sacrificio por el pecado, [27] Sino una horrenda esperanza de juicio, y hervor de fuego que ha de devorar á los adversarios.

16. Hebreos 10:30-31

[30] Sabemos quién es el que dijo: Mía es la venganza, yo daré el pago, dice el Señor. Y otra vez: El Señor juzgará su pueblo. [31] Horrenda cosa es caer en las manos del Dios vivo............Ref......Deuteronomio 32:35
[35] Mía es la venganza y el pago, Al tiempo que su pie vacilará; Porque el día de su aflicción está cercano, Y lo que les está preparado se apresura.

17. Hebreos 10:37

[37] Porque aun un poquito, Y el que ha de venir vendrá, y no tardará.

18. Hebreos 11:18-19

[18] Habiéndole sido dicho: En Isaac te será llamada simiente: [19] Pensando que aun de los muertos es Dios poderoso para levantar; de donde también le volvió á recibir por figura.

19. Hebreos 12:26-27

[26] La voz del cual entonces conmovió la tierra; mas ahora ha denunciado, diciendo: Aun una vez, y yo conmoveré no solamente la tierra, mas aun el cielo. [27] Y esta palabra, Aun una vez, declara la mudanza de las cosas movibles, como de cosas que son firmes.

PROFECÍAS EN JAMES: 1

1. Santiago 5:1-8

[1] EA ya ahora, oh ricos, llorad aullando por vuestras miserias que os vendrán. [2] Vuestras riquezas están podridas: vuestras ropas están comidas de polilla. [3] Vuestro oro y plata están corrompidos de orín; y su orín os será testimonio, y comerá del todo vuestras carnes como fuego. Os habéis allegado tesoro para en los postreros días. [4] He aquí, el jornal de los obreros que han segado vuestras tierras, el cual por engaño no les ha sido pagado de vosotros, clama; y los clamores de los que habían segado, han entrado en los oídos del Señor de los ejércitos. [5] Habéis vivido en deleites sobre la tierra, y sido disolutos; habéis cebado vuestros corazones como en el día de sacrificios. [6] Habéis condenado y muerto al justo; y él no os resiste. [7] Pues, hermanos, tened paciencia hasta la venida del Señor. Mirad cómo el labrador espera el precioso fruto de la tierra, aguardando con paciencia, hasta que reciba la lluvia temprana y tardía. [8] Tened también vosotros paciencia; confirmad vuestros corazones: porque la venida del Señor se acerca.

PROFECÍAS EN EL PRIMER PEDRO: 9

1. 1 Pedro 1:4-5

[4] Para una herencia incorruptible, y que no puede contaminarse, ni marchitarse, reservada en los cielos [5] Para nosotros que somos guardados en la virtud de Dios por fe, para alcanzar la salud que está aparejada para ser manifestada en el postrimero tiempo.

2. 1 Pedro 1:7-9

[7] Para que la prueba de vuestra fe, mucho más preciosa que el oro, el cual perece, bien que sea probado con fuego, sea hallada en alabanza, gloria y honra, cuando Jesucristo fuera manifestado: [8] Al cual, no habiendo visto, le amáis; en el cual creyendo, aunque al presente no lo veáis, os alegráis con gozo inefable y glorificado; [9] Obteniendo el fin de vuestra fe, que es la salud de vuestras almas.

3. 1 Pedro 1:13-16

[13] Por lo cual, teniendo los lomos de vuestro entendimiento ceñidos, con templanza, esperad perfectamente en la gracia que os es presentada cuando Jesucristo os es manifestado: [14] Como hijos obedientes, no conformándoos con los deseos que antes teníais estando en vuestra ignorancia; [15] Sino como aquel que os ha llamado es santo, sed también vosotros santos en toda conversación: [16] Porque escrito está: Sed santos, porque yo soy santo.

4. 1 Pedro 1:24-25

[24] Porque Toda carne es como la hierba, Y toda la gloria del hombre como la flor de la hierba: Secóse la hierba, y la flor se cayó; [25] Mas la palabra del Señor permanece perpetuamente. Y esta es la palabra que por el evangelio os ha sido anunciada.

5. 1 Pedro 2:6-8

[6] Por lo cual también contiene la Escritura: He aquí, pongo en Sión la principal piedra del ángulo, escogida, preciosa; Y el que creyere en ella, no será confundido. [7] Ella es pues honor á vosotros que creéis: mas para los

desobedientes, La piedra que los edificadores reprobaron, Esta fué hecha la cabeza del ángulo; [8] Y Piedra de tropiezo, y roca de escándalo á aquellos que tropiezan en la palabra, siendo desobedientes; para lo cual fueron también ordenados.

6. 1 Pedro 2:9-10
[9] Mas vosotros sois linaje escogido, real sacerdocio, gente santa, pueblo adquirido, para que anunciéis las virtudes de aquel que os ha llamado de las tinieblas á su luz admirable. [10] Vosotros, que en el tiempo pasado no erais pueblo, mas ahora sois pueblo de Dios; que en el tiempo pasado no habíais alcanzado misericordia.

7. 1 Pedro 2:22-23
[22] El cual no hizo pecado; ni fué hallado engaño en su boca: [23] Quien cuando le maldecían no retornaba maldición: cuando padecía, no amenazaba, sino remitía la causa al que juzga justamente:

8. 1 Pedro 4:5-6
[5] Los cuales darán cuenta al que está aparejado para juzgar los vivos y los muertos. [6] Porque por esto también ha sido predicado el evangelio á los muertos; para que sean juzgados en carne según los hombres, y vivan en espíritu según Dios.

9. 1 Pedro 4:13
[13] Antes bien gozaos en que sois participantes de las aflicciones de Cristo; para que también en la revelación de su gloria os gocéis en triunfo.

PROFECÍAS EN EL SECUNDO PEDRO

---

1. 2 Pedro 1:11
[11] Porque de esta manera os será abundantemente administrada la entrada en el reino eterno de nuestro Señor y Salvador Jesucristo.

2. 2 Pedro 1:19-20

[19] Tenemos también la palabra profética más permanente, á la cual hacéis bien de estar atentos como á una antorcha que alumbra en lugar oscuro hasta que el día esclarezca, y el lucero de la mañana salga en vuestros corazones: [20] Entendiendo primero esto, que ninguna profecía de la Escritura es de particular interpretación;

3. 2 Pedro 2:1

[1] PERO hubo también falsos profetas en el pueblo, como habrá entre vosotros falsos doctores, que introducirán encubiertamente herejías de perdición, y negarán al Señor que los rescató, atrayendo sobre sí mismos perdición acelerada.

4. 2 Pedro 2:9-10

[9] Sabe el Señor librar de tentación á los píos, y reservar á los injustos para ser atormentados en el día del juicio; [10] Y principalmente á aquellos que, siguiendo la carne, andan en concupiscencia é inmundicia, y desprecian la potestad; atrevidos, contumaces, que no temen decir mal de las potestades superiores:

5. 2 Pedro 3:3-4

[3] Sabiendo primero esto, que en los postrimeros días vendrán burladores, andando según sus propias concupiscencias, [4] Y diciendo: ¿Dónde está la promesa de su advenimiento? porque desde el día en que los padres durmieron, todas las cosas permanecen así como desde el principio de la creación.

6. 2 Pedro 3:7

[7] Mas los cielos que son ahora, y la tierra, son conservados por la misma palabra, guardados para el fuego en el día del juicio, y de la perdición de los hombres impíos.

7. 2 Pedro 3:10

[10] Mas el día del Señor vendrá como ladrón en la noche; en el cual los cielos pasarán con grande estruendo, y los elementos ardiendo serán deshechos, y la tierra y las obras que en ella están serán quemadas.

PROFECÍAS EN EL PRIMER JUAN: 5

1. 1 Juan 2:17
[17] Y el mundo se pasa, y su concupiscencia; mas el que hace la voluntad de Dios, permanece para siempre.

2. 1 Juan 2:18
[18] Hijitos, ya es el último tiempo: y como vosotros habéis oído que el anticristo ha de venir, así también al presente han comenzado á ser muchos anticristos; por lo cual sabemos que es el último tiempo.

3. 1 Juan 2:28
[28] Y ahora, hijitos, perseverad en él; para que cuando apareciere, tengamos confianza, y no seamos confundidos de él en su venida.

4. 1 Juan 3:2
[2] Muy amados, ahora somos hijos de Dios, y aun no se ha manifestado lo que hemos de ser; pero sabemos que cuando él apareciere, seremos semejantes á él, porque le veremos como él es.

5. 1 Juan 4:17
[17] En esto es perfecto el amor con nosotros, para que tengamos confianza en el día del juicio; pues como él es, así somos nosotros en este mundo.

PROFECÍAS EN JUDAS

1. Judas 1:14-15
[14] De los cuales también profetizó Enoc, séptimo desde Adam, diciendo: He aquí, el Señor es venido con sus santos millares, [15] A hacer juicio contra todos, y á convencer á todos los impíos de entre ellos tocante á todas

sus obras de impiedad que han hecho impíamente, y á todas las cosas duras que los pecadores impíos han hablado contra él.

2. Judas 1:18

[18] Como os decían: Que en el postrer tiempo habría burladores, que andarían según sus malvados deseos.

PROFECÍAS EN APOCALIPSIS

1. Apocalipsis 1:6-7

[6] Y nos ha hecho reyes y sacerdotes para Dios y su Padre; á él sea gloria é imperio para siempre jamás. Amén. [7] He aquí que viene con las nubes, y todo ojo le verá, y los que le traspasaron; y todos los linajes de la tierra se lamentarán sobre él. Así sea. Amén.

2. Apocalipsis 2:5

[5] Recuerda por tanto de dónde has caído, y arrepiéntete, y haz las primeras obras; pues si no, vendré presto á ti, y quitaré tu candelero de su lugar, si no te hubieres arrepentido.

3. Apocalipsis 2:7

[7] El que tiene oído, oiga lo que el Espíritu dice á las iglesias. Al que venciere, daré á comer del árbol de la vida, el cual está en medio del paraíso de Dios.

4. Apocalipsis 2:10

[10] No tengas ningún temor de las cosas que has de padecer. He aquí, el diablo ha de enviar algunos de vosotros á la cárcel, para que seáis probados, y tendréis tribulación de diez días. Sé fiel hasta la muerte, y yo te daré la corona de la vida.

5. Apocalipsis 2:16-17

[16] Arrepiéntete, porque de otra manera vendré á ti presto, y pelearé contra ellos con la espada de mi boca. [17] El que tiene oído, oiga lo que el Espíritu

dice á las iglesias. Al que venciere, daré á comer del maná escondido, y le daré una piedrecita blanca, y en la piedrecita un nombre nuevo escrito, el cual ninguno conoce sino aquel que lo recibe.

6. Apocalipsis 2:22-23
[22] He aquí, yo la echo en cama, y á los que adulteran con ella, en muy grande tribulación, si no se arrepintieren de sus obras: [23] Y mataré á sus hijos con muerte; y todas las iglesias sabrán que yo soy el que escudriño los riñones y los corazones: y daré á cada uno de vosotros según sus obras.

7. Apocalipsis 2:25
[25] Empero la que tenéis, tenedla hasta que yo venga.

8. Apocalipsis 3:3
[3] Acuérdate pues de lo que has recibido y has oído, y guárda lo, y arrepiéntete. Y si no velares, vendré á ti como ladrón, y no sabrás en qué hora vendré á ti.

9. Apocalipsis 3:9
[9] He aquí, yo doy de la sinagoga de Satanás, los que se dicen ser Judíos, y no lo son, mas mienten; he aquí, yo los constreñiré á que vengan y adoren delante de tus pies, y sepan que yo te he amado.

10. Apocalipsis 3:16
[16] Mas porque eres tibio, y no frío ni caliente, te vomitaré de mi boca.

11. Apocalipsis 3:20
[20] He aquí, yo estoy á la puerta y llamo: si alguno oyere mi voz y abriere la puerta, entraré á él, y cenaré con él, y él conmigo.

12. Apocalipsis 4:1
[1] DESPUÉS de estas cosas miré, y he aquí una puerta abierta en el cielo: y la primera voz que oí, era como de trompeta que hablaba conmigo, diciendo: Sube acá, y yo te mostraré las cosas que han de ser después de éstas.

13. Apocalipsis 22:10-12

[10] Y me dijo: No selles las palabras de la profecía de este libro; porque el tiempo está cerca. [11] El que es injusto, sea injusto todavía: y el que es sucio, ensúciese todavía: y el que es justo, sea todavía justificado: y el santo sea santificado todavía.

[12] Y he aquí, yo vengo presto, y mi galardón conmigo, para recompensar á cada uno según fuere su obra.

14. Apocalipsis 22:14

[14] Bienaventurados los que guardan sus mandamientos, para que su potencia sea en el árbol de la vida, y que entren por las puertas en la ciudad.

15. Apocalipsis 22:18-19

[18] Porque yo protesto á cualquiera que oye las palabras de la profecía de este libro: Si alguno añadiere á estas cosas, Dios pondrá sobre él las plagas que están escritas en este libro. [19] Y si alguno quitare de las palabras del libro de esta profecía, Dios quitará su parte del libro de la vida, y de la santa ciudad, y de las cosas que están escritas en este libro.

Printed in the United States
by Baker & Taylor Publisher Services